S0-BJF-693

3 2109 00445 6422

WITHDRAWN
University Libraries
University of Memphis

UOM LIBRY
DATE DUE
6 15 99

# The Twelve Words of the Gypsy

# ΚΩΣΤΗ ΠΑΛΑΜΑ

# ΑΠΑΝΤΑ

## ΤΟΜΟΣ ΤΡΙΤΟΣ

## Ο ΔΩΔΕΚΑΛΟΓΟΣ ΤΟΥ ΓΥΦΤΟΥ

Β΄. ΕΚΔΟΣΗ

ΓΚΟΒΟΣΤΗΣ

# KŌSTĒS PALAMAS

# "THE TWELVE WORDS OF THE GYPSY"

*Translated by*

THEODORE PH. STEPHANIDES
*and*
GEORGE C. KATSIMBALIS

MEMPHIS STATE UNIVERSITY PRESS

Copyright © by Memphis State University Press, 1975

The Greek text is reproduced from Volume III of the Kostes Palamas *Apanta*, published in 1960 by the Athens Kostes Palamas Institute. The translation was first printed privately in London in 1974.

All Rights Reserved.

No part of this book may be reproduced or utilized in any form or by any means, electronic or mechanical, including photocopying and recording, or by any information storage and retrieval system, without permission in writing from the publisher.

Printed in the United States of America

Library of Congress Cataloging in Publication Data

Palamas, Kōstēs, 1859–1943.
  The twelve words of the Gypsy.

  Epic poem.
  Translation of Ho dōdekalogos tou gypthou.
  English and Greek.
  Includes bibliographical references.
  I. Stephanides, Theodore Ph.    II. Katsimpalēs, Geōrgios Kōnstantinou, 1899–   III. Title.
PA5610.P3D63   1975       889'.1'32      75–12894
ISBN 0–87870–025–0
ISBN 0–87870–029–3 pbk.

Copy 4

PA
5610
P3
D63
1975
Copy 4

# TABLE OF CONTENTS

4/9/80 RA    3/28/91 ccsr # 134/447

## ΣΕ ΣΑΣ,

ΓΝΩΣΤΟΙ ΚΙ ΑΓΝΩΡΙΣΤΟΙ, ΤΩΡΙΝΟΙ ΚΑΙ ΑΥΡΙΑΝΟΙ, ΟΣΟΙ
ΚΑΙ ΟΠΟΙΟΙ, ΠΟΥ ΚΑΠΩΣ ΘΑ ΠΡΟΣΕΧΕΤΕ ΣΤΟ ΣΤΙΧΟ
ΜΟΥ ΚΑΙ ΚΑΤΙ ΘΑ ΞΑΝΟΙΓΕΤΕ ΜΕΣΑ ΤΟΥ,

### ΤΟ ΠΟΙΗΜΑ ΤΟΥΤΟ

ΤΟ ΠΡΩΤΟ ΙΣΩΣ ΠΟΥ ΚΟΙΤΑΞΑ Ν᾿ ΑΛΑΦΡΟΔΕΣΩ ΜΑΖΙ
ΕΠΙΚΑ ΚΑΙ ΛΥΡΙΚΑ ΚΑΙ ΔΡΑΜΑΤΙΚΑ, ΚΑΙ ΠΑΙΡΝΟΝΤΑΣ
ΑΠ᾿ ΟΛΑ ΤΑ ΣΤΟΙΧΕΙΑ ΤΟΥ ΠΟΙΗΤΙΚΟΥ ΛΟΓΟΥ,
ΚΙ ΑΠΟ ΤΗΣ ΙΣΤΟΡΙΑΣ ΤΑ ΠΑΡΑΔΟΜΕΝΑ ΚΙ ΑΠΟ
ΤΟΥ ΦΙΛΟΣΟΦΟΥ ΤΗ ΣΚΕΨΗ, ΚΙ ΑΠΟ ΤΗ ΖΩΗ ΚΙ
ΑΠΟ Τ᾿ ΟΝΕΙΡΟ, — ΚΑΠΟΙΑ ΟΡΑΜΑΤΑ ΤΟΥ ΝΟΥ ΚΑΙ
ΚΑΠΟΙΑ ΚΑΡΔΙΟΧΤΥΠΙΑ

### Τ᾿ ΑΦΙΕΡΩΝΩ

ΑΘΗΝΑ, 5 ΤΟΥ ΤΡΥΓΗΤΗ, 1899.

ΚΩΣΤΗΣ ΠΑΛΑΜΑΣ

## TO YOU,

*Known and unknown, people of today and people of tomorrow, to all, whoever you may be, who may give some attention to my verse and who may discover something in it,*

## I DEDICATE THIS POEM

*It is perhaps the first in which I have attempted—by drawing on all the elements of poetry, historical tradition, philosophical thought, and life and dreams—to weave lightly together the epic, the lyrical, the dramatic, and also some visions of the mind and throbbings of the heart.*

KOSTES PALAMAS

*Athens, 5 September 1899.*

# ΠΡΟΛΟΓΟΣ

Μὲ λογισμὸ καὶ μ' ὄνειρο.

Σολωμὸς (Ἐλεύθεροι πολιορκημένοι).

Τὸ ἀφιέρωμα, τὸ βαλμένο στὴν ἀρχή, τὸ χάραξε τῆς πρώτης στιγμῆς ὁ ἐνθουσιασμός, ὅταν αἰσθάνθηκα τὸ πρῶτο σάλεμα τοῦ παιδιοῦ μέσα στὴ Φαντασία μου. Ἀπὸ τότε πέρασαν ἐφτὰ χρόνια· τὸ ποίημα, μὲ τὸν καιρό, καὶ στὴν ὥρα του, γίνονταν ὁλοένα, ὅσο ποὺ γεννήθηκε, καθὼς τὸ παρουσιάζω τώρα. Ὅμως ἄλλος ὁ νοῦς καὶ ἄλλο τὸ ἔργο. Τώρα τὸ ἔργο, καθὼς στέκεται στὰ πανιὰ γιὰ τὸ ταξίδι του, μοῦ φαίνεται σὰν ξένο. Πιὸ πολὺ μὲ ἀνησυχοῦνε τὰ ψεγάδια ποὺ ὑποψιάζομαι πὼς θὰ κρύϐη παρ' ὅσο μὲ χαροποιοῦν τὰ καλὰ ποὺ θὰ μπορῇ νἄχη. Ὅλα τ' ἀδέρφια του τὰ μισοτέλειωτα κι ἀϐγαλτ' ἀκόμα μοῦ φαίνονται τώρα σὰν πιὸ καλοΐσκιωτα. Ἔπειτα σὰ νὰ τὸ εἶχα βαρεθῆ· ἄλλα εἶχα βαλμένα στὸ δρόμο καὶ τὰ δούλευα, κι ἀνίσως δὲ μὲ παρακινοῦσε γιὰ τὸ τύπωμα τοῦ «Δωδεκάλογου τοῦ Γύφτου», ἀπὸ κάποια του κομμάτια ποὺ φανήκανε στὸ «Νουμᾶ», ἕνας μεγάλος τῆς Ἐθνικῆς προκοπῆς καὶ τῶν γραμμάτων φίλος καὶ δουλευτής, ὁ κύριος Α. Πάλλης, θὰ τὸν κρατοῦσ' ἀκόμα στὸ συρτάρι. Τώρα ποὺ πέρασε ὁ ἐνθουσιασμός, νομίζω πὼς μπορεῖ νὰ μιλήση ὁ πατέρας γιὰ τὸ παιδί του, ὅ,τι κι ἂν εἶναι· τί γλυκύτερο μίλημα ἀπ' αὐτό! Δὲ θὰ τὸ κρίνω, βέϐαια· μὰ μπορεῖ νὰ εὐκολύνω τὴν κριτικὴ τῶν ἄλλων, ἂν ὑπάρχη κριτική, ποὺ θὰ καταδεχτῆ νὰ τὸ κοιτάξη.

\*

Ποιὸς ξέρει ποιὰ Τσιγγάνα νὰ μίλησε τῆς καρδιᾶς μου—ἐδῶ καὶ πόσα χρόνια!—Τὸ μίλημα λαχταριστό· κι ἔτσι φυτρώσαν ἀπὸ τὴν καρδιά μου οἱ πρῶτοι τέσσεροι στίχοι· τὸ πρωτόπλασμα, ποὺ θὰ ξετυλίγονταν ὕστερ' ἀπὸ κεῖνο, κι ἀγάλια ἀγάλια, ἡ πλάση μου:

Περδικόστηθη Τσιγγάνα,
ὦ μαγεύτρα, ποὺ μιλεῖς
τὰ μεσάνυχτα πρὸς τ᾿ ἄστρα
γλῶσσα προσταγῆς...

Ποιὸς ξέρει ἂν ἡ Τσιγγάνα δὲν εἶταν καμιὰ γύφτισσα τοῦ δρόμου συναπαντημένη, σὰν ἰδεατή, καμιὰ μέρα ἡλιολουσμένη χειμωνιάτικη στὸν ἐλαιώνα τῆς ᾿Αθήνας, τὴν ὥρα ποὺ ἔβγαινε ἀπὸ τὸ τσαντήρι της, στυλωμένη, χυτή, χαλκοπράσινη, σφιγγοπρόσωπη· καμιὰ ζητιάνα ἀπὸ κεῖνες ποὺ σιχαίνονται οἱ νοικοκυράδες καὶ ποὺ γοητεύουν τὸν ποιητή· μιὰ σὰν ἐκεῖνες ποὺ μᾶς τὴν παρασταίνει κάπου στὴν «᾿Ανατολή» του ἀλησμόνητα μὲ λόγια λαμπερώτερ᾿ ἀπὸ τὰ χρώματα ὁ ζωγραφικώτατος Θεόφιλος Γωτιέ. Ποιὸς ξέρει ἂν δὲν πρωτόσπειρε στὸ νοῦ μου τὸ «Δωδεκάλογο τοῦ Γύφτου» μιὰ πολὺ ζωηρή, σὰν ὄραμα, ἐνθύμηση τῆς πρωτομαγιᾶς ποὺ χαιρόμουνα παιδάκι στὸν τόπο μου· τῆς πρωτομαγιᾶς ποὺ περνοῦσε μὲ τοὺς χοροὺς τοὺς πλεμένους ἀπὸ τὶς γύφτισσες· ἀπὸ σπίτια σὲ σπίτια ὁλογυρίζανε, κιτρινοστόλιστες, ἀνθοστεφάνωτες, μαυρομάτες, γυαλιστερὲς σὰν ἀπὸ προῦντζο, τὸ Μάη τραγουδώντας μὲ φωνὲς πιὸ καμπανιστὲς κι ἀπὸ τὰ κουδούνια ποὺ τὸ συνωδεύαν τὸ τραγούδι τους. Ποιὸς ξέρει κι ἂν δὲν εἶταν ἡ Τσιγγάνα, ποὺ μὲ χτύπησε, καμιὰ ὀμορφιὰ ποὺ ζοῦσε κάθε ἄλλο παρὰ τὴν πανάθλια ζωὴ τοῦ γύφτου, καμιὰ ὀμορφιὰ φλογερή, μελαχροινή, ἀνυπόταχτη· καὶ Τσιγγάνα λέγοντάς την, ἀνίσως δὲ μεταχειρίζομαι μιὰ ποιητικὴ μεταφορά. Κ᾿ ὕστερα ἡ ὀμορφιὰ τῆς γύφτισσας μὲ βύθιζε ὁλοένα στὴν ἰδέα τῆς γυφτιᾶς. Κι ἀπὸ τὴ γύφτισσα πέρασα στὸ γύφτο· ὁ ζουρνάς, τὸ σφυρί, τὸ φυσητήρι, τὸ μουλάρι, τὸ βιολί, ἡ τέντα, οἱ μοῖρες, τὰ μάγια, τ᾿ ἄγρια, τ᾿ ἀναρχικά, τ᾿ ἀνυπόταχτα, πάντα στὸν ὁλάνοιχτο ἀέρα, πάντα κάτω ἀπὸ τὸν οὐρανό, ἡ γύφτικη ζωή, ἡ πλανεύτρα καὶ πολυπλανεμένη, ξετυλίγονταν ἐμπρός μου· καὶ τὸ ἔργο στὰ θέμελά του ἀπάνω τόσο χτίζονταν πλατύτερο μὲ πιὸ πολλὰ χωρίσματα. Κ᾿ ἔτσι τὰ πρωτοσχεδίαστα «Λόγια τοῦ Γύφτου», τρία τέσσερα τραγούδια, γίνηκαν ὁ «Δωδεκάλογος». Κ᾿ ἔνιωθα μέσα μου πὼς κ᾿ ἐγὼ εἶμ᾿ ἕνας γύφτος, ὅσο κι ἂν ντρεπόμουν νὰ τὸ μολογήσω· γύφτος μὲ τὶς κακίες του καὶ τὶς κακομοιριές· μέσα στὴν καταραμένη φυλή, ὅσο κι ἂν τὸν ἔκρυβα κάτω ἀπὸ πλούσια ντύματα, τὸν ἑαυτό μου ἔπαιρνα νὰ τραγουδήσω. Ὁ ἀστόχαστος θὰ πιστεύῃ πὼς ἕνας ποιητής διαλέγοντας βρίσκει τὰ θέματά του, καθὼς ἕνας μουσικὸς ἀριστοτέχνης, μονάχα γιὰ νὰ δείξῃ τὴν τέχνη τοῦ δοξαριοῦ του ἀπάνω στοῦ βιολιοῦ τὶς χορδές. Τίποτε δὲ διάλεξα. Ὁ ποιητὴς δὲ διαλέει· πυρώνεται καὶ πάει μπροστά· κατόπι, καὶ στὰ καθέκαστα, ἔρχεται ἡ ὑπομονετικὴ καὶ ξεδιαλέχτρα δουλειά. Ἴσα ἴσα, γιατὶ σταμάτησα στὸ γύφτο θὰ πῇ πὼς εἶμαι κ᾿ ἕνας γύφτος· ἡ ψυχή μου εἶναι καὶ τέτοια. Μὰ ἡ ψυχή μου εἶναι πολυπρόσωπη· κι ἀνίσως καὶ στοχάζεται μοναχική, τὸν κόσμο κλεῖ στὸ λογισμό της· χίλιες οἱ ἀγάπες της. Μπορῶ νὰ κράξω μὲ τὸν ποιητή: «Χίλιες χρυσὲς λιανοκάμωτες ἁλυσίδες μὲ δένουνε μὲ τὴν πραγματικότητα». Κ᾿ ἡ μεγάλη μου ἀγάπη, ἀπάνω ἀπ᾿ ὅλες, ἡ νεράϊδα τοῦ τραγουδιοῦ.

Κ᾿ ὕστερα κάποτε θὰ θυμήθηκα τὸ μικρὸ ἀριστούργημα τοῦ Lenau, τοὺς τρεῖς Γύφτους του· παίζει τὸ βιολί του ὁ ἕνας, καὶ καπνίζει ὁ δεύτερος, καὶ ἀποκοιμιέται ὁ τρίτος· ὢ οἱ κουρελιασμένοι, ὅμως τρισελεύτεροι καὶ τρεῖς φορὲς καταφρονητάδες τῆς κακῆς τύχης, μὲ τὸ κάπνισμα, μὲ τὴ μουσική, μὲ τ᾿ ὄνειρο! Καὶ θὰ μέθυσ᾿ ἀπὸ τοὺς ἀχνούς του, καὶ θὰ τὸ πῆρ᾿ ἀπόφαση, καθὼς ὁ μουσουργὸς ποὺ πιάνει καὶ κεντάει χίλια πλατιὰ περιπλεγμένα μουσικὰ κεντίδια ἀπάνω στὸ ἁπλὸ καὶ κλασσικὸ θέμα ἑνὸς μεγάλου του δασκάλου, νὰ κεντήσω κ᾿ ἐγὼ πολύστιχο ποίημα ἀπὸ τὴν ἀφορμὴ τοῦ λιγόστιχου τραγουδιοῦ, καὶ χωρὶς νὰ λογαριάζω πὼς οἱ ἐφτὰ στροφοῦλες τοῦ γερμανόφωνου ποιητῆ μπορεῖ νὰ βαραίνουν περισσότερο ἀπὸ τὶς χιλιάδες τοὺς στίχους μου. Ποιὸς ξέρει! (Ἡ ἀλήθεια εἶναι πὼς δὲν καλοθυμοῦμαι πὼς πρωτοσπάρθηκε τὸ ποίημα· καὶ γι᾿ αὐτὸ μ᾿ ἀκοῦτε νὰ συχνολέω π ο ι ὸ ς ξ έ ρ ε ι !)

Κ᾿ ὕστερα, ὅσο ξετυλίγονταν τοῦ τραγουδιοῦ ἡ κλωστή, ἔβλεπα πὼς ἡ καρδιά μου εἶναι γιομάτη ἀπὸ νοῦ, πὼς τὰ καρδιοχτύπια της εἶναι ἀπὸ ἰδέα καὶ πὼς τὸ αἴσθημά μου ἔχει κάτι μουσικὸ καὶ δυσκολομέτρητο, καὶ πὼς τῇ δέχομαι τῇ λαχτάρα τοῦ στοχασμοῦ, καθὼς τὸ παλληκάρι δέχεται τὸ φιλὶ τῆς ἐρωμένης του. Κ᾿ ὕστερα ἔβλεπα πὼς εἶμαι ὁ ποιητής,—βέβαια ἕνας ποιητὴς μέσα στοὺς πολλούς, ἁπλὸς στρατιώτης τοῦ στίχου—ὅμως πάντα ὁ ποιητὴς ποὺ θέλει νὰ κλείσῃ μέσα στὸ στίχο του τοὺς πόθους καὶ τὰ ρωτήματα τοῦ παντοτινοῦ ἀνθρώπου, καὶ τοῦ πολίτη τὶς ἔγνοιες καὶ τοὺς φανατισμούς· μπορεῖ νὰ μὴν εἶμαι ἄξιος πολίτης μὰ δὲ μπο-

ρεῖ νὰ εἶμαι μονάχα ὁ ποιητὴς τοῦ ἑαυτοῦ μου· εἶμαι ποιητὴς τοῦ
καιροῦ μου καὶ τοῦ γένους μου· κι ὅ,τι μέσα μου κρατῶ δὲν μπο-
ρεῖ νὰ χωριστῇ ἀπὸ τὴν ἔξω πλάση[1].

Ἀπὸ τὴν ὥρα ποὺ μᾶς χτυπάει ἡ ἰδέα τοῦ ἔργου ὡς τὸν τε-
λευταῖο του στίχο, βαλσίματα, πλουτίσματα, ἀλλαγές, χτενίσμα-
τα. Μὲ τὸ μεθύσι καὶ μὲ τὴν ὁρμὴ ἑνὸς ἔρωτα, ἡ ἥσυχη δουλειὰ
καὶ ὑπομονετική, τὸ πάθος καὶ ἡ μελέτη, τὸ ὄνειρο καὶ τὸ βιβλίο,
ταιριάζουνε γιὰ νὰ τὸ κάμουν τὸ ἔργο μας πιὸ ὄμορφο καὶ πιὸ
ἄξιο πλάσμα. Τίποτε δὲ μᾶς φαίνεται πὼς δανειστήκαμε, μὰ καὶ
τίποτε δὲ θὰ μπορούσαμε νὰ ποῦμε πὼς εἶναι δικό μας. Τὰ μέ-
τρια κινδυνεύουν νὰ χαντακωθοῦν ἀπὸ τὸ θησαύρισμα τῶν ξένων
ἰδεῶν· οἱ φτωχοὶ χάνονται ἀπὸ τὰ δανεικά, γιατὶ εἶν' ἀδύνατο νὰ
τὰ ἐξοφλήσουν. Γιὰ τὸν τεχνίτη καὶ τὸ δάνεισμα εἶν' ἕν' ἀπὸ τὰ
ὄργανα τῆς πρωτοτυπίας του. Ἀπὸ τὴν ὥρα ποὺ θὰ μποροῦσε κρι-
τὴς νὰ μοῦ πῇ πὼς τὸ ποίημά μου εἶναι κάτι πρωτάκουστο ποὺ
δὲ θυμίζει τίποτε παρόμοιο, θὰ ὑποφιάζομουν ἢ πὼς δὲν ἀξίζω
ἐγὼ ἢ πὼς δὲν ἀξίζει ὁ κριτής μου. Οἱ φωνὲς ποὺ ἁπλώνονται
βασταγερὲς δὲν εἶναι παρὰ ἀντίλαλοι. Καὶ ὅμως. Ὁ ἥρωάς μου
δύσκολα θὰ ταίριαζε τὸ δειλό του περπάτημα μὲ τὰ βήματα τῶν
ὁμοφύλων του ποὺ ἔτυχε νὰ τοὺς γνωρίσω στῶν ποιητῶν τὰ ἔργα,
καὶ τῶν πιὸ μεγάλων, καὶ τῶν ταπεινότερων· σημειώνω ὅσους τυ-
χαίνει τὴ στιγμὴ τούτη νὰ μοῦ ἔρχωνται στὸ νοῦ. Τί κρῖμα νὰ
μὴ θυμᾶμαι παρὰ τὸν τίτλο τῆς «Γυφτοπούλας», ἀπὸ τὰ πρῶτα
διηγήματα τοῦ Παπαδιαμάντη. Θαρρῶ πὼς μέσα σὲ κεῖνο ἀξιο-
περίεργα ζωγραφίζονταν ἡ γυφτουρά. Στὸ «Βοτάνι τῆς Ἀγάπης»
τοῦ Δροσίνη μὲ κοιτάζουν ἀκόμα τὰ γαλανὰ μάτια τῆς Ζεμφύρας
κι ἀκόμα μὲ σφάζουν. Καὶ στὸ πλευρό της ὁ Γυφτοκάβουρας, βδε-
λυρὸς καὶ πεζός, καθὼς εἶναι προσεχτικὰ φωτογραφημένος. Στὸ
«Διάκο» του ὁ Βαλαωρίτης πῆρε τὸ θυμὸ ἀπὸ τὴν ἁρματωλικὴ
καρδιά του καὶ τὸ χρῶμα ἀπὸ τὴ χρωματοθήκη τοῦ Οὐγκὼ κ' ἔ-
στησε ἀνάθεμα τῆς ἀφωρισμένης φυλῆς μὲ τὸ γύφτο ποὺ μᾶς πα-
ρουσιάζει. Δυὸ τρεῖς φορὲς ποὺ πῆρα παιδάκι νὰ διαβάσω μεγαλό-

---

1. Στὸν πρόλογο ποὺ βάλθηκε στὰ «Μάτια τῆς Ψυχῆς μου» (1892)
καὶ στὴ μικρὴ μελέτη μου γιὰ «Τὸ ἔργο τοῦ Κρυστάλλη» (1894) βρί-
σκεται καθαρὰ ξηγημένη ἡ ποιητική μου· συνοπτικώτερα στὸ πρῶτο,
ἀναλυτικώτερα στὸ δεύτερο.

φωνα τοὺς στίχους του ἐκείνους, κ᾽ ἔτυχε μιὰ παιδούλα στὸ πλάϊ
μου ν᾽ ἀκούσῃ, ἡ παιδούλα τρόμαζε καὶ βούλλωνε τ᾽ αὐτιά της[1].
Στὸ «Götz de Berlichingen» τοῦ Γκαῖτε ὁ γύφτος ἀνακατώνε-
ται μὲ τὴν ὀνειροφάνταστη νυχτερινὴ μαυρίλα τοῦ δάσους ποὺ
φωλιάζει, καὶ παίρνει κάτι ἀπὸ τὴ δόξα τοῦ πρωταγωνιστῆ τῆς
τραγῳδίας· τὸν ἥρωα ὅλοι τὸν ἀρνηθήκαν καὶ βρίσκεται ὁ γύφτος
τελευταῖος του σύντροφος. Καὶ κάποτε διαβάζοντας τὸ «Μπράντη»
τοῦ Ἴψεν ξάνοιξα γοργὸ τὸ πέρασμα τῆς πάντα διαβατάρικης φυ-
λῆς κι ἀνατριχιάζοντας ἄκουσα ἕνα βόγγο σὰ νὰ εἶταν τὸ τρα-
γούδι της[2]. Μὲ τοὺς «Ἀτσίγγανους» τοῦ Πούσκιν τελειωτικὰ μᾶς
δείχνεται σὲ δυὸ τρεῖς στίχους ἡ σημαδεμένη φυλὴ μαζὶ τῶν ἀγρι-
ων καὶ τῶν ἄνομων, τῶν μαλακῶν καὶ τῶν ἄτολμων. Ὅμως ὁ κα-
θεαυτὸ ἥρωας τοῦ τραγουδιοῦ, ξένος ἀπὸ τὸ Νότο, νόθος μέσα στοὺς
καθαροαίματους γύφτους, εἶδος τι Ὀθέλλου καὶ Γκιαοὺρ μαζί, ρω-
μαντικὸς αἰσθηματίας, φονιὰς ἀπὸ τὸ πάθος τῆς γυναίκας. Πόσο
διαφορετικὰ καὶ μὲ τί ὠμὸ καὶ ἀστόλιστο πραγματολογισμὸ—ποὺ
εἶναι κι αὐτὸς ἕνας τρόπος γιὰ νὰ ἐξιδανικεύῃς—ζωγραφίζεται ὁ
γύφτος, σὲ μιὰ σκηνὴ τοῦ Σαιξπήρου[3], μὲ τὸ βρεμὸ Βερναρδῖνο!
Εἶναι ὁ ἄνθρωπος ὁ παραλυμένος κι ὁ παράλυτος, μὰ ποὺ τίποτε
δὲ φοβᾶται καὶ ποὺ τοῦ εἶναι τὰ πάντα ἀδιάφορα, ποὺ βαριέται
τὴ ζωή, ποὺ βαριέται καὶ τὸ θάνατο, καὶ ποὺ δὲν εἶναι ἄξιος οὔτε
νὰ πεθάνῃ, οὔτε νὰ ζήσῃ. Ἀνάμεσα στὸ γιομισμένο ἀπὸ βυρωνισμὸ
ρωμαντισμὸ τοῦ Σλάβου καὶ στοῦ Ἄγγλου τὸν πραγματισμὸ τὸν
ἐλοζώνταν, ὁ ἰδεολογισμὸς τοῦ γύφτου τοῦ δικοῦ μου δὲν τολμῶ
καὶ νὰ τὸ φανταστῶ πῶς μπορεῖ νὰ σταθῇ. Ὅμως, ὅσο κι ἂν εἶναι
μικροκάμωτος ὁ ἥρωάς μου μπροστὰ σὲ κείνους τοὺς γίγαντες, θὰ
μποροῦσε νἄχῃ κάποιο γνώρισμα ποὺ νὰ τὸν ξεχωρίζῃ μέσα στὴ
μικρότη του, κι αὐτὸ τοῦ φτάνει. Ὁ «Δωδεκάλογος τοῦ Γύφτου»
πρέπει νὰ βαλθῇ στὴ σειρὰ τῶν ποιημάτων μου ποὺ τὰ ὀνομάζω

---

1. Ὁ Πασπάτης εἶναι ὁ μόνος ἀπὸ τοὺς δικούς μας, καθὼς ξέρω,
ποὺ μάζεψε λογῆς πληροφορίες καὶ παρατήρησες γιὰ τοὺς γύφτους.
Κοίτα μιὰ πραγματεία του στὴν «Πανδώρα» (Τ. Η.) καὶ τὸ γαλλικὰ
γραμμένο βιβλίο του «Etudes sur les Tchinghianès», 1870.
2. Καὶ μέσα στ᾽ «Ἄνθια τοῦ Κακοῦ» τοῦ Baudelaire βαθιοχάρα-
χτο τὸ πέρασμα τοῦ γύφτου: La tribu prophétique aux prunelles
ardentes...
3. Στὸ δρᾶμα «Ὀφθαλμὸς ἀντὶ ὀφθαλμοῦ».

«Μεγάλα Οράματα», σὰν τὸν «Ἀσκραῖο» καὶ σὰν τὶς «Ἁλυσίδες»
τῆς «Ἀσάλευτης Ζωῆς». (Μάλιστα οἱ «Ἁλυσίδες» εἴτανε στὴν
ἀρχή ἕνας λόγος ἀπὸ τὸ «Δωδεκάλογο». Ἀργότερα εἶδα πὼς πη-
γαίναγε καλύτερα ξεχωριστές, καὶ τὶς ξεχώρισα.) Μέσα στὸ «Δω-
δεκάλογο» μιλᾶνε ἡ ἐπικὴ παράδοση καὶ ἡ λυρικὴ σκέψη· καὶ
κάποιο ἁπλὸ παραμύθι ξετυλίγεται μέσα του μὲ κάποιο νόημα ὄχι
τόσο ἁπλό. Κ' ἐδῶ θὰ ταίριαζε νὰ θυμηθοῦμε καὶ κάποια σημαν-
τικὰ λόγια ἀπὸ τὸν Πλατωνικὸ «Φαίδωνα»: «Τὸν ποιητὴν δέοι,
εἴπερ μέλλοι ποιητὴς εἶναι, ποιεῖν μύθους, ἀλλ' οὐ λόγους». Μὲ
τὸ μῦθο πῆρα νὰ δουλέψω. Ὁ Γύφτος, τύπος τῆς φυλῆς του διαλε-
χτός, μπόρουσε νὰ κράξη σὰν τὸν Ἡράκλειτο: «εἷς ἐμοὶ χίλιοι·
ὅμως ἀταίριαστος μέσα στοὺς ὁμόφυλους, «ξεχωριστὸς μέσα στοὺς
ξεχωριστούς», ἔχει βαθειὰ τὴ συνείδηση τῆς ἀξίας τῆς συντρο-
φικῆς ζωῆς, καὶ δὲν τὰ ταιριάζει μὲ τὴ συντροφιά· θέλει νὰ δου-
λέψη σὰν τοὺς ἄλλους, καὶ δὲν τὸ δύναται· δοκιμάζει κάθε τέχνη,
καὶ κάθε τέχνη τοῦ εἶναι στενὴ κι ἀνάποδη· στενὴ κι ἀνάποδη καὶ
ἡ ἀγάπη του ποὺ τόσο πλατειὰ τὴν ὠνειρεύτηκε. Τέλος μιὰ μέρα
βρίσκει ἕνα μυστηριώδικο βιολί, κληρονομιὰ ἀπὸ κάποιο γέροντα
ἱερὸ προφήτη. Παίρνει τὸ βιολὶ καὶ μὲ τὸ παίξιμό του βρίσκεται
σὰ νέος ἄνθρωπος. «Στὸ νοῦ του πρόβαλε, καθὼς λέει ὁ Λεοπάρδης
στὴν «Ἀσπασία» του, νέος οὐρανός, νέα γῆ, καὶ μιὰ θεία ἀχτίδα».
Οἱ ἄνθρωποι ἀνατριχιάσαν καὶ θυμώσαν πιὸ πολὺ μὲ τὸ βιολὶ του·
μὰ τὰ παιδιά, οἱ μελλόμενοι ἄνθρωποι, γοητεύονται ἀπὸ τὸ βιολὶ
του· καὶ τοῦ φτάνει. Τέτοιο, ἀπάνω κάτω, τὸ παραμύθι. Ἡ ἐπικὴ
παράδοση φέρνεται γύρα στὴν ἀτσιγγάνικη γενιά, καθὼς πρωτο-
παρουσιάζεται στὴ Θράκη, ἑκατὸ χρόνια ἀπάνω κάτω πρὶν ἀπὸ τὸ
πάρσιμο τῆς Πόλης, καὶ σταίνει τὰ τσαντήρια της ἀπόξω ἀπὸ τὴν
Πόλη. Στὸ βάθος τῆς ζωγραφιᾶς ξανοίγεται μὲ τὴν ἀχνάδα τοῦ
ὀνείρου ἡ θεοφύλαχτη—θεοκατάρατη τότε—μεγάλη Πολιτεία, «τοῦ
πόθου μας ἡ γῆ» καθὼς τὴ χαιρετάει κάπου ὁ Μαρκορᾶς. Χρόνου
ὡρισμένου ἰδέα στὸ ποίημα δὲν ὑπάρχει. Τὸ νόημα τοῦ καιροῦ ποὺ
περνάει φαίνεται πὼς οὔτε κι ὁ Ὅμηρος καθαρὰ τὸ ἔχει. Δὲν
πολυσκοτίζονται γιὰ τέτοια οἱ ἐπικοί· ἂς τοῦ συχωρεθῆ καὶ τοῦ
τραγουδιοῦ μου, γιὰ ὅ,τι κρύβει ἐπικό, καὶ γιὰ ὅ,τι κρύβει στοχα-
στικό. Ἀνακατώνω, φαίνεται, τὸν ἥρωά μου τὸν ἴδιο σὲ πρά-
ματα καὶ σὲ λογισμοὺς ποὺ κυλᾶνε ἀνάμεσό τους, χωρίζοντάς

τα, χρόνια καὶ καιροί. Μὰ ἐγὼ δὲ διηγοῦμαι ἥσυχα καὶ κανονικά· ὅπως ὅπως κοιτάω μὲ τὴν ὁποία τέχνη μου νὰ ξεκαθαρίσω ὅσα βλέπω σὰν ὄνειρο. Ἡ λυρικὴ σκέψη[1] ξεμυτίζει, θαρρῶ, παντοῦ στὸ ποίημα, καὶ χωριστὰ κι ἀνάκατα, καὶ στὰ κύρια μέρη καὶ στὰ ἐπεισοδιακά. Ὅμως ἐκεῖ ποὺ τ' ἄλλα μέρη τοῦ ἔργου ποὺ δὲ δένονται καθεαυτὸ μὲ τὸ παραμύθι μπορεῖ νὰ θεωρηθοῦν ἐπεισόδια τοῦ ἔργου, αὐτὰ τὰ ἐπεισόδια μπορεῖς νὰ πῆς ἴσα ἴσα πὼς εἶναι τὰ κύρια μέρη τοῦ ἔργου, κι ὅλα τ' ἄλλα ἀφορμὴ καὶ στολίσματα. Αἰσθάνομαι πὼς μὲ σφιχτοδένει κάτι μὲ τὴν ψυχὴ τῆς γυφτουριᾶς· ὅμως τὴ γύφτικη ζωή μου τὴ φωτίζει ὁ Λόγος· καὶ εἶναι ἡ Ποίηση τὸ ὑπέρτατο λουλούδι τοῦ Λόγου. Κανένα πόθο ξεχωριστὸ δὲν εἶχα νὰ πάρω κύριο σκοπὸ τοῦ τραγουδιοῦ μου τὸ ζωγραφικὸ ξανάδομα μιᾶς γύφτικης ζωῆς καὶ πλάσης· τέτοιο μεταχείρισμα τῆς Τέχνης σὰ νὰ μὴ μ' ἄρέσε. Πρόφαση κι ἀφορμὴ τὸν ηὖρα τὸ γύφτο γιὰ νὰ ξεχύσω μὲ κεῖνον, μέσα σ' ἕνα τύπο ταιριαστὸ μὲ τὴν ψυχή μου, τὶς λαχτάρες μου τὶς διανοητικές· γιὰ νὰ ξαναπῶ κ' ἐγὼ τὴ συγκίνηση τοῦ ἀνθρώπου—κι ἂς εἶναι ἀδύνατη ἡ φωνή μου—μπροστὰ σὲ κάποια προβλήματα τῆς ζωῆς, τὴν ὑποταγή του ἢ τὴν ἐναντίωση· τὴ συγκίνηση τοῦ πολίτη καὶ τοῦ μελετητῆ μπροστὰ σὲ κάποια ἐπεισόδια τῆς Ἱστορίας τοῦ Ἔθνους του. Δὲν εἶμ' ἀπὸ κείνους ποὺ ἀνοίγουν προγράμματα στὸ ἔργο τοῦ ποιητῆ· ἐλεύτερα θὰ δουλέψῃ ὁ ποιητής, καὶ χωρὶς προγράμματα καὶ χωρὶς συνταγές, καὶ μόνον ἀκούγοντας τὴν ὁποία φωνὴ τῆς καρδιᾶς του. Μὰ ἡ ἀλήθεια αὐτὴ δὲ μ' ἐμποδίζει νὰ στοχάζωμαι πὼς ἡ ἐθνική μας ποίηση θ' ἀποχτήσῃ τὰ πολυτιμότερα λουλούδια της, ἂν ἀκολουθήσῃ τὴν παραγγελιὰ τοῦ Βαλαωρίτη[2]· ἂν ἀκουμπήσῃ στὴν Ἐθνικὴ Ἱστορία, ἂν γίνῃ «ἡρωϊκή, τουτέστιν ἐπική». Ὁ μελλόμενος μεγάλος ποιητὴς τῆς Ρωμιοσύνης, ὁ βασιλιὰς τῶν

---

1. Ἀστεῖος εἶναι ὁ τρόπος κάποιων ποὺ νομίζουνε πὼς ἡ σκέψη στὴν ποίηση εἶναι κάτι τι θεληματικό, κρυερὸ καὶ μαθηματικὰ λογαριασμένο. Ἡ σκέψη εἶναι τὸ ἴδιο τὸ αἴσθημα, σὲ ἀνώτερο βαθμὸ καὶ σὲ ὅλη του τὴ δύναμη· εἶναι τὸ αἴσθημα τοῦ γενικοῦ· ἂν δὲν τοὺς συγκινῇ, τόσο τὸ χειρότερο γι' αὐτούς. Ποίηση, βέβαια, μπορεῖ νὰ ὑπάρξῃ καὶ χωρὶς τὴ σκέψη· ἡ λυρικὴ σκέψη δὲ μπορεῖ νὰ ὑπάρξῃ χωρὶς τὴν ποίηση· δὲν μπορεῖ λαμπρότερα νὰ ἐκπληρώσῃ τὸν προορισμό της ἡ ποίηση παρὰ μὲ τὴ λυρικὴ σκέψη.

2. Στὸν πρόλογο τῆς «Κυρὰ Φροσύνης».

ποιητῶν της, θὰ βρεθῇ πὼς ἀντάμωσε μὲ τὴ λεβέντικη πνοή τοῦ «Διάκου» καὶ τοῦ «Φωτεινοῦ» τὴ συνθετικὴ δύναμη τῶν «Ἐλεύτερων Πολιορκημένων». Τὰ μεγάλα ἐθνικὰ ἰδανικά, ὅταν ἀνθίζουν καὶ ζοῦνε στὸ σπίτι τοῦ καθενός, ὁ ποιητὴς τοὺς χτίζει παλάτια· τὰ μεγάλα ἐθνικὰ ἰδανικά, ὅταν ξεπέφτουν, κι ὁ καθένας τὰ διώχνει ἀπὸ τὸ σπίτι του, ὁ ποιητὴς τὰ παίρνει στὸ καλύβι του καὶ ἄσυλο τοὺς δίνει[1]. Ἡ λυρικὴ σκέψη στὸ «Δωδεκάλογο τοῦ Γύφτου» δὲ στέκεται ἥσυχη· περπατάει παραδέρνοντας καὶ παίρνει τρόπους διαφορετικούς, καὶ πάει ἀπὸ τῆς πικρῆς ἄρνησης τὰ πειράγματα καὶ τὰ μοιρολόγια στὰ θριαμβευτικὰ σαλπίσματα τῆς πίστης, κι ἀπὸ τὴν ἀμφιβολία καὶ τὸ μηδενισμὸ στὸ διαλάλημα τῆς ἐνέργειας, τῆς προκοπῆς, τῆς ἀντρίκειας ἀγάπης, τῆς πεποίθησης πρὸς ὡραῖο κάτι ποὺ μέλλεται· ὁ ἥρωάς μου χαλαστὴς καὶ πλάστης, μὲ τὴν ἀράδα.

Μπορεῖ νὰ εἶναι χαλαστὴς ἀδέξιος καὶ πλάστης ἄτυχος. Μπορεῖ τὸ ποίημα νὰ μὴν ἀξίζη. Δὲν ξέρω καλὰ τί λογῆς εἶναι· τὸ ξανακοιτάζω. Καὶ τώρα ξεχνώντας το, κι ἄσχετα μ' ἐκεῖνο, βλέπω πὼς ταιριάζει ἐδῶ νὰ ξαναθυμηθῶ τρία μεγάλα σημάδια ποὺ ξεχωρίζουν, ἀνάμεσα στ' ἄλλα, τὴ νέα Τέχνη, καὶ ποὺ δύσκολα μπορεῖ καὶ ἡ Ποίηση νὰ τὰ παραμερίση, ἐξὸν ἂν θέλη νὰ χάση ὅ,τι κρύβει οὐσιαστικώτερο ἀπὸ νόημα κι ἀπὸ χάρη. Πρῶτ' ἀπ' ὅλα ἡ νέα Ποίηση ἔχει κάτι τι κομματιαστό. Εἶναι τὸ σημάδι ποὺ κάνει τὸ ποίημα νὰ παραλλάξη ἀπὸ τὶς κανονικὰ καὶ σύμμετρα πλεγμένες, μὲ ἀρχή, μέση καὶ τέλος ἱστορίες, καὶ νὰ τὸ δείχνη πιὸ πολὺ σὰ σύντριμμα ἀπὸ κάποιο ἄλλο ποίημα ποὺ δὲν ξέρουμε, καὶ κάτι τι χωρὶς ἀρχὴ καὶ τέλος, ποὺ παύει καὶ ποὺ δὲν ἀναπαύει, ποὺ εἶναι σὰν τὴν «ἀπέραντη μελῳδία» τὴ Βαγνερική. Ἔπειτα ἡ νέα Ποίηση ἔχει κάτι τι συνθετικό. Εἶναι τὸ σημάδι ποὺ κάνει τὸ ποίημα, εἴτ' ἕνα σονέτο, εἴτ' ἕνα βιβλίο, νὰ μὴν μπο-

---

1. Ἀπὸ μιὰν ἄλλη ὄψη, ἕνα δρόμο ποὺ χρειάζεται νὰ πάρη ἡ Ἑλληνικὴ ποίηση, γιὰ νὰ τὸν ἀξίση τὸν προορισμὸ της, μᾶς τὸ δείχνει ὁ Ψυχάρης, στρογγυλὰ καὶ σοφά, στὸν πρόλογο τοῦ «Ρωμαίικου θεάτρου» (σελ. 58-61). Πρέπει νὰ τὸ σημειώσω ἐδῶ, μολονότι ὁ Ψυχάρης, ἴσα ἴσα μιλώντας αὐτοῦ γιὰ τὴν ποίηση, κι ἀνάμεσα σὲ ἄλλες τῶν νέων προσπάθειες καὶ τέχνες ποὺ κάπως τὶς χτυπᾶ, ἐννοεῖ καὶ κάποιο δικό μου ποίημα. Μὰ εἶναι ἄλλο ζήτημα τὸ δικό μου, χωριστό· τώρα ἐδῶ δὲ μὲ μέλει γιὰ τὸν ποιητή· φροντίζω γιὰ τὴν ποίηση.

ρῆς νὰ τὸ βάλῃς σὲ ὡρισμένο λογοτεχνικὸ εἶδος, ἤ, κατὰ τὴν ὥρα καὶ κατὰ τὴν περίσταση, νὰ τὸ περνᾷς ἀπ' ὅλα τὰ εἴδη. Ἔπειτα ἡ νέα Ποίηση ὅσο πάει καὶ πιὸ πολὺ καταφρονεῖ κάθε τι ὑπερφυσικὸ ποὺ ἔρχεται ἀπέξω σὰν ὑποχρεωτικὸ βοήθημα στὸ ξετύλιμά της, ἀπὸ θεοὺς φερμένο ἢ ἀπὸ δαιμόνους, καὶ ποὺ δὲν τὸ δικαιολογεῖ κάποιος ἀπὸ καλαισθητικὴ ἢ ἀπὸ ἰδεολογικὴ ἀνάγκη συμβολισμός. Μὰ καλὰ καλὰ τὸ ὑπερφυσικὸ δὲν ἔλειψε· μετατοπίστηκε μόνο. Τὸ θᾶμα ὑπάρχει πάντα στὴν ἀνθρώπινη ψυχή, καὶ στὴν πιὸ ταπεινὴ καὶ μὲ τὴ ζωὴ τὴν πιὸ ἥσυχη. Τέλος τὸ ἐξοχώτατο γνώρισμα τῆς νέας Ποίησης εἶναι ἡ ἀγάπη της πρὸς τὸ ὄνειρο. «Εἴμαστε ὑφασμένοι ἀπὸ τὰ ὀνείρατα, καὶ τὴ φτωχὴ ζωή μας ἕνας ὕπνος τὴν περικυκλώνει», ὦ μεγαλώτατε τοῦ Πρόσπερου δημιουργέ! Ἡ ζωή, ὄχι καθὼς μᾶς τὴ δείχνουνε στὸν ξύπνο τὰ πράματα, μὰ καθὼς μᾶς τὴ μισοδείχνουνε στὸν ὕπνο τὰ ὄνειρα. «Ὅλη ἡ τέχνη τοῦ στίχου καὶ τοῦ ποιητῆ—τὸ εἶπε ὁ Βάγνερ σ' ἕνα ἀπὸ τὰ μουσικά του δράματα, νομίζω—σὲ τοῦτο κρέμεται: νὰ παρασταίνῃς τὴν ἀλήθεια τοῦ ὀνείρου». Τώρα τελευταῖα κάποιος σοφὸς καθηγητής[1] ὑποστήριζε πὼς ἡ Καλλιτεχνία στὸν εἰκοστὸ αἰώνα θὰ καταντήσῃ ἀποκλειστικώτερα ἰδεολογική, ὑπονοητική, ποιητική· ἢ φωτογραφική, καθὼς προχώρησε τόσο πολὺ καὶ μᾶς γνώρισε στενώτερα μὲ τὴν ἀλήθεια, ἀναγκάζει τὴ δημιουργικὴ τέχνη νὰ ταμπουρώνεται πίσω ἀπὸ τοὺς γιομάτους νόημα κύκλους τῶν μορφῶν καὶ τῶν χρωμάτων, ποὺ εἶναι λάμψη ὅλα καὶ μυστήριο· δηλονότι νὰ τραβήξῃ ὡς ἐκεῖ ποὺ δὲ θὰ δύνεται νὰ πάῃ καμιὰ φωτογραφία, ὁσοδήποτε τελειοποιημένη, κι αὐτὴ ἀκόμα ἢ πολύχρωμη. Κάτι παρόμοιο συμβαίνει, ἰδιαίτερα, καὶ μὲ τὴν Ποίηση. Ὅσο πιὸ πολὺ ξαπλώνεται ὁ πεζὸς λόγος κι ὅσο παίρνει τόπο ἀπὸ τὸ κράτος τοῦ στίχου, τόσο ὁ στίχος θὰ καταφεύγῃ στὶς δυσκολοπλησίαστες ἀπὸ τὸν πεζογράφο κορφὲς τοῦ ὀνείρου, θὰ γίνεται ἀποκαλυπτικός· κι ἀπ' ὅπου κι ἂν τοῦ κατεβαίνῃ ἡ ἔμπνευση, τὰ παρσίματά του θὰ μᾶς τὰ ξαναδίνῃ σὲ ὁράματα. Ὅμως δὲ θὰ πῇ μ' αὐτὸ πὼς τὰ ποιητικὰ ὁράματα δὲ θὰ τὰ καπιστρώνῃ ὁ Λόγος καὶ πὼς δὲ θὰ τὰ θρέφῃ ἡ Ἐπιστήμη. Ὁ καιρός μας εἶναι, πρῶτα κι ἀπ' ὅλα, κριτικός. Τῆς ἐλαφρῆς κι ἀφιλοσόφητης παραξενιᾶς τὰ παιγνιδι-

---

1. Salomon Reinach. «Apollo», 1905.

σματα, καὶ τὰ παραπατήματα, ὅσο καλοδούλευτα κι ἂν εἶναι, δύσ
κολα θὰ ταιριάζουν μὲ τὴ σοβαρότητα καὶ μὲ τὸ ὕφος καὶ μὲ τὴν
κοινωνικότητα τῆς Τέχνης. Καὶ ἡ τολμηρότερη Φαντασία δὲ θὰ
μπορῇ νὰ ξεγράψῃ ἀπὸ τὸ λογαριασμό της γιὰ πηγὴ τῆς Τέχνης,
ἂν καὶ τόσο λίγο μεταχειρισμένη ἀκόμα,—καὶ μάλιστα σ' ἐμᾶς
ἐδῶ—τῇ γνώση καὶ τὴν ἰδέα τὴν ἐπιστημονικὴ ποὺ μᾶς γλυτώνει
ἀπὸ τὸ σιχαμερὸ ψέμα, ὅσο κι ἂν εἶναι ἑλκυστικὸ τὸ χαμογέλιο
του. Τί λογῆς εἶναι ἡ δημιουργικὴ λογοτεχνία; Σὰ νὰ τῆς ἔδωκε
ὄμορφα τὸν ὁρισμὸ ὁ γάλλος Charles Morice: «Τὸ ὄνειρο τοῦ ἀλη
θινοῦ».[1]

*

«Παντοῦ πίνεις καλὸ κρασί, κάθε ποτήρι φτάνει τοῦ μπεκρῆ·
μὰ γιὰ νὰ πιῇς καὶ γιὰ νὰ εὐφρανθῇς σοῦ εὔχομ' ἕνα ὡραῖο ἑλληνι
κὸ ποτήρι», λέει ὁ Γκαῖτε σὲ κάποιο του τραγούδι. Σὲ τέτοιο ποτήρι
βέβαια ποὺ μήτε ὁ ἴδιος ὁ Γκαῖτε τὄπινε πάντα τὸ κρασί του, ὁ
Γύφτος μου δὲν πίνει τὸ δικό του. Αὐτὸς δὲν προσφέρει κρασί· παί
ζει βιολί· κερνάει τὸν ἦχο. Κρασὶ ἀνίσως καὶ ὠρέγονταν ὁ ἡρωάς
μου, θὰ τὄβαζε σὲ ποτήρι γύφτικο, ποὺ δὲν πιστεύω νὰ μοιάζῃ
μὲ τὰ ὡραῖα ἑλληνικὰ ποτήρια. Ἐγὼ πιστεύω πὼς τὸ κρασὶ
εὐφραίνει πιωμένο σὲ κάθε λογῆς ποτήρι. Ἔπειτα τὰ ὡραῖα
ἑλληνικὰ ποτήρια εἶναι λογῆς κι αὐτά, καὶ γιὰ τὸ ξεχώρισμα τῆς
πατρίδας μερικῶν χρειάζεται γυμνασμένο μάτι. Ἡ ἁρμονία, τὸ
μέγα γνώρισμα τοῦ ἑλληνικοῦ νοῦ, δὲ μετριέται μὲ τὴν πήχη τῶν
κλασσικῶν κανόνων. Ἁρμονία τάχα δὲ σημαίνει νὰ σφιχτοταιριά
ζῃς τῇ μορφὴ καὶ τὴν οὐσία στὸ ἔργο σου σὲ τρόπο ποὺ νὰ μὴ μπο
ρῇ τὸ ἕνα νὰ ὑπάρχῃ ἀκέριο χωρὶς τὸ ἄλλο; Κι ἁρμονία δὲ σημαί
νει νὰ χωνεύουνε σὲ μιὰ συμφιλίωση καὶ σὲ κάποιο ταίριασμα οἱ
πόλεμοι καὶ οἱ τρικυμίες εἴτε τῆς καρδιᾶς, εἴτε τοῦ νοῦ, εἴτε τῆς
θέλησης; Ἂν κάποιο σημάδι κ' ἑνὸς ἀπὸ τὰ δυὸ τοῦτα στοιχεῖα
τῆς ἁρμονίας βρίσκεται κάπως μέσα σ' ἕνα ἔργο, τὸ ἔργο αὐτό,
κι ὅσο κι ἂν στέκεται μακριὰ ἀπὸ τὰ κλασσικά, μπορεῖ νὰ εἶναι
στὸν Ἑλληνισμὸ σιμότερα ἀπὸ τὰ ἔργα ποὺ μᾶς ξεμυτίζουνε μ' ἐπί-

---

1. Στὴν παρισινὴ «Nouvelle Revue» (15 Février 1884) λαμπρὰ
πραγματεύτηκε τὸ ζήτημα ὁ Ψυχάρης μὲ τὴ μελέτη του «La Science et
les destinées nouvelles de la poésie». Ἀξιοσπούδαστη κριτικὴ τῆς
ποιητικῆς ὀμορφιᾶς ὅταν ἐμπνέεται ἀπὸ τὴν ἐπιστημονικὴ ἀλήθεια.

σημα διπλώματα λογῆς ὁμηρισμῶν καὶ ἀριστοτελισμῶν. «Μουσικὴν ποίει». Οἱ ἀρχαῖοι μεστώνανε ἀπὸ νόημα τὴ λέξη μ ο υ σ ι κ ή. Μουσικὴ γι᾿ αὐτοὺς καὶ ἡ ποίηση, μουσικὴ καὶ ἡ φιλοσοφία, ἡ μεγίστη μουσική. Μουσικὴ καὶ κάθε τι ποὺ σύμμετρα καὶ καλόρρυθμα μορφώνει τὴ ζωὴ καὶ τὴν τέχνη· μουσική, κάθε παιδεία τῆς ψυχῆς. Οἱ νεώτεροι περιώρισαν τὸ νόημα τῆς λέξης μ ο υ σ ι κ ή, μὰ τὸ βαθύνανε πιὸ πολύ. Ἡ ψυχὴ τοῦ γύφτου.εἶναι μουσική· καὶ τὸ γνώρισμα τοῦτο πρέπει νὰ τὸ νοήσουμε ὅλως διόλου μὲ τὸ νεώτερο νόημα, αἰσθηματικό, καὶ ἀόριστα καὶ ἀνήσυχα ἰδεολογικὸ καὶ ἀπέραντο. Καὶ ὁ στίχος τοῦ «Δωδεκάλογου τοῦ Γύφτου» εἶναι καὶ κεῖνος μακριὰ ἀπὸ τὴν πλαστική· δὲ δένεται μὲ τὴν ἀττικὴ λεπτότατη μὰ δυσκολοσύντριφτη ἀλυσίδα· δὲ θυμίζει τὸ ἀνάγλυφο ποὺ πιάνει τόσο λίγο τόπο ἡ περισσή του χάρη. Ὁ στίχος αὐτὸς ἁπλώνεται μὲ τὴν π λ α τ υ ρ ρ η μ ο σ ύ ν η· μπορεῖ νὰ συγγενεύη πιὸ πολὺ μὲ τὴν τέχνη τὴν τοιχογραφική. Τέτοια πλατυρρημοσύνη νομίζω πὼς δὲν εἶναι ἀσυμβίβαστη οὔτε μὲ τὴ φιλοσοφία τῆς ποιητικῆς τέχνης, οὔτε μὲ τὴν ἱστορία της, οὔτε μὲ τὸ ἐπικολυρικὸ ὕφος. Θὰ μποροῦσε βέβαια ὁ «Δωδεκάλογος» νὰ περιορίση τὸν κόσμο του σὲ λίγες ἑκατοντάδες στίχους· τὸ αἰσθάνομαι αὐτὸ ἐγὼ ποὺ ἔδωκα δείγματα τοῦ πιὸ πλατιοῦ στοχασμοῦ στὸ πιὸ λιγόστιχο τραγούδι μὲ τοὺς «᾿Ιάμβους καὶ ᾿Ανάπαιστους», μὲ τὰ «Κομμάτια ἀπὸ τὸ Τραγούδι τοῦ Ἥλιου», μὲ τὶς «Ἑκατὸ φωνές». Εἶπε κάπου ὁ Ρενάν: «Δὲν πρέπει νὰ κόβουμε καμιὰ χορδὴ ἀπὸ τὴ λύρα τῆς ὀμορφιᾶς· ὅταν ὅλες μαζὶ χτυπᾶνε, κάνουνε τὴ γιομάτη ἀρμονία τῶν ὡραίων ἔργων καὶ τῶν ὡραίων καιρῶν». Καὶ στὸ πιὸ πολύστιχο ποίημα ὑπάρχει τὸ καλλιτεχνικὸ ξεδιάλεμα καὶ πύκνωμα· φέρε το στὴν πεζολογικὴ καὶ κάπως ρητορικώτερη μορφή, καὶ θὰ δῆς νὰ γίνη διπλὸς καὶ τρίδιπλος ὁ ὄγκος του. Μορφὴ πλαστικώτερη καὶ περισσότερο κρατημένη δὲν ταίριαζε καὶ μὲ τὴν ἰδέα τοῦ Γύφτου μου τὴ γύφτικη. Ἡ μουσικὴ τῶν ᾿Ατσίγγανων, εἰκόνα καθάρια τῆς ψυχῆς τους, ἔχει γνώρισμά της τὸ αὐτοσχέδιο καὶ τὸ αὐτόματο καὶ τὸ ἀκράταγο, καὶ τὸ ἀκανόνιστο καὶ τὸ ἀνυπόταχτο· φυσικώτερα, τέτοια ἔμπνευση ἔπρεπε νὰ πάρη τέτοιο δρόμο. Τὰ δημοτικὰ τραγούδια τῶν ἐθνῶν ποὺ φέρνουνε φωτεινὴ βοήθεια γιὰ τὸ ξεδιάλυμα τῶν καλογικῶν νόμων, καθὼς βοηθᾶν γιὰ τὸ ξεσκάλισμα τῶν κοινωνικῶν νόμων οἱ συνήθειες τῶν ἄγριων καὶ τῶν

πρωτόγονων λαῶν, μπορεῖ κανείς νὰ τὰ ξεχωρίση σὲ δυὸ εἰδῶν
τραγούδια· στὰ τραγούδια ποὺ ἀξίζουν ἀπὸ τὴ μεγάλη τους ἐκφρα-
στικὴ συμπύκνωση καὶ ὀλιγολογία· καὶ στὰ τραγούδια ποὺ ἀξίζουν
ἀπὸ τὸ μεγάλο τους ἅπλωμα· ἡ ἐπανάληψη σ᾽ αὐτὰ δίνει καὶ παίρ-
νει· δὲν εἶναι ἀγάλματα, σὰν τὰ πρῶτα· μὰ γιὰ τοῦτο σὰ νὰ ζοῦνε
ζωντανώτερα· σὰ νὰ εἶναι ὅλο ἀπὸ τσακίσματα χορευτικὰ κι ἀπὸ
γυρίσματα. Στὴ σοφώτερα ξετυλιμένη τέχνη τοῦ λόγου, ἡ ἑλλη-
νικὴ ποίηση, καὶ πιὸ πολὺ ἡ καλλιτεχνία της παρὰ ἡ ποίησή της,
ἀντιστοιχεῖ μὲ τὰ πρῶτα· τὰ δεύτερα τὰ θυμίζει πιὸ πολὺ ὁ βιβλι-
κὸς λυρισμός. Γνωρίζω πὼς τώρα παντοῦ ὅπου ἡ ποιητικὴ Τέχνη
ἀνθίζει ἢ ἀγωνίζεται ν᾽ ἀνθίση, κ᾽ ἔξω ἀπὸ μᾶς καὶ σ᾽ ἐμᾶς ἐδῶ,
τῆς ποίησης τῆς ἀρέσει τώρα πιὸ πολὺ νὰ ντύνεται σύμφωνα μὲ
τ᾽ ἀγαλματένια τραγούδια τοῦ πρώτου εἴδους, παρὰ μὲ τοῦ δεύτε-
ρου εἴδους τὰ χορευτικὰ τραγούδια. Ἱστορικοὶ λόγοι πιὸ πολὺ σὲ
ἄλλα ἔθνη ὡδηγήσανε τὴν ποίηση ἔτσι νὰ συμπυκνωθῇ, κ᾽ ἔτσι
ν᾽ ἀλαφρωθῇ ἀπὸ πολλὰ στοιχεῖα ποὺ δὲν τῆς εἶναι ἀπαραίτητα
καὶ ποὺ τῆς χρειάζονται τόσο πιὸ λίγο ὅσο πιὸ πολὺ προκόβει,
ἀγνάντια στὸ στίχο, κλέβοντας ἐκείνου τὰ μυστικά, ὁ φοβερὸς ἀντί-
παλός του, ὁ πεζὸς Λόγος. Οἱ ἱστορικοὶ αὐτοὶ λόγοι ἐμᾶς ἐδῶ δὲ
μᾶς σφίξαν ἀκόμα τόσο, δὲ μᾶς γίναν ἀκόμα τόσο αἰσθητοί· καὶ
ἴσως γιὰ καιρὸν ἀκόμα θὰ πρέπη ν᾽ ἀκοῦμε—ἀνίσως ἀκοῦμε— ποι-
ήματα μαζὶ περισσὰ καὶ περισσόστιχα σὰν ἐκεῖνα τῶν Μπάυρον,
τῶν Σέλλεϋ καὶ τῶν Κήτς, τῶν Οὑγκώ, τῶν Λαμαρτίνων καὶ τῶν
Μιστρὰλ καὶ τόσων ἄλλων μεγαλόστομων[1].

*

Καὶ ἡ μετρικὴ τοῦ «Δωδεκάλογου», σύμφωνα μὲ τὰ φυσικὰ
τοῦ ἥρωά μου, κάτι σὰν αὐτόματο καὶ σὰν ἀπρομελέτητα βγαλμέ-
νο· ὁ στίχος ἐλεύτερα χυμένος καὶ κατὰ τὴν ὄρεξή του, πότε μὲ
τὴ ρίμα συντροφιά, πότε χωρὶς ἐκείνη, πότε γυρεύοντας νὰ κανο-
νίση τὸ ρέμα του στὴν κοίτη τῆς στροφῆς, πότε τρέχοντας πλημμυ-
ρισμένος. Ὅμως καὶ μ᾽ ὅλες αὐτὲς τὶς φαντασίες, ὁ στίχος κανονι-
σμένος πάντα μένοντας, πάντα στὸν τροχαῖο ἢ στὸν ἴαμβο βασι-

---

1. Κοίτα στὰ «Γράμματα» (τόμος Β΄, 1907) τὸ ἄρθρο μου «Τὰ
μεγάλα ποιήματα», ποὺ χρειάζεται νὰ συμπληρωθῇ σὲ πολλά, γιὰ νὰ
εἶναι πιὸ σωστὸ μὲ τὸ θέμα του.

σμένος, σπάνια ἀλλάζοντας τὴν περπατησιά του, ἄνετα σαλεύοντας καὶ καμιὰ φορὰ ἄταχτα, μὰ χωρὶς ποτὲ νὰ εἶναι στίχος ἄμετρος καὶ ἀναρχικός.

Τὰ ρητὰ ποὺ ἐπιγράφονται στὸ μέτωπο τοῦ κάθε Λόγου καὶ ποὺ κάνουν τὸ «Δωδεκάλογο» σὰν τὰ πολυϊστορισμένα παλάτια τῶν φράγκων καταχτητῶν τῆς Θήβας στὸ μεσαιώνα, δὲν ἔχουν πάντα καὶ στενὴ καὶ μεγάλη συγγένεια μὲ τὰ ποιήματα ποὺ στολίζουν. Θἄλεγε κανεὶς πὼς οἱ λόγοι τοῦ Γύφτου εἶναι ἀπάνω κάτω γεννημένοι ἀπὸ τὰ λόγια ποὺ φαντάζουν ἐπὶ κεφαλῆς τους. Τίποτε ἀπ᾿ αὐτό. Ἡ ἀλήθεια εἶναι πὼς πρῶτα τὄχτισα τὸ σπίτι μου, φυσικά, κ᾿ ὕστερα τὸ στόλισα. Εὐκαιρία γιὰ νὰ κρεμάσω στοὺς τοίχους μου κάποια θυμητικὰ τῶν τρανῶν μου γνώριμων, ποὺ καταδέχονται νὰ μοῦ μιλοῦν τοῦ ταπεινοῦ ἐμένα, κάθε φορὰ ποὺ προστρέχω σ᾿ αὐτοὺς καὶ ζῶ μαζί τους. Οἱ τρανοί μου γνώριμοι εἶναι περισσότεροι· δὲν τοὺς περιμάζεψα ὅλους, γιατὶ δὲ χωροῦσε πιὸ πολλοὺς τὸ σπίτι μου. Μὴ νομίσετε πὼς ὅλοι συμφωνοῦν μὲ ὅσα παρασταίνουν οἱ στίχοι μου οἱ σημαδεμένοι μὲ τ᾿ ὄνομά τους. Μάλιστα μερικοὶ ἀπ᾿ αὐτούς, ἂν μπορούσανε νὰ δοῦν ποῦ τοὺς τοποθέτησα, δὲ θὰ μέναν καὶ πολὺ εὐχαριστημένοι. Συμπαθᾶτε με, ὦ σεβαστοὶ καὶ ὦ ἀθάνατοι, ποὺ τόλμησα νὰ προστρέξω στὴ βοήθεια σας, θέλετε δὲ θέλετε. Καὶ μολονότι κάθε τοῦ ἔργου μου χώρισμα τὸ βάφτισα Λόγο, ὄχι τόσο γιὰ νὰ ξαναφέρω τὴ συνήθεια κάποιων ξεχασμένων ποιητῶν τῶν βυζαντινῶν καιρῶν, οὔτε γιὰ νὰ δείξω κάποια ἐξωτερικὴ συγγένεια μὲ τὰ λόγια τὰ ρητορικά, ὅσο γιὰ νὰ τὸ βάλω τὸ ἔργο μου κάτου ἀπὸ τὸν ἴσκιο τοῦ Λόγου τοῦ δημιουργοῦ,—ἀνίσως καὶ τοῦτο μου τὸ στιχούργημα τὸ κρίνετε κατώτερο τοῦ Λόγου, ὦ σεβαστοὶ καὶ ὦ ἀθάνατοι, συμπαθᾶτε με. Στὸ νοῦ μου ἔρχονται τέσσεροι στίχοι ἀπὸ τὸ μοναδικὸ ποιηματάκι τὸ ἀξιολάτρευτο τοῦ Πολυλᾶ, καὶ τελειώνω λυπητερὰ μὲ τὸ ψιθύρισμά τους:

Κι ὅταν θαρρῶ πὼς τὴ χρυσὴ πατῶ βαθμίδα,
ὅπου ἀντηχεῖ ψηλάθε ἀπέραντη ἁρμονία,
θαμπὴ στιγμὴ τὴν ἱλαρὴ μοῦ παίρνει ἐλπίδα
μὲ οὐράνιο λάλημα νὰ εἰπῶ τραγούδια θεῖα.

*Ἀθήνα, 21 τοῦ Νοέμβρη 1906.*

# PREFACE

With reason and with dream.
SOLOMOS,
*"The Free Besieged"*

The dedication placed at the beginning of this book was prompted by
the first moment of enthusiasm when I felt in my imagination the
earliest stir of the unborn child. Since then seven years have passed;
the poem, in its own time and season, continued to grow until it was
born as I now present it. But the intention is one thing and the work
another. Now this work, as it stands with all sails set for its journey,
seems to me like a stranger. The faults which I suspect it to contain
disturb me more than its possible merits please me. All its sister
works, those half finished and those still planned, now appear to me
more promising. Besides which, I seem to have grown tired of it. I
had other things to do and was working on them. And, had I not been
urged to print *The Twelve Words of the Gypsy,* after some parts of it had
appeared in "Noumas," by Mr. A. Pallis, a great worker for national
progress and a friend of letters, it would have remained in my drawer.
Now that the enthusiasm has passed, I think that the father can speak
about his child, such as it is. What talk could be sweeter! I will not
judge it, of course; but it may make easier the criticism of others
—should there be a critic who may deign to look at it.

*

Who knows what Gypsy woman may have spoken to my heart so
many years ago. Thrilling words! And thus the first four verses grew
from my heart; the nucleus around which my poem gradually de-
veloped:

> Partridge-breasted Gypsy woman,
> O enchantress! You who stand
> Speaking with the stars of midnight
> In a language of command . . .

Who knows if the "Gypsy woman" was not some ordinary Gypsy of the road, met and idealized one sunny winter day in an Athenian olive-grove, just as she was emerging from her tent, straight, statuesque, bronzed and sphinx-faced. One of those beggars who dismay the house-wife and who enchant the poet; one of those whom that great artist, Théophile Gautier, describes for us somewhere in his "Orient" in unforgettable words brighter than any colors.

Who knows if *The Twelve Words of the Gypsy* was not first planted in my mind by a memory, as vivid as a vision, of some Mayday festival which I had enjoyed as a child in my village; a Mayday animated by the dances of Gypsy women. They used to go from house to house in their yellow dresses and garlands of flowers, black-eyed, their skins gleaming like bronze, to sing May songs in voices which rang out more bell-like than the bells which which they accompanied their tunes. Who knows if the Gypsy woman who moved me so was not some beauty who led a quite different life from the miserable one of the Gypsies; some fiery, dark, wilful beauty whom I had called a Gypsy only by using a poetical metaphor. After that, the beauty of the Gypsy woman plunged me ever deeper into thoughts of the Gypsy race. And from the Gypsy woman I passed to the Gypsy man: the oboe, the hammer, the bellows, the mule, the violin, the tent, the fortune-telling, the spells, the wild, lawless, indomitable life, always in the open air, always under the sky. The seductive and wandering Gypsy life unfolded itself before me; and on these foundations my work built itself up more all-embracing and with more numerous ramifications. Thus my originally planned "Words of the Gypsy," three or four cantos only, became *The Twelve Words*.

I felt inside me that I was a Gypsy, although I was ashamed to confess it; a Gypsy with all his vices and his miseries; I was one with that accursed race, however much I might hide it under fine clothes; it was of myself that I was singing. An unreflecting person might think that a poet chooses his subjects, like an expert musician, only to show off the skill of his bow on the strings of his violin. I have chosen nothing. The poet does not choose; he takes fire and goes forward. It is only later, and on careful consideration, that the patient task of selection begins. The very fact that I stopped at a Gypsy means that I am a Gypsy; my soul, too, is of that breed. But my soul has many aspects; and, though it is fond of solitary meditation, it encloses the whole world within its thought; it has thousands of loves. I can exclaim with the poet; "A thousand fine golden chains bind me to reality." And my great love, above all others, is the nereid of song.

Later on I must have remembered that little masterpiece of Lenau: his three Gypsies; one plays his violin, the second smokes, the third sleeps. Oh the ragged ones! and yet how free and contemptuous of misfortune with their music, their tobacco and their dreams. And, like the musician who embroiders a thousand complicated variations upon a simple classical theme, I must have become intoxicated by those fumes till I decided to embroider a long poem on the theme of a short ballad. I forgot that the seven little stanzas of the German poet might carry more weight than my thousands of verses. Who knows! (The truth is that I do not remember clearly how I began this poem. And that is why you hear me say so often *who knows*!) And later on, as the thread of the poem unravelled itself, I saw that my heart was full of thought, that its emotions were intellectual ones, that my feelings contained something musical and hard to measure, and that I welcomed the thrill of an idea like a young man welcomes the kiss of his sweetheart. Still later, I understood that I was a poet—certainly only one among many, a common soldier of verse—but still a poet who desires to encompass the hopes and the questions of eternal Man, together with the cares and the fanaticisms of the ordinary citizen. But I cannot be the poet of myself alone; I am the poet of my age and race, and what I hold within me cannot be separated from the external world.[1]

1. In the preface of my *"Eyes of my Soul"* (1892) and in my little study *"The Work of Krystallis"* (1894), I explain more fully my theory of poetry; more concisely in the first, in greater detail in the second.

From the moment when the idea of a work first strikes us till the last verse, there are all the time additions, embellishments, alterations and prunings. The intoxication and impetuousness of a love affair, peaceful and patient industry, passion and study, the dream and the book, all combine to increase the value and beauty of our creation. It appears to us that we have borrowed nothing, and yet there is nothing that we could call completely our own. Mediocrity runs the danger of being overwhelmed by its treasure hunting among the ideas of others; the poor are ruined by their borrowings because they cannot repay their debts. But for the artist, even borrowing is one of the instruments of his originality. If a critic were to tell me that my poem was something completely new, that it did not remind him of anything similar, I would suspect that either I myself or my critic was of little worth. The voices which carry furthest and longest are only echoes. And yet . . . My hero would have difficulty in matching his timid steps with the stride of his fellow-countrymen whom I have met in the works of the greatest and least known poets.

I mention those whom I now happen to remember. What a pity that I can only recall the title of "The Gypsy Girl," one of the early short stories of Papadiamantis. I believe that it contains some strange descriptions of the Gypsy race. In Drosinis' "The Herb of Love," the blue eyes of Zephyra still gaze at me and stab me to the heart. And at her side is Gypsy the Crab, abominable and prosaic, carefully photographed as he really is. In his "Diakos," Valaoritis has drawn the fury from his own indomitable spirit and the colors from Hugo's palette to stigmatize the outlawed race in the Gypsy he presents to us. It happened to me two or three times, in my childhood, to read those verses aloud, and for a little girl near me to grow so terrified that she stopped her ears.[2] In Goethe's "Götz von Berlichingen," the Gypsy merges into the visionary night blackness of the forest in which he has his lair and he takes on some of the glory of the hero of the tragedy; the hero who, denied by all, finds in the Gypsy his last

2. Paspatis is the only one of our writers who, to my knowledge, has gathered information and observations about the Gypsies. See his study in "Pandora," and his book, written in French, "Studies on Gypsies," 1870.

companion. And once, when reading Ibsen's "Brand," I noticed the rapid passing of that ever wandering race and I shuddered on hearing a moan that might have been its song.[3] In Pushkin's "Gypsies," we are shown in two or three arresting verses the race branded at one and the same time with the stigma of lawless savagery and of timid indolence. Yet the real hero of the poem is a stranger from the south, a bastard among the pure-blooded Gypsies, a kind of cross between Othello and the Giaour, a romantic sentimentalist, a murderer because of his love for a woman. How differently and with what crude and unadorned realism—also a way of idealizing—is the Gypsy portrayed, in one of Shakespeare's scenes,[4] in the Bohemian, Bernadine! He is the man, dissolute and powerless, who yet is afraid of nothing, indifferent to everything, tired of life, tired even of death, and unfit either to live or to die. Between the Byronic romanticism of the Slav and the lifelike realism of the Englishman, I dare not imagine that my own idealized Gypsy will be able to find a place. Yet however small my hero may appear beside those giants, he may possess some distinctive features in his diminutiveness, and that will suffice him.

  *The Twelve Words of the Gypsy* should be ranked with that series of my poems which I call "The Great Visions," like "The Ascrean" and "The Chains" in "Life Immutable." (In fact "The Chains" was, originally, one of *The Twelve Words.* Later on, I saw that it would go better apart, and so I separated them.) In *The Twelve Words,* epic legend is combined with lyrical thought; in it a simple story is unfolded with a less simple meaning. It is fitting here to recall some significant words in Plato's *Phaedo:* "The poet, to be a poet, must use fiction for his verse and not reality." It was fiction that I took for my work. The Gypsy, élite of his race, might have exclaimed with Heraclitus: "To me thousands are one." Yet he is incompatible among his fellows, "set apart among the set apart"; he is deeply conscious of the value of social life, but he cannot adapt himself to companionship; he wants to work like others, but he cannot; he tries

---

3. Also in his book, *"The Flowers of Evil,"* Baudelaire gives a striking description of the passing of the Gypsy: "La tribu prophétique aux prunelles ardentes . . . "

4. In the drama "Measure for Measure."

every craft and he feels cramped and awkward in all of them; he is cramped and awkward, too, in his love which he had dreamed of as so immense. Finally, one day he finds a mysterious violin which had belonged to an aged and holy prophet. He takes it up, plays it and becomes a new man. As Leopardi says in his "Aspasia," "in his mind arose a new heaven, a new earth and a divine splendor." People shudder and become exasperated when they hear his violin; but the children, the people of tomorrow, are enraptured by it, and that is enough for him. This, more or less, is the story.

The epic legend is developed around the Gypsy race when it first appeared in Thrace, about one hundred years before the fall of Constantinople, and pitched its tents outside that city. In the background of the picture there looms, as through the mist of a dream, the great City blessed—at that time cursed—by God; "The land of our desires," as it is called somewhere by Markoras. The concept of a definite period is not found in the poem. The sense of passing time does not seem to have been clearly imaged even by Homer himself. The epic poets do not trouble themselves much with such matters; so let it be pardoned also in my own poem because of the epic and philosophical elements which it contains. I seem to involve my hero in actions and in thoughts which are separated from each other by years and epochs. But I am not telling my story in a smooth and orderly manner; I am trying somehow, with the art at my command, to clarify what I see like in a dream.

Lyrical thinking[5] shows itself, I think, everywhere in the poem, sometimes distinctly and sometimes blurred, both in the principal parts and in the episodes. But whereas, elsewhere, those parts of a work which are not directly related to the story can be considered as

---

5. It is amusing to observe the attitude of some people who imagine that thought in poetry is something voluntary, something coldly and mathematically calculated. Thought is feeling itself on a higher plane and with all its power; it is feeling for the general, if it does not move those people, so much the worse for them. Poetry, certainly, can exist also without thought, but lyrical thought cannot exist without poetry. Poetry cannot fulfill its purpose most brilliantly except with the aid of lyrical thought.

episodes, here it can be said that those episodes are the principal part of the poem and all the rest just a pretext for embellishment. I feel tightly bound to the Gypsy spirit; but my Gypsy life is illuminated by the Word; and Poetry is the highest flowering of the Word. I had no particular desire to take as the principal goal of my poem a pictorial reconstitution of Gypsy life and nature; such a use of Art does not please me. I used the Gypsy as a pretext and an occasion to express through him, through a type congenial to my soul, my intellectual aspirations. I wished to describe in my turn, however weak may be my voice, the emotion of Man in the face of certain problems of life, his submission or his resistance; the feelings of the citizen and the thinker when confronted with certain episodes of the history of his nation.

I am not one of those who map out programs for the poet's work; the poet should work freely without programs and formulas, listening only to the voice of his heart. But this truth does not prevent me from thinking that our national poetry will produce its finest flowers by following the advice of Valaoritis:[6] by relying on our national history, by becoming "heroic, that is to say epic." The future great poet of Hellenism, the king of her poets, will be he who unites the heroic spirit of "Diakos" and "Photeinos" with the creative power of "The Free Besieged." When great national ideals live and bloom in everyone's home, the poet can build them palaces; when they are declining and everyone is denying them, the poet takes them into his hut and gives them shelter.[7]

The lyrical thinking of *The Twelve Words of the Gypsy* is not placid; it has a tumultuous stride and assumes different aspects ranging from gibes and dirges of bitter denial to the triumphant trumpet call of faith; from doubt and nihilism to the proclamation of energy, progress, virile love and confidence in the beauties of the future.

6. In the prologue of "Kyra Phrosini."

7. From another point of view, a path which Greek poetry needs to take, to be worthy of its destiny, is shown to us wisely and forcefully by Psicharis in the preface to his "Romaic Theater" (pp. 58 - 61). We must make note of it here, although Psicharis, while criticizing certain artistic tendencies of younger writers, is really aiming at one of my own poems. But my subject is other and apart; I do not deal here with the poet; I am concerned with poetry.

My hero is successively a destroyer and a creator. He is, perhaps, a clumsy destroyer and an unlucky creator. The poem may be worthless. I do not know quite what to make of it; I am looking at it again. And now, forgetting it and leaving it aside, I think it fitting to recall here three principal features which, among others, distinguish the new Art and which Poetry cannot ignore without losing its most important contents of meaning and of charm.

First of all, the new Poetry has something fragmentary about it. It is this character that makes the modern poem different from those which have a regular and balanced construction, with a beginning, a middle and an end to the story. It is this that gives it rather the appearance of a fragment of some other poem unknown to us, with no beginning or end, and that causes it to fade away without finishing like the Wagnerian concept of the "endless melody."

Secondly, the new Poetry appears somewhat synthetic. It is this further character which prevents you from fitting the poem, whether a sonnet or a book, into any definite literary genre; or depending on moment and circumstance, you can place it in every genre.

Then again, the new Poetry disdains more and more, as an indispensable aid to its development, every supernatural element brought from outside, either by gods or demons, unless this is justified by some symbolical or aesthetic necessity. But, in reality, the supernatural has not disappeared, it has only been displaced. The miracle still exists in the human soul, even in the humblest leading the most peaceful life.

Lastly, the outstanding feature of the new Poetry is its love of the dream. "We are such stuff as dreams are made of, and our little life is rounded with a sleep," O great creator of Prospero! Life, not as it is shown to us by waking reality, but as we half glimpse it in our dreams during sleep. "All the art of verse and of the poet—as I believe Wagner said in one of his lyrical dramas—depends on this: to present the truth of the dream." Recently a learned professor[8] has maintained that Art, in the twentieth century, will become even more exclusively concerned with the expression of ideas, with hidden meanings and

8. Salomon Reinach, "Apollo," 1905.

with poetry. The progress of photography, by bringing us in closer contact with Truth, obliges creative art to entrench itself behind the significant cycles of forms and colors which are all light and mystery; this means advancing to a point beyond the reach of any photography however perfect, even color photography.

Something similar is happening particularly for Poetry. The more prose expands and trespasses into the domain of verse, the more will verse take refuge on the highest peaks of dream, inaccessible to prose, and become apocalyptic; and from wherever it may obtain inspiration, it will transmit its gains to us as visions. This does not mean, however, that these poetical visions should not be curbed by the Word or nourished by Science. Our age is, above all, one of criticism. Light and unscientific dissertations and whimsies, however witty, are ill-matched with the seriousness, the elevation and the social importance of Art. Even the boldest Imagination cannot afford to dismiss scientific thought and knowledge as sources of Art—however neglected these may be, especially with us in Greece. For it is they who rescue us from odious falsehood in spite of her seductive smile. What then is creative literature? The Frenchman, Charles Morice, seems to have defined it perfectly: "The dream of truth."[9]

*

"You can drink good wine anywhere, any cup will do for the drunkard; but to drink with delight, I wish you a beautiful Greek cup," says Goethe in one of his songs. Certainly Goethe himself did not always drink his wine from such a cup, nor does my Gypsy drink his. He does not offer wine; he plays the violin; he toasts with sound. If my hero were ever to drink wine, he would pour it into a Gypsy cup which would not, I think, look like those beautiful Greek cups. I, myself, believe that wine gives pleasure in any kind of cup. And then again, beautiful Greek cups are of many different kinds; it requires an expert eye to tell where some of them hail from.

Harmony, the essential feature of the Greek mind, is not measured

9. In the Paris "Nouvelle Revue" (15 February 1884), Psicharis has treated the question brilliantly in his essay "Science and the new destinies of poetry;" a remarkable critical review of poetic beauty inspired by scientific truth.

by the yard-stick of classical rules. Does not harmony mean that you should unite closely both the form and the substance of your work in such a way that neither can exist wholly without the other? And does not harmony mean the fusion, in a kind of accord and conciliation, of all wars and tempests, whether of the heart, the mind or the will? If a work contains even a trace of those two elements, that work, though perhaps unlike classical models, may be nearer to the Greek spirit than others which flaunt official diplomas attesting their Homeric or Aristotelian excellence. "Make music." The ancients filled the word "music" with meaning. For them poetry was music, philosophy was music—the highest music. Music, too, was everything which gave a symmetrical and rhythmical shape to life and art; every education of the soul was music. The moderns have narrowed the meaning of that word, but they have also deepened it. The soul of the Gypsy is music; and we must understand this feature with its modern meaning of something emotional, vague, restless, visionary and infinite.

And the verse of *The Twelve Words of the Gypsy* is, similarly, far from plastic; it is not bound with the delicate but tenacious Attic chain; it does not bring to mind a bas-relief which combines so great a charm with so small a space. The verse unfolds itself with amplitude; it has, perhaps, more affinity with a fresco. Such amplitude is not, I think, incompatible with the philosophy of poetic art, with its history or with the epicolyrical style. It would certainly have been possible for *The Twelve Words* to limit its world to a few hundred verses; I feel it myself who have given examples of wide-ranging thought in a poem of a few verses in my "Iambs and Anapaests" and my "Fragments of the Songs of the Sun" and my "Hundred Voices." Renan has said somewhere: "We must not tear out any of the strings of beauty's lyre. It is by vibrating all together that they produce that full harmony which is called a fine work or a fine epoch."[10] And even in the longest poem there is artistic selection and compression; turn it into the rather more rhetorical form of prose and you will see it double or triple its volume. A more plastic, more restrained form would not have suited the idea of my Gypsy's gypsy-like thought. The music of the

10. Renan, "Feuilles détachées."

Gypsies, a clear picture of their soul, has as its characters improvisation, unbridled spontaneity, unruliness and intractability; it was more natural for such an inspiration to follow the same path.

National folk-songs, which shed as much light in unravelling the laws of literature as the customs of savage and primitive peoples help to clarify social laws, can be divided into two classes: those whose value lies in their great condensation and brevity; and those whose value lies in their expressive profusion of detail. In the latter repetition plays an important part. These are not statues like those in the first class, but because of this they seem to live more vividly; they seem to be composed of dance movements and gyrations. Among the more advanced literary arts, Greek poetry, and its fine arts even more so than its poetry, belong to the first kind; the second kind resemble more the lyricism of the Bible. I know that today, wherever the poetic Art flourishes or attempts to flourish, both here and abroad, poetry prefers to assume the form of the statuelike songs rather than those of the dance melodies. Historical reasons, especially among the other nations, have led poetry to adopt this condensation, and to lighten itself thus of many of its unessential elements, rendered still less necessary by the continuous encroachments of its formidable antagonist, Prose. These historical reasons have not tightened their grip on us so far, they have not become too strongly felt. And perhaps for some time yet we may have to listen—if we do listen—to lengthy poems of over-many stanzas like those of Byron, Shelley, Keats, Hugo, Lamartine, Mistral, and of so many other long-winded bards.[11]

*

The metrical pattern of *The Twelve Words,* in keeping with my hero's character, is also spontaneous and unpremeditated; the verse flows freely according to its fancy, sometimes with rhyme and sometimes without; sometimes seeking to direct its current into the channels of stanzas, sometimes racing ahead in full flood. Yet, in spite of all these fantasies, the verse always remains regulated, always based on the iamb and the trochee. It rarely changes its step; it moves freely

11. See in "Grammata," vol. II, 1907, my article "Great Poems," which needs to be supplemented on many points to do justice to its subject.

and occasionally in a disorderly manner, but it never becomes un-
metrical or anarchic.

The quotations placed at the beginning of each Word, which give
*The Twelve Words* the aspect of the much ornamented palaces of the
Frankish conquerors of Thebes during the Middle Ages, do not always
bear a close and direct relation to the poems which they adorn. One
might think that the Gypsy's Words were born more or less from the
words which appear at their head. This is not so. The truth is that I
naturally built my house first and decorated it afterwards. It was an
opportunity to hang on my walls some memorials of those great
acquaintances who deign to converse with my humble self each time I
turn to them and live in their company. My famous friends are many:
I did not invite them all because my house could not contain more of
them. Do not think that they must all agree with what I say in the
verses headed by their names. Some of them might even be displeased
if they could see where I have placed them. Forgive me, O august
immortals, for having dared to seek your help whether you wished it
or not! And if I have given to each section of my poem the name
*Logos,* [12] It was not so much to recall the custom of some forgotten
Byzantine poets or to suggest some external affinity to works of
rhetoric, but rather to shelter my poem beneath the shadow of the
creative Word. If you should judge it inferior to the Word, forgive
me, O glorious immortals! Four lines from that unique and delightful
little poem of Polylas arise in my mind, and I conclude by whispering
them sadly:

> *And when I think I tread the golden rung*
> *Where, from above, vast harmonies are heard,*
> *A darkened moment steals from me the hope*
> *Of singing divine songs like a celestial bird.*

*Athens, 21 November 1906.*                        Kostes Palamas

---

12. Palamas' actual title is "The Twelve Logoi of the Gypsy." The literal meaning
of "logos" is "word;" but "Logos" can also signify the inward Thought or Reason
itself. (Translators' note).

# ANALYSIS OF THE POEM

*By the Translators*

## WORD I. THE ARRIVAL

The epic tradition speaks of the Gypsy race from its first appearance in Thrace, about one hundred years before the fall of Constantinople to the Turks. The scene has for background the great City, then in its decline, and it unfolds itself with the glamour of a dream vision. There is an accurate and living description of the arrival of the Gypsies. The Gypsy, the idealized type of his race, sings of the Gypsy folk and of their free existence.

## WORD II. THE TOILER

The Gypsy, the élite of his race, feels that his exceptional abilities are wasted in the desert of a wandering life and he endeavors to fulfill himself. He has turned his gaze inwards; he has questioned his inner consciousness and has caught the echo of his soul. But he must abase himself so as to soar the higher. He becomes a toiler: first a blacksmith, then a minstrel, then a mason. But the genius of Art does not leave him; he desires to create, but to create as an artist. He wishes Beauty to triumph over necessity. But those around cannot understand him, and his efforts to realize his dream are in vain.

## WORD III. LOVE

Discouraged, misunderstood and alone, the Gypsy turns towards Love to ask of it the secrets of Life. He expects of Love not only the pleasures and delights of which it is the fount, but also its creative aid to shape his dream: the Perfect Race. Here again disillusion awaits him.

## WORD IV. THE DEATH OF THE GODS

The Gypsy plants his tent before the temples, the churches, and the mosques, and finds Nothingness everywhere.

## WORD V. THE DEATH OF THE ANCIENTS

Regardless of chronology, a fact which the author explains in his preface, we are shown the procession of the scholars and learned men who are leaving Constantinople, now in the hands of the Turks, and who are bringing to Western Europe the intellectual treasures of Ancient Greece. The Gypsy calls to the travellers and asks them what are the treasures that they carry. He receives the answer: "The Beautiful and the Undying; Wisdom and Rhythm." Expelled from their ancient homeland, they go to illuminate the West, to sow the seeds of the Renaissance, and to live once more their glory of old. But can the Past bloom again?

## WORD VI. ROUND A PYRE

The Christians are burning the works of Plethon, the last pagan philosopher. They celebrate this holocaust by a hymn, to which the polytheists answer with another hymn. In a third hymn, the Gypsy cries to them that they are both wrong. The real truth is that a new race is coming into existence and that a new epoch is beginning.

## WORD VII. THE FAIR AT KAKAVA

The Gypsies have assembled under the walls of Constantinople to celebrate their only festival, that of the First of May. The poet describes the different tribes with their picturesque costumes and their numerous handicrafts; the Gypsy women with their snake-like suppleness, their witching eyes and their voluptuous forms whose curves are revealed in their dances. Suddenly, amid the uproar of the fair, an envoy of the Emperor of Byzantium appears and proposes to the Gypsies that they should renounce their roving life and settle in Lacedaemonia, amid the ruins of ancient Sparta. But the Gypsy, springing to his feet, answers back. He declaims the dithyramb of his race and recounts its misfortunes from its origin in its Indian homeland to its arrival in Africa and lastly in Thrace. He claims that the Gypsies are the race that shall abolish all fatherlands, that is to say the hates and the frontiers which divide all peoples. He asserts that they shall burst all chains "whether of diamond or of tempered steel." No one understands the speaker and, as soon as he ends his speech, the festival continues as gay, as carefree and as frenzied as before. This last portion, in its concise contrasts, presents a living picture of the dull apathy of peoples to the voice of their visionary prophets.

## WORD VIII. PROPHECY

The Gypsy comes to Constantinople, the magic City of Sin, and to the immense Circus where parade degenerate emperors, treacherous courtiers and a perverted people. Constantinople, the picture of Greatness and Vice. The news has just arrived of the advance of the Turk onto Greek soil. But the listless populace and the profligate king refuse to interrupt their festivals and amusements. They turn a deaf ear to the war-cry of the Acrites, the last valiant defenders of the frontiers, the sole opponents of the invading foe, and the mock of a people that prefers destruction rather than to follow its own heroes. But above the emperor and the populace that fills the Circus, above the perverted city, swells and vibrates the harsh voice of the Prophet. He predicts the evil destiny of Constantinople. Yet, while mourning the downfall of the City he reads in the future the triumph of a new Hellenism.

## WORD IX. THE VIOLIN

The Gypsy continues his evolution. He has learned now that all in which he believed is doomed to crumble away. He knows also that obsolete values are empty and worthless, that Love has not revealed anything to him, and that no patriotic ideal has been able to show him the Truth. To what then can he turn? He knows neither how to conceive the world, nor what he himself wishes to become. In the midst of a despair which he cannot explain, he finds the violin of a long-dead holy hermit. Its music rebuilds the world for him and gives him back his lost courage. A slow dawn illuminates the desert night of his soul. He emerges at last from the confused vortex of his spirit and, from now on, he understands the worth and significance of the upward strivings of Life. He leaves the Past behind him and he steels himself to shape a new life—not with the aid of inherited tendencies, but with his own music, the music that vibrates within him. It is natural, however, that men should understand him no more. His new music angers them by its harsh strength, but it enchants the children who bear the future within them.

## WORD X. RESURRECTION

The Gypsy plays his violin and by its enchanted music he awakens, from the Tombs of the Centuries, Love, the Fatherland and the Gods. They are not the same, for now it is he who has conquered them and has raised them anew in his mind, it is he who has recreated them and given them a new life. He has transmuted them into human energy and into cognizable science.

## WORD XI. THE TALE OF THE TEARLESS MAN

And the violin sings the Superman according to an old Gypsy legend.

## WORD XII. THE WORLD

The Gypsy returns to Thrace, the land of Orpheus. Nature pledges him to sing of Truth, whose source is found in the harmonious blending of the heart and the mind; to rear a new Olympus differing from that of Antiquity and that of Christianity, the Olympus of Science; and to live the coming times to the strains of his prophetic violin.

## FINAL WORD. TO A WOMAN

In a kind of epilogue to the main poem, addressed to his wife, the poet reproaches himself for being too immersed in his poetic dreams and fantasies. This tendency of his causes him to forget the material world and to neglect too often the duties and obligations which he shares as a member of society, a husband and a human being.

ΛΟΓΟΣ Α΄

Ο ΕΡΧΟΜΟΣ

Γιὰ μᾶς ὁ δημόσιος δρόμος, ὁ κάθος,
τὰ δάση, τὰ βράχια. Εἴμαστε λαὸς ἀπὸ
τυχοδιῶχτες ποὺ ὅλο περπατεῖ. Σπίτια
καὶ τζάκια γιὰ τοὺς ἄλλους εἶναι.
                                Ibsen (Brand).

Γύφτισσα τόνε βύζαξε, γιὰ τοῦτο ἔχει φτερά.
                                Σερβικὸ τραγούδι.

Τ᾿ ἀξεδιάλυτα σκοτάδια
τὰ χαράζει μιὰ λιγνὴ λευκότη
νυχτοφέρνοντας καὶ αὐτή·
καὶ εἴτανε τοῦ νοῦ μου ἡ πρώτη
χαραυγή.

\*

Καὶ εἴταν ὥρα μελιχρότατη·
καὶ εἴτανε χυμένο ὁλόγυρα
κάτι πιὸ χαϊδευτικὸ
κι ἀπὸ τ᾿ ἀεράκι,
ὅταν ἔρχεται γιομάτο ἀπὸ τὰ μπάλσαμα
πρωϊνὰ τῶν ὁλοπράσινων πευκώνων,
κι ἀπὸ τ᾿ ἀεράκι·
καὶ εἴταν πέρα κάπου σὲ μιὰ γῆ,
σὲ πηγὴ λαῶν καὶ χρόνων·
καὶ εἴτανε στὴ Θράκη.

Καὶ εἴταν ὅπου κόσμοι ἀντίμαχοι
μὲ τὴν ἴδιαν ἐρωτόπαθη μανία
ν᾿ ἀγκαλιάσουνε λαχτάριζαν

xl

WORD I

# THE ARRIVAL

For us the road, the headland, the forests, the
rocks. We are an ever wandering people of
adventurers. Homes and hearths are for others.

IBSEN, Brand

A Gypsy woman suckled him, so he has wings.

Serbian folk-song

Through the interwoven shadows
Crept an evanescent gleam
Mingled still with night;
And it was my mind's own dawning
Of the light.

*

Of all hours it was the sweetest;
All around was wafted something
More caressing than the breeze
When it bears the morning balsam
Of the pine-wood trees,
Something even more caressing
Than that soft embrace.
It was in a distant country,
Fountain-head of times and peoples
Far away in Thrace.

It was where two worlds in conflict,
Lusting with the same love-madness,
Burned to clasp the radiant Mistress

1

τὴν πανώρια Βοσπορίτισσα, τὴ μία,
καὶ κατάλαμπρα ντυμένοι καταστάλαζαν
καὶ φιλούσανε τὰ χώματα
ποὺ τὰ πόδια της πατοῦσαν·
σὰν ἀκρίδες πέφταν οἱ λαοί,
μέλισσες ἐκεῖ οἱ λαοὶ πετοῦσαν.
Καὶ εἴτανε, ἡ πανώρια, δυὸ γιαλῶν
ἀφροκάμωτη νεράϊδα,
κ᾿ εἴσουν ἐσύ, Πόλη, ὦ Πόλη!
καὶ εἴτανε τῆς γῆς τὸ περιβόλι,
καὶ εἴταν ὅπου σὲ μιὰ δόξα
τῶν Ἐθνῶνε ταίριαζαν οἱ πόλοι,
καὶ εἴταν ὅπου ἀπὸ τὰ πέρατα τοῦ κόσμου
Βάρβαροι δυσκολοταίριαστοι
στὴ Ρωμαία τῶν Κωσταντίνων
πολεμοῦσαν κάτω ἀπὸ τὸ λάβαρο
τῶν Ἑλλήνων.

Κι ἀπὸ μέσα. ἀπὸ τοὺς ὄχτους τῶν Κατάστενων
εἴταν ὅλο σὰ νὰ φύτρωναν
πολιτεῖες ἀπὸ πράσινο·
κι ἀναβρύζαν συντριβάνια ἀπὸ βλαστάρια·
καὶ εἴτανε οἱ ἀνθοὶ σὰν ξωτικά,
καὶ εἴταν ὡς νὰ χύνονταν ἀπὸ ψηλὰ
σὲ μαλαματένιες μέσα στέρνες
μιὰ βροχὴ ἀπὸ λυχνιτάρια.
Κι ἀντιχτύπαγε κι ὁ ἥλιος
ἀπὸ τὰ βουνὰ τὰ Βιθυνιώτικα
σὲ Μαγναῦρες καὶ Βλαχέρνες,
καὶ τοῦ ἥλιου ὅλα τὰ φέγγη ἐκεῖνες φέγγοντας,
πρὸς τὰ ὕψη ἀψήφιστα τραβοῦσαν.
Κι ἀπ᾿ τῶν κάστρων τὶς Χρυσόπορτες,
κι ἀπὸ τ᾿ ἄπαρτα Ἐφταπύργια
ὡς τὴν ἄκρη στὰ σπαρτὰ σμαραγδονήσια,
λεγεῶνες τὰ παλάτια
καὶ στρατοὶ τὰ μοναστήρια.

Of the Bosphorus, the peerless,
The all-beautiful; and, mantled
Splendidly, they stayed to greet
And kiss the earth beneath her feet.
There the peoples swarmed like locusts
And like honey-bees they hovered;
There stood, of two shores the wonder,
A Nereid born of the foam:
You, aye you, O gleaming City!
And it was the world's great garden
Where, united in one glory,
Nations disparate were mated;
Where from Earth's remotest ends
Flocked barbarians to be marshalled
In a single battle-line,
Ranked beneath Hellenic banners
In the Rome of Constantine.

From the twin banks of the Narrows
It appeared as though there sprouted
Cities spun of green;
There gushed fountains of green branches,
And their flowers' fairy guise
Glittered like a rain of rubies
Cataracting from the skies
Into pools of green and gold.
And the sunbeams' slanting track
Smote from the Bithynian mountains
The Magnavras and Vlachernas,
And those palaces, reared proudly,
Glanced the sunlight back.
From the castles' Golden Gates,
From the unstormed Seven Towers
To the scattered isles' green coasts,
There were palaces in legions,
Monasteries in hosts.

Καὶ εἶταν ὡς νὰ πλέκονταν
καὶ εἶταν ὡς νὰ λύνονταν
κάποιας μάϊσσας μάγια
ἀποπάνω ἀπὸ τοὺς τρούλλους κι ἀπὸ τὰ σαράγια·
καὶ λαμποκοποῦσες, ὦ ψυχή μου,
μ᾿ ὅλους τοὺς ἀσάλευτους σταυροὺς
καὶ μαυρολογοῦσες, ὦ καρδιά μου,
μὲ τὰ κυπαρίσσια.

Σὲ λευκὰ λιμάνια, ἀνάρια ἀνάρια,
ἀστραπόβολα χελάντια πυργωτὰ
μὲ τὰ ὀρθόπλωρα χαλκόπλαστα λιοντάρια,
ἀργοσάλευτα στὰ χέρια τῶν κυμάτων,
τί ὀνειρεύεστε; τί ἀράγματα νικῶν
καὶ θανάτων;

Καὶ δὲν εἶτανε στρατοὶ
πολεμόχαρων αὐτοκρατόρων
κάτω ἀπὸ τὴ σκέπη τῶν ἀϊτῶν
τῶν τροπαιοφόρων,
καὶ δὲν εἶταν οὔτε στρατοκόποι
σταυροφόροι καβαλιέροι,
ποὺ γοργόσπρωξε ὡς ἐκεῖ
κάποιο ξαφνισμένο ἀγέρι·
καὶ δὲν εἶταν ἀμηράδες
πίσω σέρνοντας τ᾿ ἀράπικο
καὶ τὸ τούρκικο λογάρι,
καὶ δὲν εἶτανε τοῦ ὀλέθρου
ξανθοπρόσωποι κουρσάροι·
δὲν τοὺς φέρνανε οἱ ἀρμάδες
ἀπὸ πάγους καὶ βοριάδες
ταυροσκυθικούς·
τοὺς δειλοὺς τραντάζοντας γιαλοὺς
μέσ᾿ στὰ δρακοντόφαντα μονόξυλα
δὲν τοὺς φέρανε οἱ ἀρμάδες!

Then it was as though were woven,
Interwoven and unwoven,
Sorceries of some enchantress
Over all those domes and steeples.
And, O soul, you joyed apart
In the gleam of soaring crosses,
And you fretted, O my heart,
In the gloom of cypresses.

Sown and scattered in white harbors,
War-ships turreted and tall
Flaunting high your prows' bronze lions,
Rocking to the sea's soft breath,
Are you dreaming of past glories?
Or of death?

They were not conquering armies
By warlike Caesars led,
Beneath the golden wings
Of eagles overhead;
Nor were they spent crusaders
Or horsemen riding blind,
Who had been hustled there
By storm and driving wind;
Nor were they emir lords
Trailing behind them Arab
Or Turkish hordes.
They were not havoc bringing,
Blond, raiding Viking crews
Descending in their fleets
From northern bergs and floes
And Tauroscythian snows;
To timid, trembling beaches
They were not brought in fleets
Of ships with dragon prows.

Καὶ εἶταν σὰν ἀπὸ μακρότατα,
καὶ εἶταν σὰν ἀπὸ μερόνυχτα
κι ἀπὸ χρόνια πεζοδρόμοι·
καὶ σὰ νἄχασαν τὸ δρόμο τους,
καὶ μαζὶ μ᾿ αὐτὸ σὰ νἄχασαν
λίγο λίγο καὶ τὴν ἔγνοια,
λίγο λίγο καὶ τὴ γνώμη,
κ᾿ ὕστερα καὶ κάθε μνήμη,
κ᾿ ὕστερα καὶ κάθ᾿ ἐλπίδα,
καὶ ποὺ δὲν κρατοῦσαν πίσω τους
καὶ ποὺ μήτε ξάνοιγαν ἐμπρὸς
μιὰ πατρίδα.

Σὲ φλογέρες γλυκοστέναζαν
κρυφοὺς πόνους λαλητάδες,
ἦχοι σκίζονταν καὶ δέρνονταν,
ἦχοι πλήγωναν ἀπὸ
ντέλφια, βούκινα, ζουρνάδες·
καὶ βαρυπερνοῦσαν παρεκεῖ
μέσ᾿ ἀπὸ τὴ στράτα τὴ λευκή,
καὶ τὸν κουρνιαχτὸ φτερώνοντας
θόλωναν ἀνάρια τοῦ βουνοῦ
τὴν εἰκόνα τὴ γεράνια·
καὶ βαρυπερνοῦσαν καραβάνια.
Κάπου ἀπότομα τινάσματα
ξάφνιζαν σὰν ἀπ᾿ ἀγρίμια,
καὶ ξεσποῦσε στὴν ἀπλοχωριὰ
καὶ εἴτανε σὰ νὰ τὴ μόλευε τὴ σιγαλιὰ
τὴν παρθένα μιὰ βλαστήμια.
Γέλια ἀλάλαζαν· δὲν ξάνοιγες
λύσσας ἂν ἀφρίσματα εἴτανε
ἢ ἂν ξεχύματα χαρᾶς.
Πίσω ἀπὸ τὸ πύκνωμα τῆς βατουριᾶς
πόθοι, ἀκράτητοι σατράπες,
    λάγνα ταίριαζαν—τὸ μάντευες—
μὲ ξαδιάντροπες ἀγάπες.

No, they were travellers from afar
Who, endlessly, day after day,
For countless years had wandered.
Wayfarers who had lost their way
And, with their way, had lost
By slow degrees all purpose,
By slow degrees all scope,
And, after these, all memory
And, at the last, all hope.
Wanderers who behind them had no home
Or homeland, no familiar stead —
And none ahead.

On their reed-pipes they were sighing
Unrevealed despairs and sorrows;
Sounds ascended, strident, wounding,
Sounds discordant, blaring, pounding,
From tambourines and horns and oboes.
Where slowly rolled the caravans
Along the long white ways,
The winging dust rose up in swirls
To blur with a fine haze
The purple outline of the hills,
While creaked the lumbering caravans.
Sometimes a brief rebound,
A movement as of startled deer,
Would fill the valley with its sound;
And then it seemed as though the virgin silence
Had by a snarling curse been violated.
Or laughter in a sudden gust pulsated:
A burst of joy? Of rage a yell? —
You could not tell.
Behind the thickets and the brambles,
In secret places,
Desires and passions mated lustfully
With fierce embraces.

Κι ἄλλοι, σὰν ἀπὸ μιὰν ἄσβηστη
δίψα, ποὺ τοὺς εἶχε κάμει
κάποια ἀχόρταγα στοιχιά,
στέκαν ἄκρη στὸ ποτάμι,
σὰ νὰ ριζοβόλησαν ἐκεῖ,
καὶ γυρεύαν τὸ ξεδίψασμα
σκύβοντας μὲ τὴν παλάμη,
πότε μὲ τὸ στόμα ὁλοσκυφτοί.
Κι ἄλλοι ἀπό 'ναν ὕπνο, ποὺ ἔλεγες
εἶναι ἀξύπνητος, δετοί,
κοίτονταν ὅπου τοὺς ἔδεσε
καὶ ὅπως εἴχανε βρεθῆ,
καὶ στῆς χέρσας γῆς τὴν ἀγκαλιά,
καὶ στὰ μαλακώτατα χορτάρια,
καὶ εἴχανε τὰ σκίνα γιὰ κλινάρια,
τὰ στουρνάρια γιὰ προσκέφαλα·
καὶ εἴτανε στὶς ἀκρορρεματιές,
καὶ εἴτανε σὲ ὄχτους καὶ σὲ τράφους,
καὶ εἴτανε ὡς μπαλσαμωμένοι
καὶ ἄλιωτοι νεκροὶ καὶ λυτρωμένοι
καὶ ἀπὸ πάθια κι ἀπὸ τάφους·
καὶ εἴτανε σὰ νὰ ταξίδευαν
πατρικὰ συντροφιαστοὶ
ἀπὸ Χάροντα εὐεργέτη
σὲ μιὰν ἄλλη ἀμίλητη ζωή.

Ὀρθοστήλωτες, ἀπόκοτες,
μάντισσες λαοπλάνες,
εἴχανε τὴ γύμνια σὰ ζητιάνες,
καὶ εἴχανε τὰ μάτια σὰν ἀγάλματα,
καὶ εἴχανε τὰ μάτια χωρὶς βλέμματα,
γιατὶ λείπαν οἱ ματιές τους πρὸς μαντέματα
δυσκολοξεδιάλυτα,
πρὸς ἀπόσκεπες λείπανε Μοῖρες·
καὶ στὰ μεγαλόπρεπα κορμιὰ
τὰ κουρέλια ἀεροκυμάτιζαν
σὰν πορφύρες.

Others, urged on by their thirst,
By a thirst which had transformed them
Into lean, unsated specters,
Stood upon the river bank
As though rooted there and drank,
Drank their fill with hollowed hands;
Or, full length upon the sands,
Lapping up the waters' flow.
Others, stilly, as though bound
By the leaden chains of slumber,
Lay where they had dropped, exhausted;
Some upon the cold, bare ground,
Some among the lushy grasses,
Using boulders for their pillows,
Rushes for their mattresses.
They lay huddled up in gullies,
On low banks, in shallow ditches,
Gathered there like embalmed corpses
Freed alike from grave and strife;
They resembled placid travellers
Waiting there to be escorted
By their benefactor Charon
To another silent life.

There were bold, upstanding women,
Folk-deluding fortune-tellers,
With the raggedness of beggars,
With the eyes of marble statues;
And their gaze seemed fixed and empty
For their sight was ever focused
Upon prophetic oracles
And mystic destinies.
And from their splendid forms, for all to see,
Their tatters flowed like robes
Of royal porphyry.

Καὶ εἶταν, εἶταν οἱ δαρμένοι
ἀπὸ κάθε ἀνεμοτάραμα,
καὶ εἶταν ἀπὸ τὰ λιοπύρια
τῶν ἐρήμων οἱ ψημένοι,
καὶ τὰ συντριμμένα εἶταν κορμιὰ
ἀπὸ κόπους καὶ ἀπὸ κόπους,
καὶ εἶταν οἱ ψυχὲς ποὺ πέρασαν
ἄγγιχτες κι ἀπαρακάλεστες
ἀπὸ τόπους καὶ ἀπὸ τόπους,
καὶ εἶτανε μιᾶς ἄγριας ἄνοιξης
μηνυτάδες διαβατάρικοι,
μαῦρα χελιδόνια,
καὶ εἴχανε κελάϊδισμα τ' ἀνάθεμα
καὶ φωλιὲς τὰ καταφρόνια.
Καὶ εἶταν ὅλ' οἱ χαλκοπράσινοι,
κ' εἶταν ὅλ' οἱ ἀφωρισμένοι,
κ' οἱ ἐρμοσπίτες, κ' οἱ ἀλλόφυλοι,
καὶ ὅλ' οἱ πλάνοι, καὶ ὅλ' οἱ ξένοι,
κι ὅλοι ὅσοι τοὺς ντρέπεται τὸ φῶς,
κι ὅσοι, σὰν τοὺς βλέπῃ ἡ μέρα,
τὴ φωτόλουστη ὄψη κρύφτει·
καὶ εἶταν ὅλοι οἱ γύφτοι, οἱ γύφτοι,
ἀπὸ πέρα πέρασμα γιὰ πέρα.

Νύχτα ἀνάβει, νύχτα ὁλογυρνᾶ,
ἔξω κ' ἔξω ἀπ' τὸ λιμάνι,
νύχτα σβήνει στὰ βαθιὰ νερὰ
σὰν ἀπὸ αἷμα πυροφάνι...

Καὶ εἶταν οἱ καιροὶ ποὺ ἀτίναχτο
μέγα ἀστροπελέκι, κάτι
πρωταγρίκητο κι ὡς τότε κι ἀνιστόρητο,
ἀπ' τὴν Ἄσπρη Θάλασσα ὡς τὸ Δούναβη
καὶ ἴσα πέρα ἀπὸ τὰ πόδια τοῦ Εὐφράτη

There were the Gypsies flayed
By the lash of every wind,
There were the scorched and tanned
By desert sun and sand;
Those drifting wrecks were bodies
By toil worn out and blighted,
Souls that roamed from land to land,
Untouchable and uninvited.
They were the dark migrating omens,
They were the swallows of misfortune,
Announcers of a stormy spring;
Sad birds, the songs they knew were curses,
Their nests were scorn and suffering.
They were forever bronzèd outlaws,
Cast out, rejected and reviled,
Forever homeless interlopers,
Forever fugitives and vagrants
From whom day hid her shining face,
The Gypsies wandering from place to place,
The Gypsies roaming, day by day,
From far away to far away.


Lit up by night, circling by night
Outside the harbor's sweep;
Sinking by night, a torch of blood,
Into the deep . . .


It was the time when a great thunderbolt,
Unlaunched as yet, as yet unhurled,
Something appalling, all unknown before
From the Aegean and the Danube shore
To lands beyond the Euphrates,
Was poised above the world

κρέμουνταν ἀπάνω ἀπὸ τὸν κόσμο,
κάψαλα καὶ στάχτη νὰ τὸν κάμῃ,
καὶ λιγοθυμοῦσ' ἡ Ἀνατολή,
κ' ἔτρεμε καὶ ἡ Δύση σὰν καλάμι.
Καὶ εἶταν οἱ καιροὶ ποὺ ἡ Πόλη
πόρνη σὲ μετάνοιες ξενυχτοῦσε,
καὶ τὰ χέρια της δεμένα τὰ κρατοῦσε,
καὶ καρτέραγ' ἕνα μακελάρη.
Καὶ ξολοθρεμὸς ὁ μακελάρης.
Ροῦσοι, Νορμαννοί, Βουλγάροι, Καταλάνοι,
κι ὁ Χριστιανομάχος ὁ Σαρακηνός,
κι ὁ Οὔγκαρέζος, ὁ τεράστιος καβαλλάρης,
πιὸ ἁπαλὰ μπροστά του δείχνονταν
καθεμιὰ φυλή, κάθε σεισμός.

Καὶ καρτέραγε τὸν Τοῦρκο νὰ τὴν πάρῃ.

Καὶ οἱ καιροὶ σημείωναν ἀκόμα
φοβερώτατα σημεῖα,
καὶ δὲν ἔμειν' ἕνα στόμα
ποὺ νὰ μὴν ψιθύριζε χλωμὸ
σοφοῦ κάποιου βασιλιᾶ χρησμό,
κάποιου ὀλέθρου προφητεία.
Κ' ἔβρεξε βροχὴ ἀπὸ αἷμα,
κι ἀεροφύτρωσαν ἐφτὰ πύρινοι στύλοι,
κ' ἕνα χέρι βγῆκε ἀσώματο
κ' ἔλεγες τοὺς φύλαγε καρτέρι,
καὶ τοὺς ξέφτισε σὰ νὰ εἶταν ἀπὸ γνέμα.
Καὶ τὰ ξωτικὰ καὶ οἱ πειρασμοὶ
ἀπὸ τὴ νυχτιὰ κι ἀπὸ τὸν Ἅδη
ξαπολύθηκαν καὶ ζούσανε
μὲ τὸν ἄνθρωπον ὁμάδι.

*

Κ' ἐγὼ μέσα στὸ τρικύμισμα
καὶ στὴ χλαλοὴ τοῦ κόσμου,

To overwhelm it with its fiery speed;
The fainting East was pale with fear
And the West shook like a reed.
It was when the harlot City
Spent her night hours in repentance,
Awaiting, with hands clasped in prayer,
The coming of an executioner,
Who would be annihilation.
Foes everywhere: Russian and Bulgar clans,
Normans and raiding Catalans,
The Christian-hating Saracen,
The horseman out of Hungary,
The fearful horseman at whose name
All other cataclysm seemed tame.

Thus the City waited for the Turk to take her.

And the times produced still more
Terrible portents and omens;
None remained on any shore
Who did not whisper, pale with fear,
Some wise king's dread oracles,
Prophecies of fire and flood.
First there fell a rain of blood;
Seven pillars forged of flame
Hung above the clouds; then came
A great hand without a body,
Ambushed there to snatch and twist them
Into crimson thongs and lashes.
Evil specters, ghosts and demons
Fled from night and hell to find
Sanctuary with humankind.

*

And I, harried by the tempest
Of the world's turmoil and stress,

ἄμαθος ἀπὸ πατέρα
κι ἄγνωρος ἀπὸ μητέρα
κι ἀπὸ κάθε χάϊδιο ἀσκλάβωτος,
ἔστεκα σὰν κορφοβλάσταρο
δέντρου ἀκλάδευτου κι ἀγέραστου
κι ἄκαρπου βαρίσκιωτου δεντροῦ.

Καβαλλάρης γυμνοπόδαρος
μαύρης μούλας πεισματάρας,
μόνος, μάντευα τὸ εἶναι μου,
(μήτε ποὺ ἄλλος θὰ τὸ μάντευε κανείς),
νὰ τυλίγῃ φόρεμα τὸ εἶναι μου,
φόρεμα ποὺ τό εἶχαν πλέξει
ἀπὸ τὶς δροσοσταλίδες
τοῦ ροδόφυλλου τὰ χέρια
μιᾶς Αὐγῆς!

Μαύρη μούλα, ἐσένα δὲ σὲ μοίρανε
τοῦ πατέρα σου ἡ ἀρχόντισσα ἡ μοῖρα
μὲ τ᾽ ὁλόμορφο λεβέντικο κορμί,
«κι ἀπ᾽ τὴ μάννα μου τὴν καταφρονεμένη
τὴ γαλήνη, μοῦ εἶπες, δὲν τὴν πῆρα
καὶ τοῦ δούλου δούλα ἐγὼ δὲν εἶμαι!»
Τὸ γνωρίζω, μαύρη μούλα μου, εἶσ᾽ ἐσύ!
Ἀπὸ μάννα καὶ ἀπὸ κύρη πῆρες
καὶ ξεδιάλεξες καὶ χώνεψες δυὸ μοῖρες,
κ᾽ ἔκαμες ἐσὺ τὸ ριζικό σου,
κι ἂν ἡ κυματόχαρη δὲν εἶσαι
κι ἡ λεβέντικη ἃ δὲν εἶσ᾽ ἐσύ,
κι ἃ δὲν εἶσαι ἡ σκλάβα ἡ σκεβρωμένη
κ᾽ ἡ δουλεύτρα ποὺ στοχάζεται
καὶ ὑπομένει,
ἡ ὀμορφιὰ σ᾽ ἐσένα γνώμη ἔχει γενῆ.
Κι ἂν ποτέ σου ἐσὺ δὲν εἶπες «ὄχι»,
ἀπὸ πεῖσμα δὲν τὸ εἶπες,
ὄχι ἀπὸ μιὰν ἥμερην ὑπακοή.
Δυνατὴ ἀπὸ βούληση εἶσ᾽ ἐσύ,

Knowing not who was my father,
Knowing not who was my mother,
And a slave to no caress,
Towered like a branch, the topmost,
Of an unpruned, of an ageless,
Of a barren, shady tree.
Wandering, a bare-foot rider
Of a black and stubborn mule,
I, alone, guessed that my being
(As no other could have guessed it)
Was enveloped in a garment
Woven by the hands of Dawn
Woven from the dew that glows
On the newly opened petals
Of a rose.

Black mule, the Queen of Fate
Did not bestow on you
Your stallion sire's proud bearing!
"Nor did she," you reply,
"The meek docility
Of my despisèd dam.
No bondsman's slave am I!"
I know it, my black mule; aye, ever
You are your own true self.
From sire and dam deriving
Two fates, you sorted out and merged the two
And fashioned your own destiny.
You may lack both grace and mettle, but
You are no patient serving-maid,
No pliant slut.
You have brute-force instead of beauty,
And if you ever failed to tell me "nay,"
You did it out of stubbornness
Not out of duty.

πάντα ἐμπρὸς καὶ πάντα ἡ ἴδια,
σὲ ποτάμια, σὲ λογγάρια, σὲ ρουμάνια,
στὴν κλεισούρα, στὴν ἐρμιά, στὴ ρούγα,
καὶ στὰ πολυθόρυβα λιμάνια·
καὶ τὸ στέρεο θ' ἀξίζῃ πάτημά σου
τὴν ἀνάλαφρη ἀερόχαρη φτερούγα·
κι ἂν κεντήσω σε νὰ κατεβῇς
ἴσα πρὸς τὰ τάρταρα τῆς γῆς,
πρὸς τὰ τάρταρα τὸ δρόμο σου θὰ πάρῃς
καὶ τὸ βῆμα σου νὰ τρέμῃ δὲ θὰ νιώθω·
κι ἂν τρελὸ ξυπνήσω ἐντός μου πόθο
γιὰ ταξίδι οὐρανοπόρο,
πρὸς τ' ἀστέρια θὰ ὑψωθῶ μ' ἐσένα πάλι,
κ' ἡ γερὴ περπατησιά σου θὰ μοῦ γίνῃ
πέταμα στὰ ὕψη ἐκείνη,
καὶ θὰ ἰδῶ σε σὰν τὸ φτεροφόρο
τ' ἄλογο τοῦ μάγου καὶ τοῦ κράλη,
μαύρη ἀντάρτισσα κι ἀλύγιστη
μούλα πεισματάρα στεῖρα.
Σὺ κ' ἐγώ, τὰ δυό, μιὰ Μοῖρα!
Καὶ τὰ χέρια ἀναταράζοντας,
τῶν καπεταναίων ἄρματα,
καὶ ἀνεμίζοντας τὴν κόμη,
τοῦ στρατιώτη φλάμπουρο,
σὰ νὰ ξεκινοῦσα ἐγώ εἴμουνα
γιὰ μακριοὺς πολέμους πάντα
καὶ γιὰ κονταροχτυπήματα.
Κι ὅπου ξάνοιγα στὸ δρόμο μου
θόλους πιὸ ψηλοὺς καὶ πιὸ δασοὺς
ἀπὸ ταιριασμένες καστανιὲς
κι ἀπὸ ἀγκαλιασμένες λεῦκες,
ἔσπρωχνα τὴ μούλα μου,
καὶ στὴ ράχη της ὁλόρθος,
καβαλλάρης, καβαλλάρης,
διάβαιν' ἀπὸ κάτω κι ἄγγιζα
τοὺς ψηλοὺς καὶ δασοὺς θόλους,

Tenacious, dour and unafraid,
Always in front, always the same,
In fen and forest wandering,
In desert places of the earth,
In teeming port, in mountain glade,
Your steady, plodding trot is worth
A light, ethereal wing.
And if I spurred you to descend
Into the depths of hell,
Then down the hell road you would go
And in your step no falter I could tell.
If there arose in me the notion
To snatch the stars of night,
Then with you I would cleave the airy ocean,
And your jog-trot would gather pace and swing
Into a soaring flight;
Towards the constellations I would speed
Like king or warlock on his wingèd steed.
My black, rebellious, stubborn mule,
Old barren reprobate,
We share, for two, one single fate!

With waving arms and hands,
Like a warrior's weapons,
With hair upon the wind,
Like a soldier's banner,
I seemed to be forever starting out
For battle-fields in distant lands
And distant cavalcades.
And, as I rode, I passed beneath
A soaring, thickset canopy
Of chestnut and of poplar-trees
In interlacing glades.
Then I would urge my coal-black mule
And, riding, ever riding,
I stood upright upon her back

καὶ ὕψωνα τὰ χέρια, καὶ ὕστερα,
μπρὸς τραβώντας ἢ γυρνώντας,
πάντα εἶχα στὰ χέρια μου
φύλλα καὶ χλωρόκλαδα.
Κι ὅπου μοῦ ἔφραζε τὸ δρόμο
ποταμὸς κατεβαστός,
ἀψηφώντας τὴν ὁρμή του,
καβαλλάρης, καβαλλάρης,
κοίταζα νὰ πρωτανοίξω
στὰ νερά, στὰ ρέματά του,
γλήγορο ἕνα μονοπάτι,
ποὺ θὰ ζοῦσε τόσο μόνο
ὅσο καὶ τὸ διάβα μου.
Καὶ εἴμουν τότε περατάρης,
καβαλλάρης, καβαλλάρης,
κάποιο σκάλισμα τῆς πέτρας
ἀπὸ κάποια ἀρχαῖα λείψανα,
ἅτι καὶ ἄνθρωπος, μιὰ σάρκα,
ποὺ ξεχώρισε ἀπ᾿ τὴν πέτρα
καὶ ποὺ πῆρε ψυχὴ κ᾿ ἔφυγε·
καὶ σὰ νά εἶταν ὅλο σὲ λαοὺς
λογισμῶν, καημῶν καὶ πόθων
αὐτοκράτορας ὁ νοῦς μου
γιὰ κορώνα του φορώντας
τὴν κορώνα ὅλης τῆς πλάσης.

Οὔτε σπίτια, οὔτε καλύβια
δὲ σοῦ πόδισαν ποτέ,
δὲ σοῦ κάρφωσαν τὸ δρόμο
τὸν παντοτινό, τὸν ἀνεμπόδιστο,
Γύφτε, ἀταίριαστε λαέ.
Τῆς στεριᾶς τὰ τρεχαντήρια,
νά τ᾿ ἀδάμαστα μουλάρια!
Τ᾿ ἀρμενά τους εἶναι τὰ τσαντήρια·
νά παλάτια, ἰδὲς ναοί!
Σ᾿ ἕνα παίξιμο ματιῶν ἐδῶ καὶ κεῖ

To pass beneath and touch
That lofty vault of leaves;
And I would reach them with my hands
And, pressing on along the ways,
My arms were ever full
Of greenwood boughs and sprays.
And when across my road a torrent
Tried to intercept my crossing,
I would disregard its onrush
And, riding, ever riding,
I would open up a passage
That would only last my passing.
And, as the stream I forded,
Riding, ever riding,
I might have seemed a statue
From some old forgotten ruin,
Man and mount together one,
Into flesh transformed from marble
Given breath and animated,
Given soul and liberated.
Then my mind seemed like a monarch
Over lands and over peoples,
Master of all hopes and fears,
Wearing on his brow for emblem
The Coronet of the Spheres.

Gypsy people, footloose and apart,
No hut, no house, no home,
Ever halted your unending,
Age-long pilgrimage.
Schooners of the hills and dales,
There they are: your tireless mules,
With your tattered tents for sails!
Palaces and temples, see them —
In an eye-blink, up they go;
They are raised, then struck and folded,

χτίζονται καὶ ὑψώνονται καὶ πᾶνε
καὶ γκρεμίζονται, ὅπως πᾶνε.
ὕστερ' ἀπ' τὸ χτίσμα κι ἀπ' τὸν ὑψωμό.
ὅσα πλάθει ὁ λογισμός μας κάτου ἐδῶ.
Καὶ δὲν εἶναι ὁ γύφτος τοῦ σπιτιοῦ ραγιάς,
καὶ τὸ σπίτι ἔχει φτερούγια σὰν ἐμᾶς.
καὶ τὸ σπίτι ἀκολουθάει,
καὶ εἶν' αὐτὸ πιστὸ
στὸν ἀφέντη, ὄχι ἐκεῖνος πρὸς αὐτό...
Κ' ἐγὼ λέω σὲ σᾶς ἀνάμεσα,
στοὺς ξεχωριστοὺς ξεχωριστός:
Οὔτε σπίτια, οὔτε καλύβια, οὔτε τσαντήρια·
στὸ μεγάλο ἀφεντοπάλατο τῆς πλάσης
μιὰ μονάκριβη σκεπή μου· ὁ οὐρανός!
Καὶ μοῦ φτάνει γιὰ ξενύχτι
κάποιου ἀρχαίου δεντροῦ κουφάλα,
πάντα φτάνει ὁ τοῖχος κάποιου βράχου
γιὰ ν' ἀποκουμπήσω τὴν πηλάλα
τῆς ζωῆς μου μιὰ στιγμή.
Κ' ἕνα χάλασμα μοῦ φτάνει
γιὰ νὰ γύρω χρυσοπλέκοντας
τῶν ὀνείρων τὸ στεφάνι·
καὶ μιὰ γούβα ὁλοβαθιὰ σκαφτὴ στὴ γῆ,
καὶ μιὰ γούβα εἶν' ἀρκετὴ
γιὰ νὰ πέσω καὶ ὕπνο νἄβρω
καὶ δροσούλα ἢ ζεστασιά,
καὶ νὰ ἰδῶ τὴν ὄψη τῆς αὐγῆς
μὲ μιὰ θείαν ἀφροντισιά,
καὶ νὰ τρανοχαιρετήσω
καλοκαίρια μεσημέρια,
ζίζικας τραγουδιστής!

Κ' ἐγὼ μέσα στὸ τρικύμισμα
καὶ στὴ χλαλοὴ τοῦ κόσμου
κάτι γνώριζα ποὺ ἁρπάζοντας
μὲ ξεχώριζε καὶ μὲ εἶχεν

They are gone, unmade, dismantled,
As to nothingness sinks also,
After building, after rising,
All that thought shapes here below.
For the Gypsy is no house-slave;
Like ourselves, our house has wings,
Where we go our house must follow,
Faithful to our beck and call;
It obeys us as its master —
We have never been its thrall . . .
I say to you, I, set apart
Among a people set apart:
Neither house, nor hut, nor tent have I.
In creation's mighty palace
I have but one roof, the sky!
A night's lodging is to me
A hollow in an ancient tree;
Or the lee-side of a boulder
Is enough to rest the clamor
Of my life's course for a moment.
And a ruin is enough
For me to bed, weaving the stuff
Of dreams into a golden crown.
Or else a burrow deep and dry
Into the earth dug down,
A burrow snug in which to lie
And, looking on Dawn's face, to turn
With godlike unconcern —
Then wait to greet the summer noon
With a cicada's merry tune!

And I, amid the turmoil
And the tempest of the world,
I felt something that raised me,
Alone and set apart,

άποπάνω άπ' τὸ τρικύμισμα
κι άπ' τὴ χλαλοή τοῦ κόσμου·
δούλεμα δὲν εἴτανε φτεροῦ,
καὶ χεριοῦ δὲν εἶταν άνασήκωμα,
καὶ δὲν εἶταν πύργος ἢ κορφή·
άλλη σκάλα κι άλλο άνέβασμα,
καὶ εἴτανε τὰ ύψη άλλοῦ·
καὶ εἴτανε σὰν άξεδιάλυτο
ύπνου άξύπνηγτου χρυσόνειρο,
ποὺ ποτὲ δὲν πάτησε στὴ γῆ,
πὄχει άλλοῦ, άπὸ πέρα, τὴν πηγή,
καὶ ποὺ άπλώνεται άνεβαίνοντας
όλο πέρα καὶ όλο πέρα,
ώς ποὺ νέο στοιχεῖο γίνεται,
κάτι σὰν αἰθέρας τοῦ αἰθέρα.

Κ' έτσι στὰ πανάλαφρα,
στὰ πανύψηλα έτσι έγώ εἴμουν
μέσα στοὺς ξεχωριστοὺς
ὁ ξεχωριστὸς έγώ εἴμουν
όλα μέσα μου τὰ νιάτα
κι όλα τὰ γεράματα
καὶ τοὺς σπόρους καὶ τὶς μῆτρες
κλειώντας άξεχώριστα!

Above the tempest of the world
With all its storm and shock.
And it was not the upstroke of a wing,
Nor the upthrusting of a hand,
Nor even a tall tower or a rock —
No, it was by some other road or stair,
The peak I reached was in some far elsewhere.
It was like a golden vision
In a dream without an end,
In a dream not of this earth
Which had its impulse far away.
It was like a light expanding,
Ever higher, ever higher,
Into a newer element
More ethereal than the ether,
More glorious than fire.
Thus, raised among the highest
Among the set apart,
Was I, the set apart.
And I held, enclosed within me,
All youth and age and tomb,
All seed and womb.

## ΛΟΓΟΣ Β΄

# ΔΟΥΛΕΥΤΗΣ

> Ἀλήθεια πὼς ζοῦσε σὰν ὅλοι, καὶ φαινόταν
> πὼς ἔκανε ὅ,τι κ᾿ οἱ ἄλλοι· ἀπότομα δὲ ση-
> κώνονταν γιὰ νὰ χτυπήσῃ τοὺς νόμους τοῦ λο-
> γικοῦ· στὴν καρδιά του, κι ὄχι στὸ κεφάλι του,
> φώλιαζε ἡ ἀρρώστια.
>
> Byron (Λάρας).

> Τὰ πραγματικὰ μ᾿ ἀηδιάζουν, καὶ τὰ ἰδανικὰ
> δὲν τὰ βρίσκω.
>
> Amiel  (Journal Intime)

Κ᾿ ἔσκυψα πρὸς τὴν ψυχή μου,
σὰ στὴν ἄκρη πηγαδιοῦ,
κ᾿ ἔκραξα πρὸς τὴν ψυχή μου
μὲ τὸ κράξιμο τοῦ νοῦ·
κι ἀπὸ τὸ πηγάδι τὸ βαθύ,
σὰν ἀπὸ ταξίδια, ξένη,
πρὸς ἐμένα ἀνεβασμένη
ξαναγύρισε ἡ φωνή.

*

— Εἶσαι ὁ μόνος, εἶσ᾿ ὁ ἀσύγκριτος,
εἶσαι ὁ χωριστός,
στὰ μεγάλα τὰ πετάματα ὅλο ὑψώνει σε
καὶ εἶν᾿ ὁ νοῦς σου χρυσαϊτός·
καὶ ἡ ζωή σου μὲ τὶς ἔγνοιες
εἶναι σὰν τὰ παιγνιδίσματα
τοῦ ἥλιου μὲ τὰ σύγνεφα· σὰ θάνατος
ὅταν ὁ ἥλιος δὲν τὰ καταλῇ,
στὴ ματιὰ ποὺ τὰ θωρεῖ
κάνει τα, σὰν πλάστης, κόσμους.

24

WORD II

# THE TOILER

'Tis true, with other men their path he walk'd,
And like the rest in seeming did and talk'd,
Nor outraged Reason's rules by flaw nor start,
His madness was not of the head, but heart.
                                    BYRON, *Lara*

The real disgusts me, and I cannot find the
ideal.
                                    AMIEL, *Journal intime*

I bent down to my soul,
As on a well's edge leaning,
And I called out to my soul
In the mind's own meaning;
And, like a stranger's voice
From some remote domain,
The well returned my voice
To me again.

*

You are incomparable, unique,
You are apart;
Your mind, an eagle, bears you to the heights,
Your life with all its sorrows and delights
Is like the noon sun frolicking
Amid the windy clouds —
A destroyer, he may rend them into shrouds,
Or to the watching eye
He may mould them, a creator,
Into worlds which glimmer by.

25

Παιγνιδίσματα...πετάματα...ὁ ἀσύγκριτος...
μὴν τὸ παινευτῆς!
Σίμωσε, ἄπλωσε τὸ χέρι, βόηθα,
γίνε δουλευτής·
ταίριαζε, ἄκουε, φρόντιζε καὶ ρώτα,
γύρε, ἂν θέλης νὰ ὑψωθῆς·
νίκη σου, ἀνυπόταχτε, σ' ἐσὲ νὰ πῆς:
«Ὑποτάξου πρῶτα!»

Δεῖξε ἐσὺ πὼς πρῶτα εἶσαι ὁ ἄρχοντας
κι ὁ ἐξουσιαστὴς
τοῦ θυμοῦ σου, τῆς βουλῆς σου, τῆς ψυχῆς σου·
γίνε δουλευτής.
Σβῆσε κάθε σου ξεχώρισμα,
ρίχ' τὸ δαχτυλίδι σου ἀρραβώνα
μέσα στὸ κανάλι τοῦ λαοῦ·
ἕνας γίνε ἀπὸ τοὺς στύλους τοὺς ἀμέτρητους
τοῦ μεγάλου ἔργου τοῦ συντροφικοῦ.
Γρίκησε τί λέει τὸ δέντρο
ποὺ τὸ κόψαν καὶ τὸ κάμανε καράβι:
«Μέσ' στὸ νέο κορμί μου ὁλάσβηστη
ἡ παντοτινὴ ψυχή μου ἀνάβει».
Ἥσυχα τὰ στάχια κυματίζουν
καὶ εἶναι σὰ νὰ λαχταρίζουν
οἱ κυματισμοὶ
τὸ ὑστερνό, τ' ἀγέννητο θησαύρισμα·
τὸ ψωμί.
Ἀέρα, γῆ, νερό, φωτιά,
ὅ,τι κι ἂν ὑπόταξε ἀπὸ σᾶς
ὁ ἄνθρωπος ὁ νοῦς,
τίποτε ἀπὸ σᾶς δὲν ξέπεσε,
καὶ κρατᾶτε ἀκόμα στὰ σκοτάδια σας
τ' ἄφαχτα καὶ τ' ἀταπείνωτα,
ὅλων τῶν ἀβύσσων τοὺς βρυκόλακες,
κι ὅλους τοὺς αὐγερινούς.
Τ' ἄλογο τὸ εὐγενικὸ

Flights . . . frolics . . . the incomparable . . .
Do not boast!
Approach and lend a hand,
Become a toiler and
Conform, obey, attend and question.
Bend low if you would rise.
Your victory it will be, rebel, to admit
That you must first submit!

Show first that you are the master,
The controller
Of your anger, of your will and of your soul—
Become a toiler.
Wipe out every inhibition,
Cast off your engagement-ring
Into the mainstream of the people;
Be one of the countless pillars
That support toil's brotherhood.
Listen to what says the oak-tree
Felled to build a galley from its wood:
"In this new shape that I now acquire
My everlasting soul takes fire!"
And the wheat-stalk, see it curtsey,
Yearning, as it bends its head,
For that final, unborn treasure—
Bread.
Fire, water, earth and air,
Whatever in you has been overcome
By Man's will,
Nothing has been diminished
And you still
Hold deep unconquered shades where dwell
The Morning Star
And all the ghouls of hell.
The noble charger willingly accepts
The rider and his reins;

δέχεται καλόβολο τὸν καβαλλάρη
καὶ δὲ χάνει τίποτε, καὶ παίρνει
κάτι ἀκόμα πιὸ τρισεύγενο
ἡ γοργή του χάρη.
Καὶ τὸ δέντρο δὲν τὸ ἀτίμασε
γγίζοντάς το τὸ τραχὺ τὸ κλαδευτήρι·
ἀπ᾿ τὸ βάρος πιὸ καλόχυμων καρπῶν
πιὸ ἀκριβὸ γνωρίζει πὼς θὰ γύρῃ.

Κι ὁ τεχνίτης ποὺ δετὸ κρατάει τὸ χέρι του
καὶ τὴ φαντασία του δετή,
ὅταν τοῦ θεοῦ σκαλίζῃ τὸ εἴδωλο
μὲ τοῦ ἱερέα τὴν προσταγή,
τὸ σπαργανωμένο, τὸ ἴδιο πάντοτε,
βρίσκει τόπο ν᾿ ἀπιθώσῃ κάπου ἀπάνω του
κάποιον ἔρωτα ἀπὸ μέσ᾿ ἀπ᾿ τὴν καρδιά του
πρὸς τὸ εἴδωλο ποὺ πέφτοντας μπροστά του
ἔτσι τὸ ποθεῖς, λαέ,
κ᾿ ἔτσι, λαέ, τὸ προσκυνᾶς.

Κ᾿ ἔγινα χαλκιάς.

*

Λαμπαδιάζει τὸ καμίνι·
μὲ τοῦ ἀγέρα τὰ φτερὰ
Λάμια ἀχόρταγη ξεσπάει
καὶ λυσσομανᾶ ἡ φωτιά.

Κι ἄδραξε τὸ σίδερο ἡ φωτιὰ
κι ἀπ᾿ τὰ δόντια της θὰ βγῇ
σὰ λιοντάρι δαμασμένο
ἀπὸ ξωτικοῦ βουλή.

He loses nothing and he gains
An added betterment as well:
New speed and grace.
And the vine is not dishonored
By the pruner's hook,
It knows that it will look
More precious in the autumn days
Bending beneath its grape-hung sprays.


Thus, too, the artist who must curb his hand
And his imagination
When carving a god's image out of stone
At the high-priest's command.
The form to be is every time the same,
Yet on it he will sculp and leave impressed
A love from his own breast.
Love for that carven image that, with awe,
You thus desire, O people,
And thus adore.


So I became a blacksmith.


*


Brightly glows the furnace
Fanned by the bellows' wing;
A fire-demon rages
And the red flames spring.

The fire has seized the iron
And the iron from its bite
Will come forth like a lion
Tamed by a Titan's might.

Καὶ τ' ἀσάλευτο τ' ἀμόνι
καὶ τ' ὀλόγοργο σφυρὶ
βροντερὴ μιὰ μάχη ἀρχίζουν,
καὶ εἶναι πλάστης τὸ σφυρί.

Σφυροκόπα τὶς καδένες,
ὦ πιὸ ἐλεύτερε κι ἀπ' τὸ τριγύρισμα
τοῦ φτεροῦ,
σφυροκόπα τὶς καδένες καὶ τὰ σίδερα
τοῦ κακοῦ,
καὶ γιὰ τὸν προφήτη σφυροκόπα
τὰ καρφιὰ τοῦ σταυρωμοῦ.

Καὶ τοῦ γάμου κάμε τὸ κρεβάτι,
ὦ ἐσὺ τὴ χλόη ποὺ κάνεις
τῆς ἀγάπης τῆς ἐλεύτερης κλινάρι·
καὶ τοῦ γάμου τὸ κρεβάτι, καὶ τὸ δρέπανο
ποὺ θερίζει τὸ σιτάρι.

Γύφτε, σιδεροπελέκα,
ποὺ ἔζησες ἐρημικὰ
σὲ ὕψη γαληνὰ ἀπλησίαστα,
Γύφτε, σιδεροπελέκα,
στὴ φωτιὰ γιὰ τὴ φωτιὰ
τὰ κοντάρια, τὰ σκουτάρια,
τὰ σπαθιά.

Τ' ἀγαθὰ τοῦ σφιχτοχέρη,
ἐσὺ ποὺ ἄλλα, ἄλλα δὲ γνώρισες φλωριὰ
ἀπ' τὰ χρυσολούλουδα τοῦ κάμπου,
τ' ἀγαθὰ τοῦ σφιχτοχέρη
κρυφασφάλησε, χαλκιά,
μέσ' στοῦ θησαυροῦ τὰ βάθη·
κάμε ἀσύντριφτα κλειδιά.
Φαιδρὰ κάμε νὰ ξυπνήσουνε,
μακριὰ κι ἀπὸ τὰ βάρυπνα κοπάδια,

And then between the anvil
And the down-striking hammer
Begins a clashing battle . . .
And creator is the hammer.

Hammer away the fetters,
O you who are freer
Than a feather's flight;
Hammer away the fetters and the chains
Of evil's might;
And for the prophet hammer out the nails
For crosses and for flails.

Make, too, the marriage-bed,
O you who make the lawn
Of free love into a couch;
Who make the marriage-bed and make the sickle
That mows the corn.

Gypsy, forge the iron,
You who have dwelt alone
On unclimbed heights afar;
Gypsy, forge the iron
In the fire for the fire,
Forge it into lance and shield
And scimitar!

Spurn the miser's hoarded treasure,
You who know no other florins
Than the flowers of the field;
Spurn the miser's hoarded treasure,
Shut it secretly, O blacksmith,
Close it in its deepest coffer
With a lock forever sealed.
Then gaily wake,
Far from the languid idylls

κι ἀπ' τὰ ψόφια τὰ εἰδύλλια, καβαλλάρη
σὲ γκρεμοὺς καὶ ράχες, ποὺ τὸ διάβα σου
τύπωσε ὡς ἐκεῖ τὸ πρῶτο ἀχνάρι,
φαιδρὰ κάμε νὰ ξυπνήσουνε
στὰ φαράγγια τὸν ἀχὸ
λιγερόφωνα κουδούνια
στῶν ἀρνάδων τὸ λαιμό.
Κι ἀπ' τὰ χέρια σου βγαλμένη,
ἐσὺ ἀπείραχτε ἀπ' τὸν τρόμο
ποὺ γεννάει τὸ σκιάχτρο τὸ θεϊκό,
κι ἀπ' τὰ χέρια σου βγαλμένη,
ἕνα σάλεμα ἱερὸ
ἂς ἁπλοσκορπᾶ ἡ καμπάνα
στῆς ψυχῆς τὸν ὠκιανό!

Μὰ τοῦ κάκου! μὰ τοῦ κάκου!

Χέρι μου, τὸ σίδερο παράτα,
πάψ' ἐσύ, σφυρί, τὸν πόλεμο,
ποὺ πολέμαες μὲ τ' ἀμόνι·
εἶμαι ὁ δουλευτὴς χαλκιὰς
ποὺ ἄλλα θέλησε καὶ ποὺ ἄλλα
κατορθώνει.
Εἶμαι ὁ πλάστης ὁ χαλκιὰς
ποὺ δὲν πλάθει τὸ σφυρί μου
μήτ' ἐσέ, καρφί, οὔτ' ἐσᾶς,
ἄρματα, σπαθιά, κοντάρια,
μήτε τὴν καμπάνα σου, ἐκκλησιά,
ἁλυσίδες οὔτε, οὔτε κλειδιά,
μηδὲ τὰ κουδούνια γιὰ τ' ἀρνιά,
καὶ γιὰ τὰ ὀργώματα τ' ἀλέτρια,
μήτε γιὰ τὸ σπίτι τὰ κλινάρια,
οὔτε δρέπανα, οὔτε χαλινάρια.
Εἶμαι ὁ πλάστης ὁ χαλκιὰς
ποὺ δὲν πλάθει τὸ σφυρί μου
ἄλλο ἀπ' τὰ πανώρια τ' ἀνωφέλευτα·

And drowsy flocks, O rider
Of cliffs and summits where your mount
Has traced the only trail,
Then gaily wake, O rider,
To the echoes of the vale
The clear-resounding notes
Of bells hung at sheep throats.
And, chiming from your hands,
You who have never known the dread
Of divine anger or commands,
Then, chiming from your hands,
Empower a sacred peal,
Like a church-bell, to roll
Across the ocean of the soul!

But all, but all in vain!

Cast away, O hand, the iron;
Hammer, end the ceaseless battle
That you wage against the anvil;
I am the craftsman, I who willed
One aim, and another end
Fulfilled.
I am the blacksmith, the creator,
Beneath whose hammer blows
No nails are made,
No weapons, spear or blade,
No holy bells for steeples,
No sheep-bells for the fold,
No household cots, no ploughshares,
No sickles for the wold,
No bridle-bits, no wains,
No keys, no chains.
I am the blacksmith, the creator,
Whose hammer only forges
Things beautiful and useless

καὶ μιὰ τέχνη πρωτοταίριαστη κι ἀταίριαστη
ἡ δική μου.
Καὶ εἶμαι ὁ μάγος τῆς φωτιᾶς κι ἁπλώνω μέσα της
καὶ τὰ φίδια καὶ τὰ τέρατα τῆς κλέβω,
καὶ στὸ σίδερο κι ἀκόμα πιὸ παράξενα
τὰ δουλεύω.
Καὶ εἶμαι ὁ σφυροκοπητῆς
ποὺ σφυροκοπάει ἀντὶ σπαθιὰ
κάποια ἀφύσικα λουλούδια,
καὶ εἶμ' ὁ δαμαστῆς ὁ γύφτος
ποὺ γεννάει ἀπὸ τῆ φλόγα
κύκλους, ἴσκιους, γρύπες, μάγια,
κάποιες ρηγικὲς κορῶνες,
λάμιες, ξωτικές, γοργόνες
γιὰ καράβια, γιὰ σαράγια,
ποὺ δὲν εἶναι πιὰ ἢ δὲν εἶναι ἀκόμα·
τ' ἀνωφέλευτα, τ' ἀχρείαστα καὶ τ' ἀλλόκοτα,
ποὺ τοὺς λείπει πότε πρόσωπο,
ποὺ τοὺς λείπει πότε σῶμα,
ποὺ τοὺς λείπει πάντα τ' ὄνομα.
Κι ὅσα ὀργίζουν τοὺς ἀνθρώπους
ποὺ κοιμοῦνται ἀνοιχτομάτες·
καὶ ὅσα διώχνουν οἱ διαβάτες
καὶ ὅσα δὲ ριζώνονται σὲ τόπους,
καὶ ὅσα ἀγάπες δὲν ξυπνῆσαν πουθενά,
κι ὅσα πουθενὰ δὲν ηὕρανε πελάτες!
Καὶ εἶμαι ὁ σφυροκόπος ποὺ ξαφνίζει
καὶ τρομάζει καὶ μακραίνει·
ὅπου μαλακώτατη ἡ δουλειὰ
θἄβγαινε ἀπ' τὸν ἄλλο τὸν τεχνίτη,
τῆς φυσᾶ ἡ πνοή μου τῆς δουλειᾶς
κάτι βάρβαρο καὶ ἀδούλευτο,
πιὸ τραχὺ ἀπὸ τὸ γρανίτη.
Κι ὅπου ὁ ἄνθρωπος προσμένει
νὰ τὸ πιάσῃ μὲ τὰ χέρια του ἀπ' τὰ χέρια μου
πλάσμα ἀσάλευτο καὶ στέρεο καὶ σκληρό,

To mate the mateless with an art first known—
My own.
I am the fire-magician,
And with the flames I play
To steal their serpents and chimeras
And fashion from my iron stranger
Things than they.
I am the hammer-wielder
Who beats out, instead of blades,
Flowers from no earthly glades;
I am the metal-taming Gypsy
Who brings forth from the blaze
Circles, shadows, spells and rays,
Kingly diadems and scepters,
Gorgons, hippogriffs and specters
For ships and palaces which are no more
Or which are yet to be.
Aye, all the idle, useless and strange things,
Sometimes without a face,
Sometimes without a frame—
Always without a name.
All that enrages men who sleep wide-eyed,
All that the passer-by would shun,
That strikes no root in any place,
That catches the regard of none,
That finds no customer!
I am the hammer-wielder who affrights,
Who startles and repels;
Where another's work delights
The eye with grace and symmetry,
Into my own I breathe a ruggedness,
A crudeness, a barbarity,
That has the strength of granite in its make.
And to the client who expects to take
Into his hands from mine something substantial,
A rigid, real creation, I deliver,

ἄθελα τοῦ φέρνω μὲ τὰ χέρια μου
μιὰ ψυχούλα, μιὰν ἀχτίδα, ἔναν ἀφρό.

Κι ὅταν εἶδα νὰ ξεφεύγουν ἔνας ἔνας
ὅλοι ὅσοι σταθήκανε καὶ πρόσμεναν,
ἀπ᾿ ἀδέρφια κι ἀπὸ ἀλλόφυλους χορός,
πίσω, πλάΐ μου καὶ μπροστά μου
κάτι καλοπρόσδεχτο ἀπ᾿ τὴ μαστοριά μου,
κι ὅταν πάλε κι ὅταν εἶδα ἐγὼ πὼς εἴμουν
τ᾿ ἄκαρπο δεντρί,
μήτε τὄβαλα κατάκαρδα,
μήτε τὸ παινεύτηκα·
νέα στὸ νοῦ μου φύτρωσε βουλή·
τὸ σφυρὶ πετῶ, καὶ στὸ καμίνι
σβήνω τὴ φωτιά·
κι ἄδραξα τὸ γύφτικο ζουρνά,
καὶ παντοῦ μ᾿ ἀκούσαν καὶ μ᾿ ἀγνάντεψαν
τόποι καὶ λαοὶ
λαλητή.

                              *

Ἕλληνες εἰδωλολάτρες
καὶ Μακεδονίτες χριστιανοί,
Ἀσπροθαλασσίτες ναῦτες,
ρωμιογέννητοι Ὀσμανοί·
καὶ τῆς Μάλτας καβαλλιέροι, Φράγκοι
Σταυροφόροι, Βενετσάνοι, Καταλάνοι,
Τοῦρκοι, Ἀρμένηδες, καὶ Σλάβοι καὶ Ἀλαμάνοι
καὶ Κουρσάροι ἀπὸ τ᾿ Ἀλγέρι·
Μανιχαῖοι ἀφωρισμένοι,
καὶ στρατιῶτες καὶ ἀπελάτες
καὶ τοῦ Ὀλύμπου ἀρματωλοί,
κι ὅσα παλληκάρια σπέρνει
Βοριάς, Δύση, Ἀνατολή·
Βεδουῖνοι ἀπὸ τὴν ἔρημο, ἀμηράδες
ἀπὸ τὰ καστέλια τῆς Συριᾶς,

Without intending it, a sliver
Of soul, a sunbeam,
Or an ocean flake.

And when I saw them slink off, one by one,
All who had been awaiting and expecting,
Kinsmen and strangers, gathered round to see
Something prodigious from my efforts,
Then once again I knew that I was but
A barren tree.
I neither took this truth too much to heart,
Nor did I boast of it; instead
A new decision sprouted in my mind;
I threw away the hammer and put out
The furnace's red glow.
Then I picked up my Gypsy reed
And everywhere they saw me come and go,
In every land, near, far and round about,
A strolling player of the oboe.

*

Hellenic idolaters
And Macedonian Christians,
White Sea mariners,
Turks and Greek-born Ottomans,
Knights of Malta, Venetians, Catalans,
Frankish crusaders, Slavs and Alemans,
Algerian corsairs and Armenians,
Execrated Manichaeans,
Soldiers and frontier guardsmen,
Armed hillmen of Olympus,
And all the warriors fathered
By North and East and West.
Bedouins from the desert, emirs
From the castle-keeps of Syria,
Lombard barons and Varangians,

καὶ βαρῶνοι Λογγοβάρδοι,
Βάραγγοι, βογιάροι, μάγιστροι,
χρυσαΐτοὶ τῆς ἀρχοντιᾶς.

Ἀπ᾽ τὰ δασερὰ βουργάρικα ντερβένια,
μέσ᾽ ἀπὸ τῆς Θράκης τὶς βαλανιδιές,
μέσ᾽ ἀπὸ τοῦ Ταύρου τοὺς κεδρῶνες
χι ἀπ᾽ τὰ λιόφυτα ἀσημένια τῆς Ἀθήνας,
χι ἀπὸ τὶς πολίτικες κιτριές·
χ᾽ ὕστερα τῶν ὄχλων τὰ ξαφρίσματα,
χ᾽ ὕστερα ὅλα τῆς ζωῆς τ᾽ ἀποκαΐδια.
τῶν κακούργων τὰ μαχαίρια
καὶ τῶν πονηρῶν τὰ φίδια·
ἀπὸ ταπιφράγκα καὶ ἀπὸ κάτεργα,
καὶ ἀπὸ στέπες καὶ ἀπὸ τέντες,
τὰ μολέματα τῆς χώρας, καὶ τ᾽ ἀγρίμια
τῆς σπηλιᾶς, καὶ τῆς κρεμάλας οἱ λεβέντες!
Ὅλοι στάθηκαν ἐμπρός μου,
γαβριαομένοι, ἀβάσταγοι, σκληροί,
μὲ τοῦ χαροκόπου τὸ μεθύσι,
μὲ τὴν πολεμόχαρην ὁρμή.

Καὶ ὅλοι μὲ καλοῦσαν καὶ μὲ πρόσταζαν:
— Ταίριασέ την, ἄξια, λαλητή,
μὲ τὰ ξεφαντώματά μας
τοῦ ζουρνᾶ σου τὴ φωνή!

Ὢ νυχτέρια, ὢ πανηγύρια!
οὔτε λαύρα, οὔτε χιονιάς,
μήτε ἡ μέρα, μήτε ἡ νύχτα,
δὲ σᾶς ἔκοβεν ἐσᾶς!

Ὢ νυχτέρια, ὢ πανηγύρια!
πῶς γιομίζαν ἀπὸ σᾶς,
τὰ πορόλογγα, οἱ κλεισοῦρες,
τὸ λιμάνι, ὁ μαχαλάς!

Boyars, officers of State
And golden eagles of the great.

From the dark Bulgarian gorges,
From the oaks of Thracian forests,
From the cedar woods of Taurus,
From the olive groves of Athens,
And the orchards of the City,
All the scourings of the rabble,
All the scum of life I met;
Rogues and cut-throats with their daggers,
Swindlers with their serpent tongues,
Murderers from jails and galleys,
Wild-beast outlaws from the wastelands,
Vermin of the steppe and camp,
All the flirters with the gallows,
All I met of every stamp.
Each and all they stood before me,
Boisterous, reckless, unafraid,
With the drunkard's muddled rashness,
And the brawler's ready blade.

And all would call me and command me:
—Gypsy player, urge the whirl;
Match our merriment and madness
With your oboe's frenzied skirl!

Night-long revels and rejoicings!
Summer sun or winter snow,
Noonday brightness, midnight shadow,
Nothing stops your music's flow!

Night-long revels and rejoicings!
How you flood through every space,
Forest glade and mountain gully,
Harbor front and market-place!

Ὦ νυχτέρια, ὦ πανηγύρια!
πῶς σᾶς κύκλωνεν ἐσᾶς
μ᾿ ἕνα σάλαγο δαιμόνων
ὁ στριγγόβοος ὁ ζουρνάς!

Ὦ νυχτέρια, ὦ πανηγύρια!
πῶς μὲ σέρνατε, καὶ πῶς
σᾶς ἀρχίναε τὸ τραγούδι
καὶ σᾶς σβοῦσε ὁ σκοτωμός!

Ὦ νυχτέρια, ὦ πανηγύρια,
κάτω ἀπὸ τὴν ἀπέραντην ἀστροφεγγιά!
Καὶ στὰ μοναστήρια καὶ στὰ σπίτια,
στὰ καράβια καὶ στὰ καπηλιά,

καὶ στοὺς πύργους ποὺ ἁλυσίδες ἁρματώνουν,
καὶ τετράπλατοι ποὺ τράφοι τριγυρνοῦν,
καὶ στοὺς πύργους ποὺ τρισεύγενες κυράδες
καρδιοκλέφτρες κυβερνοῦν,

καὶ στοῦ ρημαδιοῦ τ᾿ ἀγκάθια,
καὶ στὸ φέγγος ποὺ γεννᾶ
πλάση ὀνείρου ἀπὸ ἀχάτη
στὰ ὁλογάληνα νερά!

Σ᾿ ὅλα ἀγνάντια, σ᾿ ὅλα μέσα
σκύλος γύφτος λαλητής,
— παντοῦ σ᾿ ὅλα εἴμουν ὁ ξένος,
καὶ εἴμουν ὁ ξαγναντευτής.

Γύρω στῶν παθῶν τὴ λύσσα
εἴμουν ἡ γαλήνη ἐγώ,
καὶ εἴμουν ἡ πνοὴ ἡ καθάρια
μέσ᾿ στὸν ἀνακατωμό.

Night-long revels and rejoicings!
How your oboe's strident squeal
Rings you with a rout of demons
Who have joined you in the reel!

Night-long revels and rejoicings!
How you draw me to the throng,
You who finish up with murder
What you started with a song!

Night-long revels and rejoicings
Under the eternal stars!
And in monasteries and mansions,
And in ships and tavern bars,

And in mail-defended castles,
Each a moat-encircled den,
Ruled by beautiful princesses,
Stealers of the hearts of men,

And amid the ruins' brambles
And the half-light that awakes
Cloudy worlds of dreams and visions
On the surface of dim lakes!

Always, watcher in these places,
There I stood, the Gypsy hound,
There I lurked, the strolling player,
Seeing all that happened round.

In the whirlpool of the passions,
In their storm, I was the calm;
And I was a breath of reason
Amid tumult and alarm.

Ἄγγιχτ᾽, ἄϋλα, θεῖα, σᾶς ἀπόλαψε
σὰν ἐμένα ἄλλος κανείς,
ὦ παράδεισοι τοῦ πόθου
καὶ οὐρανοὶ τῆς ἡδονῆς;

·Γύρω μου ξαδιάντροπα καὶ ἀκόμα
σᾶς ξανοίγω, ἀπόκοτες, γυμνές.
νὰ κολάζετε, ὦ λαγόνες,
νὰ ρουφᾶτε, ὦ ἀγκαλιές!

Ὦ ἀγκαλιάσματα τῆς πόρνης!
ὦ γυμνώματα! ὦ φιλιά!
ὦ τῆς κόρης ποὺ ντροπιάζεται
δάκρυα καὶ ξεφωνητά!

Μέσ᾽ στῆς φαντασίας μου τὰ τετράπλατα
ἐχωρέσατε κι ἀφήσατε
κάποια ἀχνάρια λαμπερὰ
μολυσμένα·
μέσ᾽ στῆς φαντασίας μου τὰ τετράπλατα
Ὄλυμποι καὶ Τάρταρα, ὅλα χώρεσαν·
ὅμως ἡ ψυχή μου εἶναι παρθένα.

Καὶ μιὰ μέρα μόνος βρέθηκα,
ἔξω ἀπὸ τὸ βούϊσμα τοῦ κόσμου·
σὲ μιᾶς λίμνης ἄκρη, ἐγώ, ἀσυντρόφευτος,
μόνος, ἐγὼ κι ὁ ἑαυτός μου·
κ᾽ ἔβλεπα τὰ ὁλόστρωτα νερά,
καὶ μαζὶ τὰ βάθια τὰ δικά μου,
κι ἄνθιζε ἄνθος μέσα στὴν καρδιά μου
πιὸ ἁπαλὸ γιὰ νὰ τὸ πῶ καημό,
πιὸ βαθὺ γιὰ νὰ τὸ κράξω ἔννοια·
καὶ τριγύρω ἀχνὸ τὸ δειλινὸ
τὴν παιδούλαν ὥρα κοίμιζε
σὲ ἀγκαλιὰ μενεξεδένια.

Pure, unreal, divine, did ever
Others know, like I, your might,
Of desire, O paradises,
And you, heavens of delight?

Still around me, unashamèd,
Daring, naked, you are wound,
O smooth loins to lure me hellward,
O white arms to hold me bound!

O the courtesan's embraces
And her kisses and her sighs!
O the violated virgin's
Unavailing tears and cries!

In my fancy's far-flung spaces
You all found room, and left behind
Some bright traces
And some stains;
In my fancy's far-flung spaces
Heaven and Hell found room, and yet my soul
Virginal still remains.

And then one day I chanced to stand alone,
Far from the turmoil of the world,
Beside a silent lake, with no companion;
Alone, myself and I.
I gazed into those quiet waters,
Into their depths and into my own being,
And in my heart a flower blossomed,
Too tender to be called a longing,
Too deep-felt to be named a woe;
Around me the pale evening glow
Was lulling the child hour to rest
Upon her violet breast.

Καὶ εἶταν ὅλα ἀσάλευτα·
καὶ οἱ λευκοὶ λωτοὶ οἱ ἀπανωτοὶ
καὶ ὁ ψηλόλιγνος ὁ καλαμιώνας,
ἄνθια, πολυτρίχια, καὶ ὅλα,
μέσ᾽ στὰ βάθη σὰ νὰ τἄβλεπες
μιᾶς λιγνοζωγράφιστης εἰκόνας.
Καὶ ὅλα σώπαιναν ὁλότελα,
καὶ εἶταν ἡ μεγάλη ἡ σιωπὴ
τῆς μεγάλης πλάσης ποὺ ἔσκυψε
κ᾽ ἔβαλε τ᾽ αὐτὶ
γιὰ ν᾽ ἀκούσῃ τὸ μεγάλο μυστικὸ
ποὺ δὲν ἔχει ὡς τώρα γρικηθῇ.

Κ᾽ ἔξαφνα μὲ σπρώχνει ὁ πειρασμὸς
τὰ ἱερώτατα νὰ βρίσω,
καὶ τὸ σκούξιμο τοῦ γύφτικου ζουρνᾶ,
μέσα του φυσώντας, νὰ ξυπνήσω.
Καὶ τὴ σκότωσα τὴν ἅγια σιωπὴ
καὶ τὸ μέγα μυστικό της πάει καὶ πάει,
κι ἀνατρίχιασε κ᾽ ἡ λίμνη, καὶ ὅλα
γύρω μου καὶ πλάϊ,
κι ὁ ἦχος χύμησε σὰ δράκοντας
λάγνος πρὸς τὴν πλάση τὴν παρθένα.
Ἀλλὰ ἐκεῖ ποὺ κακουργοῦσα μὲ τὸ στόμα μου,
μέσα μου ἡ ψυχή μου ἐμένα
λαβωμένη βόγγηξεν, ὠϊμένα!
Κι ὁ ἀνθὸς ποὺ ἀνθοῦσε στὴν καρδιά μου
σάλεψε τὰ φύλλα τὰ γεράνια
σὲ ὑστερνὴ καὶ δυνατὴ καὶ μυστικὴ
ἀπὸ δέηση μυρουδιὰ καὶ ἀπὸ μετάνοια.
Κ᾽ ἐγὼ ἀκόμα καὶ ὁ στριγγόλαλος ζουρνὰς
ξεπαρθένευε ξεσπώντας καὶ χαλοῦσε,
ἔγυρα τὴν ὄψη πρὸς τὴ λίμνη
ποὺ θλιμμένα μοῦ χαμογελοῦσε·
καὶ εἶδα μέσα της τὸ πρόσωπο τοῦ γύφτου
λαλητῇ

And everything was still;
White water-lilies floated
Amid the rushes' green,
And ferns and flowers nodded
As in the background seen
Of some enchanted picture . . .
All absolutely still.
It was the magic stillness
Of Nature bent,
With listening ear, intent
To catch an ancient secret lore
Untold before.

Suddenly the impulse seized me
To insult that sacred moment,
All its peace to rend and steal
With my Gypsy oboe's squeal . . .
And I killed that holy silence,
Its great secret lost, forever lost.
Then the lake drew back and shuddered,
Everything quailed round about me,
As that sound, like some lewd monster,
Ravened upon virgin Nature—
But, while yet my lips blasphemed
And the brutal echoes leapt,
Ah, my heart within me wept!
And the flower, which had been budding
In my heart, shed from its petals
One last fragrance on the air
Of penitence, remorse and prayer.
While my oboe's stridency
Was still defiling everything,
To the lake I turned my eyes,
Where it smiled upon me sadly,
And I saw in it the Gypsy player's face,
A menacing grimace,

άλλασμένο καὶ ὠγκωμένο καὶ πλατὺ
καὶ πανάθλιο κι ἀπὸ τὴν ἀσκήμια,
καὶ εἴτανε λαχάνιασμα καὶ ἀγώνας
καὶ ἄμοιαστη φοβέρα,
καὶ δὲν εἶχε ἀγαλματένιο τὸν ἀτάραχο
καὶ δὲν εἶχε τὸ δικό του τὸν ἀέρα.
Τὸ ζουρνὰ τὸν ἔκαμα συντρίμμια,
καὶ τὸν πέταξα στὸ δρόμο.
Καὶ ὕστερα μὲ εἶδαν οἰκοδόμο.

*

Ὅπου στέκαν καλυβόσπιτα,
χτίζεται παλάτι·
δὸς τὴν πλάτη, δὸς τὰ χέρια σου,
Γύφτε ἀνώφελε, ἀκαμάτη.
Νά τὸ ἀδούλευτο καὶ τ᾿ ἄπλαστο,
νά, τὸ μάρμαρο καλεῖ σε·
Γύφτε ἀνέγνοιαστε, κουβάλησε
καὶ πελέκησε καὶ χτίσε.
Χτίστης καὶ οἰκοδόμος, ἔγυρα
τὸ λαχανιασμένο στῆθος·
ἁπαλὴ πνοὴ ἀπὸ τὸ χέρι μου
πῆρε κι ὁ τραχὺς ὁ λίθος.
Τ᾿ ἄχαρο κουφάρι σκέβρωσα
γιὰ νὰ ὑψώσω μιὰ κολώνα··
γνώρισα τῶν περισσόβαρων
ταιριασμάτων τὸν ἀγώνα,
καὶ στ᾿ ἀνάερα τὰ σκαλώματα
μὲ τὴν ἀργατιὰ τὴν ἄλλη,
σκόνταψα κ᾿ ἐγὼ καὶ τρίκλισα,
πάγωσε κ᾿ ἐμένα ἡ ζάλη.
Ἔβαλα παντοῦ τὸ χέρι μου,
στῶν ἐβένων τὰ στρωσίδια,
στὰ κρυστάλλινα χωρίσματα,
στ᾿ ἀτσαλένια τὰ δεσίδια,
σὲ ὅλα. Καὶ οἱ πετραδοπλούμιστες

All twisted, swollen and disfigured,
Reft of its usual mien
So sculptural and serene.
I smashed the oboe on that day
And flung it far away.

Then I became a stonemason.

*

Where there grovelled once but hutments,
Now a kingly hall must stand;
Worthless lout, shove with your shoulder!
Idle Gypsy, lend a hand!
Dreams unwrought and uncreated,
There the shining marble calls;
Haul and carry, carefree Gypsy,
Dig foundations, build the walls.
Gasping chest and cracking sinews . . .
Through my fervid brawn and bone
Tenderly a breath of conscience
Passed into the rough-hewn stone.
My ungainly hulk I twisted
That a pillar might stand high,
Or when straining to assemble
Heavy blocks of masonry.
Balanced on an airy scaffold,
Toiling with the others all,
Often I would lurch and stagger,
Know the terrors of a fall!
Everything I tried and ventured:
Glass and crystal panelling,
Gold and ebony partitions,
Silver rivets—everything.
Flagged and tessellated pavements,

ἁπλωσιὲς τῶν πατωμάτων
ὡς τὰ ὕψη ποὺ στολίζει τα
ὁ λαὸς τῶν ἀγαλμάτων,
καὶ οἱ μεγάλες πόρτες ποὺ φρουροὺς
γρῦπες ἔχουν καὶ γοργόνες
γιὰ τὸ διάβα σας, τετράπλατες
δόξες, ἄρματα, κορῶνες,
καὶ οἱ στοὲς οἱ πορφυρόστυλες
ποὺ σὲ βάθια ἀπὸ χρυσάφι
κάποιο ἀρχαῖο γιγαντοπόλεμο
γύρω ἐκεῖ ἀναστήσανε ζωγράφοι·
καὶ τὰ ὁλάνοιχτα παράθυρα
μὲ τὰ σομακιὰ στεφάνια,
σὲ ἀναβρύσματα ἀπὸ χρώματα
κι ἀπὸ ἀχτίδες συντριβάνια
τὴ ματιὰν ἀστραποφέρνοντας·
καὶ τ᾽ ἀλάβαστρα, τὰ σμάλτα
καὶ τὰ τείχη τὰ τετράπαχα,
(καὶ ὅλα, ὦ Λόγε, ἀράδα βάλτα!)
Ἀπὸ πέτρα ἢ κέδρο ἢ σίδερο
τὸ καθένα, μετερίζι
ριζωμένο βαρυθέμελο,
τὸ καθένα μὲ γνωρίζει.
Ὅμως ὅλων τ᾽ ἄξιο ταίριασμα,
τὸ παλάτι, ὦ σκλάβου χέρι!
Ἐγὼ δὲν εἶμαι ποὺ τὸ γέννησα,
δὲν τὸ ξέρω, δὲ μὲ ξέρει.
Ὤχου! ἐσὺ παλάτι ἀκάμωτο,
ὦ σαράϊ μέσ᾽ στὰ σαράγια!
σ᾽ ἕνα ἐλεύτερο παιγνίδισμα,
σὲ ἀστραπῆς ὀνειρομάγια,
ἐγὼ μέσα μου τὸ χάραξα,
μοναχός μου, μοναχός μου,
ἀπ᾽ τὰ πιὸ ἀκριβὰ ποὺ δείχνονται
καὶ ποὺ κρύβονται τοῦ κόσμου.
Ποιὸς λαὸς χτιστῶν ἀκούραστος,

Cornices arising proud,
Height on height, all ornamented
With their statues' serried crowd;
Lofty portals flanked by gorgons
And by griffins which, flung wide,
Would give passage to crowned victors
Panoplied in pomp and pride.
Colonnades of royal purple
On which, raised by painters' hands,
Long-dead gods fought ancient giants
In the Past's dim fairylands;
Windows, set beneath gold lintels,
Flashing back the morning skies,
Bursting into shafts of color,
Dazzling the beholders' eyes;
Alabaster and enamel,
Inlaid floor, mosaic wall—
Add them, add them up, O scholar,
Make the tally, mark them all!
And each archway and each buttress,
Stone or cedar, where they stand,
Each foundation, every tower,
Each and all have known my hand.
But a finished palace never
Have you, slavish hand, begot!
For it was not I who sired it,
And the palace knows me not.
Ah, my uncreated palace,
Fairest of all earthly sights!
In the freedom of my fancy,
In the star-enchanted nights,
I have built you deep within me,
In the silence, all alone,
Of the costliest materials
To the world unknown or known.
What untiring hordes of builders

καὶ ποιὰ πλάση δουλευτάδων,
τῶν βουνῶν ὢ ζηλοφτόνιασμα
καὶ ὢ καμάρι τῶν πεδιάδων,
στὸ δικό μου ἀφεντοπρόστασμα
θὰ χυθῆ γιὰ νὰ σὲ ὑψώσῃ
μ' ἕνα κοσμοπλάστην ἔρωτα
καὶ μὲ μιὰ ὑπερτέλεια γνώσῃ;
Ἢ ἂν ἀνθρώπου κόπος καὶ βουλὴ
σὲ εἶν' ἀνήμπορη νὰ κάμῃ,—
ποιὸς χορὸς μεγαλοδύναμος
ἀπὸ ξωτικὲς θὰ δράμῃ
μέσ' στῶν θαλασσῶν τὸ φρένιασμα
καὶ στῆ λύσσα τῶν κλυδώνων
σὲ νὰ θεμελιώσῃ ἀτράνταχτο
στοὺς αἰῶνες τῶν αἰώνων;

(Καὶ ὅταν ἦρθαν καὶ μὲ σκόλασαν
μὲ τοὺς οἰκοδόμους οἰκοδόμο,
καὶ ὅταν μοῦ εἶπαν: «Γύφτε, τράβα δρόμο!»
Κι ὅταν τράβηξα ἀσυντρόφιαστος
τὸ δικό μου δρόμο πάλι,
γνώρισα μιὰ θλίψη μέσα μου,
θλίψη ἀσώπαστη μεγάλη!)

And of artisans what trains,
O you envy of the mountains,
O you glory of the plains,
Would assemble at my bidding
To erect you to the skies
With a more than mortal wisdom
And a love that never dies?
Or, if human skill and labor
Could not raise you from the ground,
Then what throngs of elementals,
What bright wraiths would gather round
To plunge into the wild waters
Of the world's impassioned sea
And exalt your deep foundations
For all eternity?

(And when they came and heaved me out,
With others I had known,
And when they told me "Gypsy, Go!"
And I started off, alone,
Once more upon my way;
I knew a sorrow deep within me
That nothing could allay.)

ΛΟΓΟΣ Γ΄

# ΑΓΑΠΗ

Μὴ δῷς γυναικὶ τὴν ψυχήν σου, ἐπιβῆναι
αὐτὴν ἐπὶ τὴν ἰσχύν σου.
Σοφία 'Ιησοῦ υἱοῦ Σειράχ.

Καθάριος θὰ γενόμουνα σὰν τὴν αὐγή
καὶ σὰν τὴ δροσιά, δυνατὴ θὰ γενόσουνα
σὰν τὸν ἥλιο ἢ σὰν τὴ θάλασσα.
Swinburne ('Ο Θρίαμβος τοῦ Καιροῦ).

Περδικόστηθη Τσιγγάνα,
ὦ μαγεύτρα, ποὺ μιλεῖς
τὰ μεσάνυχτα πρὸς τ᾽ ἄστρα
γλῶσσα προσταγῆς,

ποὺ μιλώντας γιγαντεύεις
καὶ τοὺς κόσμους ξεπερνᾶς
καὶ τ᾽ ἀστέρια σοῦ φοροῦνε
μιὰ κορώνα ξωτικιᾶς!

Σφίξε γύρω μου τὴ ζώνη
τῶν ἀντρίκειω σου χεριῶν·
εἶμαι ὁ μάγος τῆς ἀγάπης,
μάγισσα τῶν ἀστεριῶν.

Μάθε με πῶς νὰ κατέχω
τὰ γραφτὰ θνητῶν κ᾽ ἐθνῶν,
πῶς τ᾽ ἀπόκρυφα τῶν κύκλων
καὶ τῶν οὐρανῶν·

# LOVE

> Give not thy soul to a woman, she will trample on
> thy strength.
>> *The Wisdom of Jesus son of Sirach*

> I had grown pure as the dawn and the dew,
> You had grown strong as the sun or the sea.
>> SWINBURNE, *The Triumph of Time*

Partridge-breasted Gypsy woman,
O enchantress! You who stand
Speaking with the stars of midnight
In a language of command,

You who, while you face them, tower,
Giantess, beyond the sky,
Diademed with the constellations
In faery majesty!

Prison me within the girdle
Of your arms' robust embrace;
Sorcerer of love, I greet you,
O you witch of starry space!

Teach me how to read the fortunes
Of the Nations and of Man,
All the secrets of the Cycles
And the Heavens' mighty span;

πῶς νὰ φέρνω ἀναστημένους
σὲ καθρέφτες μαγικοὺς
τὶς πεντάμορφες τοῦ κόσμου
κι ὅλους τοὺς καιρούς·

πῶς, ὑπάκουους τοὺς δαιμόνους,
τοὺς λαοὺς τῶν ξωτικῶν,
στοὺς χρυσοὺς νὰ δένω γύρους
τῶν δαχτυλιδιῶν,

καθὼς δένω καὶ τὸ Λόγο,
δαίμονα καὶ ξωτικό,
στὸ χρυσὸ τὸ δαχτυλίδι,
στὸ Ρυθμό·

πῶς μὲ βούλλα σολομώντεια
νὰ σφραγίζω καὶ νὰ κλειῶ
τὰ μεγάλα τὰ τελώνια
σὲ γυαλὶ στενό,

καὶ στὴ θάλασσα νὰ ρίχνω
τὸ γυαλί, καὶ νὰ γυρνᾶ
μέσ᾽ στὴν ἄβυσσο τὸ ὅ,τι εἶναι
μὲ τὴν ἄβυσσο γενιά.

(Ἔτσι κι ἄλλο ἕνα τελώνιο,
ἔτσι καὶ ἡ τραγὴ Ψυχὴ
στοῦ κορμιοῦ φυλακισμένη
τὸ στενὸ γυαλί,

μέσ᾽ στὴ θάλασσα τῆς Σκέψης
ἄθλια πεταχτὴ
ζῆ κ᾽ ἐκεῖ σὰ στὴν πατρίδα,
σάμπως μιὰ ἄβυσσο κι αὐτή) .

How to call to me, resurgent,
In a magic mirror's gleam,
All the beauties of the ages,
All the vistas of Time's stream;

How to lord it over demons
And their elemental troop,
How to bind them in the circle
Of a signet's golden hoop

As the Word I bind and capture,
Daemon, elemental sprite,
In a golden ring: the magic
Of Rhythm's might.

Teach me how to use the sigils
Wrought by Solomon to pen
Fearful specters, fiends and phantoms
In a phial's narrow den,

And to cast it in the ocean
With its dread imprisoned throng;
To abysmal deeps returning
Them that to those depths belong.

(Even so another spirit,
Even so the Soul, constrained
By the prison of the body,
In its narrow phial chained,

Dwells in Thought's unbounded ocean,
Plunged there by a fate accursed,
Dwells in it as in a homeland—
In an abyss like the first.)

Μάθε με ὅλα νὰ διαβάζω
τὰ ὑπερκόσμια μυστικὰ
στὸ σκολιὸ τῆς ἀγκαλιᾶς σου
μέσα στὰ φιλιά.

Κι ὅλα γύρω μου τὰ πάντα
παντογνώστρα σὲ μηνᾶν·
μόνο κάτι ἀκόμα λείπει...
νά με! Ἐγὼ κ᾿ ἐσύ, τὸ Πᾶν!

Γιατὶ κάτι ξέρω, κάτι
νὰ σοῦ δώσω ἔχω κ᾿ ἐγώ·
ἄδεια στέκεται μιὰ στάμνα
στὸ βαθὺ μπροστὰ νερό,

καὶ θὰ στὴ γιομίσω. Ξέρω
τὴν πανώρια μουσικὴ·
θὰ τὴ ζήσῃς θεῖα μαζί μου
στὸ δικό μου τὸ βιολί.

Σάρκα ἡ μουσικὴ θὰ γίνῃ
μὲ τὴν πλάστρα μας φωτιά,
κι ἀπὸ μᾶς θὰ γεννηθοῦνε
τ᾿ ἀψεγάδιαστα παιδιά,

ποὺ ὅμοια τους θὰ σπείρουν κι ἄλλα,
κι ὅ,τι γύρω τους ἀχνό,
ἄρρωστο, ἄσκημο, θὰ ρέψῃ
στὸν ἀφανισμό.

Τῆς χαρᾶς θὰ λάμψῃ ὁ Νόμος
ποὺ προστάζει, βασιλιάς:
«φτάνει νὰ εἶσαι ἀπὸ ὑγεία
κι ἀπὸ δύναμη· νικᾶς!»

Teach me how to learn the secrets
Of those worlds without a shore
In the school of your embraces,
From your kisses' lore.

Everything proclaims around me
That each truth is at your call;
One thing only still is missing . . .
I!—For you and I are All!

Aye, I, too, can teach you something,
Something I alone can bring:
There before you stands a pitcher,
Empty, by a cool sweet spring;

Watch and I will fill it for you . . .
Music's wonderment I know;
You shall live with me its measures
To my violin and my bow!

Flesh of ours shall be the music
Quickened by our fire and pace,
And from us shall start the lineage
Of a new unblemished race;

Children who shall bring forth others
Like themselves; while every sore,
Canker, ugliness and evil,
Will have ebbed for evermore.

And the Law of Joy shall order
By a king-proclaimed decree:
"Health and strength to you are given;
A victor you shall be!"

Κι ὁ ἄνθρωπος μέσα στὰ θάμπη
τῆς ἀκέριας νέας ζωῆς
θὰ εἶναι πάντα ἢ κυβερνήτης
ἢ τραγουδιστής.

Ὢ φωλιές! Ὢ ἀηδόνια! Πᾶνε
τ' ἄμοιαστα καὶ τὰ πεζά,
πέτρα ἀκύλιστη σκεπάζει
πεθαμένη τὴ Σκλαβιά.

Στερνοπαίδι ἀγάλια ἀγάλια
θὰ προβάλῃ καὶ θὰ βγῇ
πλάσμα ἀκόμα πιὸ γιομάτο,
νόημα πιὸ βαθύ.

Κι ὁ Ἀρχοντάνθρωπος θὰ νἄβγῃ,
ποὺ ἡ ρομφαία του κι αὐτὴ
θὰ φαντάζῃ σὰν κιθάρα
παναρμονική.

Κι ὁ ἄνθρωπος ὁ βαριομοίρης
ὁ ἱδροκόπος δουλευτὴς
ὁ ἄπλερος ποὺ παραδέρνει
δοῦλος ἢ βασανιστής,

καὶ ἡ βασανιστὴς ἢ δοῦλος,
ἀμολόγητα καὶ σκληρὰ
μύριους τύραννους γρικάει
μέσ' στὰ σωθικά,

κι ὁ ἄνθρωπος ὁ βαριομοίρης
θὰ ὑψωθῇ θριαμβευτὴς
σὲ μιὰ γῆ πλατιὰ προφήτης
μιᾶς πλατύτερης ψυχῆς.

And then Man, in the resplendence
Of this new full life, will stand
As a beneficial Ruler
Or a Poet in the land.

O you nightingales and arbors!
All the drab and maimed have fled,
And a ponderous stone has hidden
Where Slavery lies dead.

Then a child shall know existence,
Latest born of all its clan,
Consciousness of nobler insight,
Intellect of vaster span.

And the Superman in splendor
Shall stride forward, he whose sword
Shall be like a lyre uplifted
With a hymn in every cord.

And Man, wretched, cowed, ill-fated
From the cradle to the grave,
Toiling, tottering, despairing,
Torturer or groaning slave,

Man who feels, thrall or tormentor,
Deep within his breast a crowd
Of innumerable oppressors
Grim and unavowed,

He, the wretched and ill-fated,
Shall be raised, triumphant goal,
To a wider land, the prophet
Of a free, untrammelled Soul.

Δὲ γνωρίζω ἀπὸ θρησκεῖες,
μήτε σκύβω σὲ θεούς,
γνωριμιά μου ἐσὺ καὶ πίστη!
Πῆρα ἀράδα τοὺς ναούς,

γύμνωσα τὸ εἰκονοστάσι
βέβηλα καὶ τὸ βωμό,
λείψαν᾿ ἅγια, τίμια ξύλα,
κάθε πρόσφορο ἱερό,

δισκοπότηρα, λαμπάδες,
ὅλα τ᾿ ἅγια τῆς καρδιᾶς,
ὅλα στἄρριξα σὰν ἄνθια,
γιὰ νὰ τὰ πατᾶς!

... Εἶπα, χι ἄκουσες, καὶ γέρνεις...
Τρισαλιά μου, ὦ τρισαλιά,
στὸ σκολιὸ τῆς ἀγκαλιᾶς σου
μ᾿ ὅλα τὰ φιλιά!

Περδικόστηθη Τσιγγάνα,
ὦ μαγεύτρα, ποὺ μιλεῖς
τὰ μεσάνυχτα πρὸς τ᾿ ἄστρα
γλῶσσα προσταγῆς!

Στὰ μεστὰ στὰ νικηφόρα
στήθια σου ηὗρα μοναχὰ
τῆς γυναίκας τὴν ἀπάτη
καὶ τῆς σάρκας τὴ σκλαβιά,

κι ἀχαμνὴ πλανεύτρα ἀγάπη
κ᾿ ἔν᾿ ἀρρωστημένο φῶς
καὶ τὸ λίγωμα ποὺ λιώνει
τὸ κορμὶ τοῦ καθενός.

I know nothing of religions
And the gods I scorn and shun;
You are all my faith and tenets!
Many churches, one by one,

Have I robbed to strip the altar
And the shrine to desecrate;
Fragments of the True Cross, relics,
Censers, gold and silver plate,

All these I have strewn before you;
Flower-like, they lie around,
All the heart's most secret holies—
Trample them into the ground!

. . . At my voice, you bend towards me,
But alas! . . . May curses fall
On the school of your embraces
And your kisses all!

Partridge-breasted Gypsy woman,
O enchantress! You who stand
Speaking with the stars of midnight
In a language of command,

In your breasts matured for conquest,
In your ample breasts I found
But a woman's paltry cunning
And a flesh to hold me bound,

And a drab infatuation,
And a half-light of the mind,
And a glut that cloys and sickens
Both the bodies intertwined.

Μέσα μου κι ἂν νὰ σαλεύῃ
ἄκουα κάτι σὰ φτερό,
μὲ τ᾿ ἀντρίκεια σου τὰ χέρια
σύντριψες καὶ τὸ φτερό.

Ὦ ποὺ ἀγνάντια καὶ μακριά μου
τὰ μεσάνυχτα μιλεῖς
πρὸς τ᾿ ἀστέρια, πρὸς τὰ πάντα,
γλῶσσα προσταγῆς,

κι ὄντας μέσ᾿ στὴν ἀγκαλιά σου
σφιχτοκλῆς με ἐρωτική,
ὦ γυναίκα, ἐσὺ σὰν ὅλες,
ψεύτρα, σκλάβα! Ποιὰ εἶσ᾿ ἐσύ;...

I have felt, deep down within me,
Something flutter like a wing;
With your awkward hands you crushed it,
Aye, you killed that airy thing.

You who, at the hour of midnight,
Near me or in distant land,
Greet the stars and all creation
In a language of command,

O you woman, you who clasp me
In your passionate embrace;
Liar, slave, like all the others!
Who are you? Reveal your face . . .

## ΛΟΓΟΣ Δ'

# Ο ΘΑΝΑΤΟΣ ΤΩΝ ΘΕΩΝ

Ἔρρει τὰ θεῖα.
Σοφοκλῆς (Οἰδίπους Τύραννος).

Στεριά, θάλασσα, θεοὶ γραφτὸ εἶναι νὰ
χαθοῦνε.
Ἰντιάνικο τραγούδι.

Αὐτὰ τὰ προσωρινὰ φαντάσματα ἐσὺ
εἶσαι ποὺ τἄπλασες.
Leconte de Lisle (Στερνὰ ποιήματα).

Ἔστησα κι ἀπ' ὅσους τόπους πέρασα,
σὲ ναοὺς ἀγνάντια, τὸ τσαντήρι,
γνώρισα τὴν ἐκκλησιά,
τὸ τζαμί, τὸ μοναστήρι,
κι ἄλλαξα γοργὰ καὶ χτυπητὰ
λόγια μὲ πιστοὺς καὶ μὲ λευίτες,
μὲ εἶδαν ὀρθρινὸ οἱ βασιλικές,
καὶ ξενύχτισα σὲ λαῦρες καὶ σὲ σκῆτες·
καὶ παντοῦ, ἀπὸ τῶν Ἑλλήνων τὰ συντρίμματα
ὡς τὴ μυριοστόλιστη παγόδα,
μύρισα κι ἀπόκοτα ξεφύλλισα
τῆς λατρείας ὅλα τὰ ρόδα.
Ξένος ἔμεινα κι ἀσκλάβωτος
ἀπὸ σέβας, δέηση, τάμα·
εἶμ' ἐγὼ τῶν ἄθεων ὁ προφήτης
κ' ἡ ζωή μου εἶναι τὸ θάμα·
καὶ μονάχα μιὰ φορὰ στὴν Πόλη μέσα
μ' ἄγγιξε ἱερὴ κ' ἐμὲ λαχτάρα·
καὶ μοῦ τήνε φύσηξες ἐσύ,
γύφτισσα γυναίκα ξεμαλλιάρα,

WORD IV

# THE DEATH OF THE GODS

> Divine worship is dying.
> SOPHOCLES, *Oedipus the King*

> Land, sea, gods are destined to perish.
> *Indian Song*

> Those visions of a day, it is you who created them.
> LECONTE DE LISLE, *La Paix des Dieux*

In every land through which I travelled,
In front of temples I would pitch my tent;
I visited a host of churches,
To mosques and monasteries I went.
With all the faiths I had sharp argument,
With Christian and with Levite;
I entered a basilica at dawning,
A cloister or a hermitage at night;
And everywhere, from old Hellenic ruins
To pagodas in their eastern ostentation,
I sampled, unabashed, and bruised the petals
Of every sacred rose of adoration.
Yet I remained a stranger and unslaved
By reverence for prayer, vow or ritual;
In me behold the prophet of the godless,
With my own life for miracle!
Once only—it was in the City—
Have I been shaken by a sacred awe;
And it was you who stirred it in me,
O dishevelled Gypsy woman,

65

καὶ τὸ τρέξιμό σου τὸ τρελὸ
μέσ' στὰ τρίστρατα καὶ μέσα στὰ καντούνια·
πίσω σου οὔρλιασμα σκυλιῶν,
γύρω σου παιδιῶν πετροβολήματα,
κι ὄχλος, καὶ σοῦ χτύπαε τὰ κουδούνια·
ποιὰ στιγμὴ νὰ σ' ἔσπειρε βλαστήμιας,
ποιᾶς ὀργῆς βάσταξ' ἐσένα μήτρα,
σκύβαλο τοῦ κόσμου κι ἀποκόμματο,
ποῦ εἶσαι ἡ Σίβυλλα, ἀπαρνήτρα;
Κ' ἔκραζες βραχνά, — τὸ κράξιμό σου
δὲν μπορῶ νὰ τ' ἀπολησμονήσω,—
κ' ἔκραζες: «Φωτιά! νὰ κάψω τὴν Παράδεισο!»
κ' ἔκραζες: «Νερό! τὴν Κόλαση νὰ σβήσω!»

*

Μεγαλόπρεπα περάσματα
τῶν θεῶν ποὺ δὲν πιστεύω,
ἀπὸ σᾶς πιὸ μεγαλόπρεπος,
γαληνὰ σᾶς ἀγναντεύω.

Ἀπ' τὰ δάση ὅταν ἀνάμεσα
κι ἀπ' τ' ὁλόπυκνο λογγάρι
μὲ περνάῃ σὲ ράχη ἀσέλλωτη
γοργὴ μούλα καβαλλάρη,

οἱ φτελιὲς καὶ τ' ἀγριοπρίναρα
καὶ τὰ πεῦκα καὶ τὰ ἐλάτια
κι ὅλα τὰ δεντρὰ ζερβόδεξα
πηλαλᾶν κι αὐτὰ σὰν ἄτια,

κι αὐτὰ φεύγουν σὰν πετούμενα,
κι αὐτὰ κάνουνε σὰν κάποια
ξένα ἀγρίμια ἀνεμοπόδαρα
ταραμένα ἀπὸ δρολάπια.

Running, crazed, through street and alley,
With a pack of yelping curs before,
And, behind, a swarm of brats to stone you,
And a mob's pursuing roar.
What accursèd hour begot you?
From what womb accursèd were you born?
Gypsy witch, of all earth the outcast,
Faithless Sibyl, prey to every scorn!
As you ran, I heard you screaming hoarsely —
I never can forget that yell:
"Bring me Fire to burn down Heaven!
Water to extinguish Hell!"

*

Stately pageant of the gods,
Of the gods whom I deny;
More majestic, here I stand,
Calmly watching you pass by.

As I ride through forest glade,
Or along a wooded track,
Or past hedgerow, copse and grove,
On my rapid mule, bareback,

All the holm-oaks and the elms,
Right and left, the firs and pines,
All the trees, too, seem to race
Like swift horses in long lines.

They slip past like flying birds,
They appear and then they all
Vanish like wind-footed deer
Startled by a sudden squall.

Ὅσο θέλετε φαντάζετε
καὶ πλανεύετε τὰ μάτια·
μήτε ἀγρίμια ἀνεμοπόδαρα,
μήτε πετεινά, μήτε ἄτια!

Εἴμ' ἐγὼ ποὺ τρέχω κι ὄχι ἐσεῖς,
τὰ ριζόδετα ἐσεῖς εἶστε,
φτάνει ὁ καβαλλάρης νὰ σταθῇ
γιὰ νὰ σταματῆστε!

Μεγαλόπρεπα τρεχάματα
τῶν θεῶν τῶν ἀθανάτων,
ὅπου καὶ ὅπως κι ἂν ὑπάρχετε,
ὦ ἐσεῖς, ἴσκιοι φαντασμάτων,

ὦ τῆς πλάνης γιγαντέματα,
θεοὶ ἐσεῖς, ἀλίμονό σας!
'Απ' τὴν ὥρα ποὺ ἄλλος ὁ ἄνθρωπος
ξεκαβαλλικέψῃ ἐμπρός σας,

καὶ σταθῇ καὶ δῇ πῶς στέκεστε
σὰν τὸ δρὺ καὶ σὰν τὴ φτέρη
καὶ σταθῇ καὶ δῇ πῶς κρέμεστε
ἀπὸ τὸ δικό του χέρι,

καὶ γρικώντας πῶς τοῦ κρύβετε
τὴν ἀέρινη τὴν ὄψη
κάποιων οὐρανῶν ὁλόβαθων,
πάρῃ καὶ σᾶς κόψῃ,

καὶ τὸν ἥλιο πῶς τοῦ κρύβετε
βλέποντας, καὶ γιὰ ν' ἀνάψῃ
μιὰ φωτιὰ γιὰ φῶς, γιὰ ζέσταμα,
πάρῃ καὶ σᾶς κάψῃ!

Puzzle, if you wish, the mind,
Play a trick upon the eye;
There are no wind-footed deer,
Racing horses, birds that fly!

It is I who race, not you;
You are all deep-rooted, bound;
Each time I rein in my mule,
You are all chained to the ground!

Of the everlasting gods
Pomps and arrogant parades,
Where and how and if you be,
You are but the shades of shades.

O you phantoms of deceit,
Gods, you?—You no longer count!
From the moment that a man
Dares before you to dismount

And behold you standing still
Like an oak or pine may stand,
He perceives he holds you now
In the hollow of his hand;

Should he see then that you hide
From his eyes the world around
And the vision of the skies,
He will fell you to the ground;

Should he see, too, that you mask
From his gaze the morning sun,
He will bear you to his hearth
And burn you, one by one!

*

Τέλους κανενός, καμιᾶς ἀρχῆς
τῆ δική μου γνώμη φράχτης
δὲν ὁρίζει· εἶμαι τοῦ Τίποτε
πανελεύτερος ὁ κράχτης.

Εἶμ᾽ ἐγὼ ποὺ σβήνω τὸ Γιατί
κ᾽ εἶμ᾽ ὁ ἀπαρνητὴς τοῦ Κάτι.
— Ἀεροπέρνα ἀκαβαλλίκευτο
τῆς ἐρμιᾶς ἀδάμαστο ἄτι!—

Τῆς βλαστήμιας τ᾽ ἀστραπόβροντο
ἀπ᾽ τὰ μάτια μου ποτὲ
κι ἀπ᾽ τὰ χείλια μου δὲν ξέσπασε
πρὸς ἐσένα, ὅποιε, θεέ!

Οὔτε μιᾶς στιγμῆς δὲ γνώρισα
γιὰ σὲ πόθο, φόβο, ὀργή·
ποιὸς χτυπάει τὸ δὲ στοχάζεται
καὶ ποιὸς τρέμει τὸ δὲ ζῆ;

Τόσο νὰ καρφώσω πρὸς ἐσὲ
δύναμαι τὸ στοχασμό,
ὅσο δύναμαι τὴ θάλασσα
πεζοδρόμος νὰ διαβῶ.

Μήτε πρόσπεσα στὸν ἴσκιο σου,
καὶ γιὰ νὰ σοῦ δεηθῶ
᾽γὼ δὲ δέθηκα τρεμάμενος
μὲ κανέναν οὐρανό.

Καὶ στὴ γλῶσσα ποὺ τὴ μίλησα
καὶ (ποῦ; πότε; πῶς;) τὴν πῆρα
καὶ τὴ φύλαξα σὰ λείψανο
ξεσχισμένο ἀπὸ πορφύρα,

*

No beginning and no end
Ever fenced my thought around;
And of Nothingness I am
The announcer, free, unbound.

I am he who quells the Why,
To the Cause I give no heed—
Ever like a riderless,
Wind-devouring desert steed!

Never from my eyes or lips
Has a bolt of blasphemy
Been towards you hurled, O god,
Whosoever you may be!

At no moment have I felt
For you anger, love, dismay—
Who attacks that which is not,
Fears what he cannot portray?

I can no more nail on you
Any thought of mine, O god,
Than attempt to cross the sea
On my own two feet, dry-shod.

Never have I said a prayer,
By your shadow's might oppressed;
Nor, in terror, bound myself
To any heaven of the blessed.

In the tongue inherited
—Where? when? how?—by me of old,
Valued like a relic wrapped
In a tattered purple fold,

καὶ στὴ γλῶσσα ποὺ ξανάϋφανα
μ᾿ ὅλα ποὺ ἔχω θησαυρίσει
τὰ χρυσόλογα χιλιόλογα
ἀπ᾿ Ἀνατολὴ καὶ Δύση,

μιὰ πλανεύτρα λέξη ἀγρίκητη
μιὰ εἶναι μόνο· ἡ π ρ ο σ ε υ χ ή !
Ὦ ναοί, προφῆτες, εἴδωλα,
εἴδωλα, προφῆτες, ναοί !

Ἀπὸ σᾶς μακριὰ ὅπου πάτησα,
μὲ τὸ πάτημά μου ἐφάνη
τὸ γραμμένο μαγιοβότανο,
τὸ μελλόμενο βοτάνι·

μὲ τὸ πάτημά μου βλάστησε
τὸ βοτάνι ποὺ λυτρώνει,
καὶ μὲ τὴ ζωή μου ὁλάνθισε,
καὶ στὴν ἔρημο φυτρώνει,

τὸ βοτάνι τῆς ἀνάστασης!
Πότε θἄρθῃ ἡ ὥρα, ἡ ὥρα
ν᾿ ἁπλωθῇ μέσ᾿ ἀπ᾿ τὴν ἔρημο
στὴν πολύκοσμη τὴ χώρα!

Ν᾿ ἀνακράξῃ ὁ κόσμος κόβοντας
τ᾿ ἄνθια σου τὰ νικηφόρα
κι ἀνασαίνοντας τὰ μύρα τους,—
πότε θἄρθῃ ἡ ὥρα, ἡ ὥρα!

Ὦ τὸ ὑπέρτατο τ᾿ ἀνάσασμα,
ὦ τὸ ἀνάκρασμα τῆς νίκης
ὕστερ᾿ ἀπὸ κάτεργα σκλαβιᾶς
κι ἀπὸ χρόνια καταδίκης!

And in that new tongue which I
Have rewoven from the best
Of the countless golden words
Garnered from both East and West,

One deceptive word alone
—Prayer—never once appears!
O seers, temples, idols,
O idols, temples, seers!

Distant from you, where I trod,
From my footprints there was born
The enchanted Herb of Fate,
Blossom of a future dawn.

From my footprints it arose,
Herb that ransoms and redeems,
In the wilderness it bloomed
From my life-blood and my dreams,

Bloomed, the Resurrection Tree!
When will come the hour, the hour,
When from deserts it will spread
Into peopled lands to tower!

That the whole world may rejoice,
Plucking each victorious flower,
Breathing in its vital balm—
When will come the hour, the hour!

O the deep ecstatic breath,
O the cry of victory,
After aeons of constraint,
After chains of slavery!

Στὴν ἡμέρα ὅταν ὁ ἄνθρωπος
νέα παρθένα ροδοκάλλια
ξαναφέρῃ ἀπὸ τὴν ἄβυσσο
σὰν πρωτόβγαλτα κοράλλια·

ὅταν ὁ οὐρανὸς ἀπὸ βραχνὰς
τῆς ψυχῆς καὶ ἀπὸ φοβέρα
ἄπειρο ἀδειανὸ καὶ ἀδιάφορο
ξαναγίνῃ πέρα ὡς πέρα!

Ὅμως ὁ ἄνθρωπος ἂν γράφτηκε
γιὰ πολὺ νὰ σὲ προσμένῃ,
ὦ βοτάνι ἐσὺ ἀνιστόριστο,
κ᾿ ἐμπρὸς πάντα νὰ πηγαίνῃ

σπαταλώντας τὸ λιβάνι του
στὰ φαντάσματα τῶν ὅλων
καὶ τὴ δύναμή του λάτρισσα
στὰ ποδάρια τῶν εἰδώλων,

κι ἂν προφῆτες θέλῃ καὶ καλά,
θεῶν τρανοὺς διαλαλητάδες,
κι ἂν τεχνίτες θέλῃ καὶ καλά,
κάθε εἰδώλου δουλευτάδες,

εἶμ᾿ ἐγὼ ὁ προφήτης, εἶμ᾿ ἐγώ,
κ᾿ ἦρθα ἐδῶ νὰ διαλαλήσω
βασιλιὰ θεὸ τὸ Τίποτε
στὸν αἰώνα ἐμπρὸς καὶ πίσω.

Χωρὶς ἔχτρα, χωρὶς ἔρωτα,
ὁ τεχνίτης ἦρθα ἐδῶ
γιὰ τῶν ψευτονείρων σου, ἄνθρωπε,
τὸ ναὸ νὰ πλάσω ἐγὼ

On that day when Man will draw,
Corals first brought up to view,
Things of beauty from the deep,
Virgin, roseate and new.

And the sky, no longer poised
Like a nightmare of the soul,
Looms once more, an unconcerned,
Boundless void from pole to pole!

But, if destiny doomed Man
To await for long your day,
O sweet legendary Flower,
And, meanwhile, to make his way

Wasting all his frankincense
On the gods' phantasmal crowd,
And his powers worshipping,
At the feet of idols bowed;

And if prophets still extol
All those gods and their decrees,
And if artists labor still
On their carven effigies,

I am now the prophet, I,
Who has come here to forecast
Nothingness as god and king
For all time, to be and past.

I am the artist who has come,
Without love and without hate,
In the temple shrine, O Man,
Of your false dreams to create

τέρας ἄγαλμα τὸ Τίποτε
μ' ὅλες τὶς θρησκεῖες τῆς πλάσης,
τέρας γιὰ νὰ φοβηθῆς
καὶ μαζὶ γιὰ νὰ γελάσης!

A monstrous effigy of Nothing,
With the faiths of all the earth,
A monster to excite your fear
And, with it all, your mirth!

ΛΟΓΟΣ Ε΄

## Ο ΘΑΝΑΤΟΣ ΤΩΝ ΑΡΧΑΙΩΝ

«Οἱ Ἕλληνες... καθ᾿ ἣν χρόνου στιγμὴν
ἔμελλον νὰ περιέλθωσιν εἰς ζυγὸν βαρ-
βάρων καὶ νὰ ἀποβάλωσιν ὄνομα καὶ
ὕπαρξιν, ἀνέπεμψαν τὴν ἐσχάτην λάμψιν
σβεννυμένης φλογός...Ἀλλὰ καὶ μετὰ τὴν
πτῶσιν αὐτῶν, φεύγοντες τῆς πατρίδος
τὸν ὄλεθρον, ἐγένοντο αὖθις πνευματικοὶ
τῆς Εὐρώπης κηδεμόνες.»

Λεοπάρδης.

(Στὸν «Κοραῆ» τοῦ Θερειανοῦ, τ. Α΄, σ. 5).

Καὶ οἱ τριπλὲς οἱ πόρτες οἱ χρυσὲς
καὶ οἱ χαλκένιες πόρτες τρίξανε
τρίξιμο σὰ νὰ βογγῆξαν,
καὶ χωρὶς κανένα γγίξιμο,
σάμπως μαγμένες, διάπλατες,
ἀπὸ μόνες τους ἀνοῖξαν.

Κι ἀποκάτου ἀπ᾿ τὰ μουράγια τὰ διπλὰ
μὲ τὰ δυναμάρια τ᾿ ἄπαρτα,
κι ἀποκάτου ἀπὸ τὰ πλάγια ποὺ γεράνια
καὶ χλωρὰ καὶ ρουμπινιὰ τριγύρω ὑψώγονται,
δέρνουν τὰ νερὰ τοῦ Μαρμαρᾶ
τὰ καλόχτιστα λιμάνια.

Καὶ λογῆς καράβια ἀπ᾿ τὶς Φραγκιές,
καὶ γαλέρες γενοβέζικες,
βενετσάνικα σαλεύουν τρεχαντήρια·
κ᾿ εἶναι σὰ νὰ καρτερᾶν
ἀκριβὰ φορτώματα
γιὰ ταξίδια καὶ γιὰ πανηγύρια.

# THE DEATH OF THE ANCIENTS

> The Greeks, when they were about to pass
> under the barbarian yoke and lose their name
> and their existence, sent up the last flicker of
> a dying flame. . . . Yet after their fall,
> when fleeing from the destruction of their
> country, they became the intellectual tutors
> of Europe.
>
> LEOPARDI. (D. Therianos, *Korais*)

The triple golden gateways
And their brazen portals creaked,
Grinding with a rumbling groan;
And, although no hand had touched them,
As by spell they opened wide,
Opened widely all alone.

And below the double ramparts
With their unscaled walls and moats
And below the hills around,
Rising blue and green and purple,
Marmara's advancing waves
Churn and from the wharves rebound.

Clustered ships from Frankish harbors,
Galleons from Genoese ports
And Venetian coasters sway;
They seem all to be awaiting
Costly bales and merchandise
For barter or for holiday.

Στὰ κατάρτια φλάμπουρα, στὶς πλῶρες
ἀκροφίγουρα, λιοκάματα στὶς ὄψες
ἀπὸ τόπους μακρινοὺς κι ἀπὸ βασίλεια,
καὶ καρδιὲς χτυπᾶν καὶ χέρια ἁπλώνονται,
σὰ νὰ θέλουν κάτι ν᾿ ἀγκαλιάσουν,
καὶ μπαϊράκια σειοῦνται καὶ μαντήλια.

Κι ἀπ᾿ τὶς σκάλες κι ἀπὸ τ᾿ ἀκρογιάλια
τῆς Ἀσίας τ᾿ ἀντικρινά,
πέρα ἀπὸ τὴ Βιθυνία,
κάτι ἁπλώνεται κατάμαυρο,
κι ὅλο ἀγριεύει καὶ ζυγώνει,
Θεοῦ ὀργὴ καὶ δαίμονα μανία.

Τῶν κυμάτων ἡ μουρμούρα πότε χάνεται
σ᾿ ἕνα βρόντο στεριανό, καὶ πότε γίνεται
σάμπως ταίριασμα τῆς ἥσυχης μουρμούρας
καὶ τ᾿ ἀνήσυχου τοῦ βρόντου· καὶ γρικᾶς
πότε ἀλόγου πέταλο,
πότε τρέξιμο πεζούρας.

Κι ἀπ᾿ τὶς πόρτες διάπλατες ποὺ ἀνοίξανε
κόσμος βγαίνει, κι ἀργοπάτητο
σέρνει καὶ βαρὺ τὸ πόδι,
κ᾿ εἶναι μιὰ πομπή, καὶ δὲ γνωρίζεις
δέξιμο κι ἂν εἶναι, ξεπροβόδισμα,
γάμος, λιτανεία ἢ ξόδι.

Κ᾿ εἶναι συνοδειὰ χωρὶς ξαφτέρουγα
καὶ χωρὶς σταυροὺς καὶ λάβαρα
καὶ βαγγέλια καὶ παπάδες·
ποιᾶς λατρείας μυστήρια εἶν᾿ αὐτά;
Δὲν τὰ διαλαλοῦν ψαλμοί,
δὲν τοὺς φέγγουνε λαμπάδες.

Καὶ γυναῖκες οὔτε, οὔτε παιδιά·

Banners flap at every topmast,
Figure-heads jut from each prow,
Faces gleam tanned by far seas;
Hearts beat fast and arms are lifted
As if seeking to embrace,
Flags and scarves wave on the breeze.

And from all the shores and headlands
On the fronting Asian coast
Where Bithynia's mountains swell,
Something gathers dark and fearful,
Ever nearer and more fierce—
Wrath of God and rage of Hell.

Now the waves' low sound is covered
By that thunder from afar,
Then there seems a mingled beat
Of their murmur and the clamor;
Now the clash of hooves is heard,
Now is heard the tramp of feet.

Through the gaping gates which opened
Flows a crowd with lagging gait
And with slow and heavy tread;
But one knows not if this concourse
Is for welcome or farewell
To the living or the dead.

A procession without holies,
Without Gospels, without priests,
Without banner, Cross or rite.
Of what cult are these the mysteries?
They are not extolled with anthems,
Candles shed on them no light.

One sees neither child nor woman—

κι ἄντρες μοναχὰ ἀσπρομάλληδες
καὶ μισοκοπιὲς καὶ παλληκάρια·
κ᾿ ἔρχονται μὲ κόπο καὶ σκυφτοὶ
σὰν ἀπὸ κρυφῶνες μέσ᾿ στὴ γῆ,
σὰν ἀπὸ τ᾿ ἀνήλιαγα κελλάρια.

Κοντοστέκουν καὶ τρικλίζουν
ἀσυνήθιστο σὰ νἄχουν
κάτου ἀπὸ τὸν ἥλιο τέτοιο δρόμο·
καὶ τὰ μέτωπα στὰ χέρια τους,
καὶ στὰ μάτια μπρὸς τὰ χέρια τους
σάμπως ἀπὸ θάμπος κι ἀπὸ τρέμο.

Κ᾿ ἔτσι πᾶν, καὶ τοὺς τρομάζουν
τὸ φῶς τοῦ ἥλιου, πέρα ἡ θάλασσα,
τ᾿ ἀκροούρανα, κι ὁ ἀέρας,
κι ὁ οὐρανὸς ἀπάνω τους, καὶ γύρω τους
ἡ μεγάλη πλάση καὶ ἡ ζωὴ
καὶ τὸ παίξιμο τῆς μέρας.

Κ᾿ εἶναι σὰ βγαλμένοι ἀπό ᾿να σκύψιμο
σὲ παλιὰ βιβλία δυσκολοσίμωτα,
καὶ σὲ συναξάρια,
καὶ σὲ κάτι τι ἀκριβότερο
ἀπ᾿ τ᾿ ἀράπικα τοπάζια, ἀπ᾿ τὰ χουρμούζικα
τὰ μαργαριτάρια.

Κ᾿ εἶναι σὰ βγαλμένοι ἀπὸ λογάριασμα
μπρὸς σὲ γιατροσόφια ἀπάντεχα,
σὲ δυσκολοξάνοιχτα δεφτέρια.
Κι ὅλοι καθὼς ἔρχονται κλιτοί,
καὶ καθὼς ἀργοζυγώνουν,
τί κρατᾶνε μέσ᾿ στὰ χέρια;

Καὶ ραβδιὰ κρατᾶν προσκυνητάδων
καὶ διαλαλητῶν ἀκροστεφάνωτα

Only elders with white hair,
Youths and middle-agèd men;
And they walk with sunken shoulders
As from cave beneath the earth,
As from sunless cell and den.

And they hesitate and stumble
As if they were still unused
To the open light of day.
Foreheads sink in trembling fingers,
And their hands are pressed to eyes
Dazed with sunshine and dismay.

Thus they go. And all appalls them:
Far horizons, restless winds,
Sunbeams and the boundless sea,
Heavens poised above and round them,
Mighty Nature, teeming life
And the day's exultant glee.

They seem all to come from study
Of unciphered ancient books,
Of strange runes and hidden lore;
And of wisdom far more precious
Than Arabia's topaz gems
Or the pearls of Persian shore.

They seem all to come from musing
Over formulas and scripts,
Over parchments frayed and old.
But, as they draw nearer, stooping
With their slow uncertain step,
In their hands what do they hold?

Pilgrims' staves they hold and heralds'
Wands tipped with green myrtle boughs

μ' ἀγριλιᾶς καὶ μὲ μυρτιᾶς κλωνάρια·
τραχιὰ ἠχοῦν τὰ σάνταλά τους χοντροκάρφωτα·
κρέμουνται στοὺς ὤμους τους
ταξιδιώτικα ταγάρια.

(Καὶ στοὺς μαρμαρένιους μώλους
ἔξαφνα φουσκώνει κι ἀντρειεύεται
κι ἀφροστέφανο ξεσπάει τὸ κῦμα.
Καὶ γοργὸ μακριάθε ἔν' ἄλλο ξέσπασμα,
καὶ εἶν' ἀλόγου σάλαγος,
καὶ πεζούρας βῆμα).

Κ' ἕνας ἕνας κι ἀπὸ δύο
κι ἀπὸ τρεῖς ἀνταμωμένοι,
κι ἀπὸ τέσσεροι κι ἀκόμα
πιὸ πολλοί, κρατᾶν καὶ σφίγγουν
τυλιγάδια καὶ βιβλία
σὲ χρυσὲς κ' ἐλεφαντένιες
πλούσια σκαλισμένες θῆκες,
καὶ πηγαίνουνε μὲ κεῖνα,
καὶ στὰ χέρια καὶ στοὺς ὤμους
καὶ στοὺς κόρφους τὰ βαστᾶνε.
λείψαν' ἅγια σάμπως νᾶναι
καὶ θαματουργὲς εἰκόνες
καὶ βαριὰ σταμνιὰ γιομάτα
μὲ τὴ στάχτη τῶν προγόνων.
Τυλιγάδια καὶ βιβλία
πὄχουν πρόσωπα πορφύρες,
ποὺ εἶν' οἱ σάρκες τους μετάξια,
καὶ λογῆς λογῆς τὸ μάκρος
καὶ τὸ σχῆμα καὶ τὸ χρῶμα.
Σκεπασμένα καὶ μακριάθε
τὰ θωρεῖς καὶ λὲς πὼς εἶναι
στύλοι, λὲς βωμοὶ σβησμένοι
καὶ σημαῖες καὶ θυμιατήρια
καὶ ρηγάδικες κορῶνες.

And with silver olive sprays;
Loudly ring their hobnailed sandals,
And a heavy traveller's pouch
From each weary shoulder sways.

(And along the marble jetties
Suddenly the angry wave
Bursts in foam upon the ramp.
From afar another tumult
Sounds: the clattering of hooves
And of marching feet the tramp).

One by one, at first, they gather
And in twos and threes they follow
And in fours and greater numbers.
In their shielding arms they carry
Precious books and scrolls of parchment,
Sealed in gold and ivory cases
Richly carved and ornamented.
And they carry them to safety,
In their sheltering arms they bear them,
On their shoulders, in their bosoms,
As if they were sacred relics,
Wonder-working holy ikons,
As if they were heavy ewers,
Urns filled with their fathers' ashes.
Precious books and scrolls of parchment,
Books whose faces are of purple,
Scrolls whose flesh of silk is woven;
Large and small, of all dimensions
And of every shape and color.
From afar one sees their cases
And they have the look of columns,
And they seem to be dead altars,
They resemble flags and censers,
And they gleam like royal diadems.

Σὰ θεῶν ἀγάλματα εἶναι,
σὰν ἀνάγλυφα εἶν' ἡρώων,
προφητῶν ὁράματα εἶναι,
καὶ κιβούρια καὶ μνημούρια.

Τάματα εἶναι καὶ τὰ πᾶνε
νὰ τ' ἀφήσουνε στὰ πόδια
κάποιων εἴδωλων καὶ κόσμων
ποὺ τὰ καρτερᾶν καὶ στέκουν
καὶ γιορτάζουν πανηγύρια
μέσα σὲ ναοὺς καὶ τόπους,
πέρα ὁλόμακρα, καὶ στέκουν
κ' οἱ ναοὶ κ' οἱ τόποι καὶ ὅλα
καὶ προσμένουν καὶ προσμένουν
νὰ φωτοντυθοῦν μὲ κεῖνα.

*

«Τ' εἶναι τὰ δεφτέρια ποὺ κρατᾶτε
τὰ περγαμηνά,
σεβαστὰ κοπάδια ποὺ τραβᾶτε
σὰ διωγμένα ἀπὸ κακοκαιριά;
Καὶ σὲ τοῦτα τὰ βιβλία,
καὶ στὰ μνήματα ὅλ' αὐτά,
ποιὰ διαμάντια, ποιὰ σοφία,
ποιοὶ νεκροί, ποιὰ κόκκαλα ἱερά;»

Κάτι σάλεψε, κυμάτισαν τὰ πλήθη,
ξέσπασε φωνὴ καὶ μοῦ ἀποκρίθη:

«Εἶν' ἐδῶ κλειστοὶ μέσ' στὰ κιβούρια,
μέσ' στὰ τυλιγάδια εἶναι κρυμμένοι,
—γιὰ νεκροὺς ἡ πλάση ἂς μὴν τοὺς κλαίη!—
ὦ οἱ πηγὲς οἱ ἀθόλωτες τῆς Σκέψης,
οἱ ἀσυγνέφιαστοι τῆς Τέχνης οὐρανοί,
οἱ Ἀθάνατοι κ' οἱ Ὡραῖοι.

Κ' εἶναι τῆς Ἀλήθειας οἱ διδάχοι,

They are like to godly statues,
And to anaglyphs of heroes,
And to prophets' mighty visions,
And to monuments and coffins.
They are votive-gifts, oblations,
Which their bearers take to lay them
At the feet of newer idols;
Among peoples of new countries
Waiting joyfully to greet them
In their temples and their forums
Over there in the far distance.
And the temples and the forums
All stand waiting, ever waiting
To be clothed by them in splendor.

*

"What are those scrolls you carry
Of parchment wrought,
O you reverend flocks that hurry
As if by tempest caught?
And within those scrolls you carry
And those books like tombic stones,
What diamonds and what knowledge,
What dead, what sacred bones?"

Something surged; the concourse eddied, broke,
And then to me a voice in answer spoke:

"In these coffin-shells imprisoned
And enshrouded in these scrolls,
—Oh mourn them not as dead with bitter sighing—
Are the limpid springs of Thought,
The cloudless skies of Art:
The Beautiful and the Undying.

"These are of Truth the teachers

τῆς ἀκέριας Ὀμορφάδας οἱ πιστοί,
γέροι, ἀπείραχτοι, ὅλο νέοι,
καὶ ἥλιοι ποὺ σοῦ δίνονται νὰ τοὺς χαρῆς
πάντα μέσ᾿ στὸ δρόσος κάποιου Ἀπρίλη·
οἱ Ἀθάνατοι κ᾿ οἱ Ὡραῖοι.

Ἀπὸ τοὺς γιαλοὺς τῆς Ἰωνίας
κι ἀπὸ τῆς Ἀθήνας τὸν ἀέρα
ποὺ ὅλα πνέματα τὰ κάνει καθὼς πνέει,
κι ἀπὸ τῆς Ἑλλάδας τ᾿ ἀγνὰ χώματα,
ἡ Σοφία, ὁ Λόγος, ὁ Ρυθμός·
οἱ Ἀθάνατοι κ᾿ οἱ Ὡραῖοι.

Κ᾿ εἶναι οἱ Πλάτωνες, καὶ πίσω τους,
τῆς Ἰδέας ἥρωες, οἱ φιλόσοφοι,
κ᾿ ἡ Ἀρετὴ μ᾿ αὐτοὺς «ἡ λεβεντιὰ εἶμαι!» λέει·
κ᾿ εἶναι οἱ Ὅμηροι, καὶ πίσω τους
ὅλοι οἱ ψάλτες καὶ τῶν Ὀλύμπων οἱ πλάστες·
οἱ Ἀθάνατοι κ᾿ οἱ Ὡραῖοι.

Τὴ στερνὴ πατρίδα τους τὴν παρατᾶν
ἀπὸ φύσημα διωγμένοι ὁρμητικώτατο,
γύφτοι γίνονται κ᾿ Ἑβραῖοι,
ὅμως πάντα, κ᾿ ἐρμοσπίτες, νικητές·
καὶ τοῦ κόσμου γίνονται πολῖτες,
οἱ Ἀθάνατοι κ᾿ οἱ Ὡραῖοι!»

«Τοὺς γνωρίζω, τοὺς γνωρίζω,
—μίλησα κ᾿ ἐγώ,—
τοὺς γνωρίζω καὶ τοὺς διαλαλῶ·
ξέρω ἀπ᾿ ὅλα τὰ τραγούδια,
μὰ γιὰ νὰ τὰ πῶ,
τὰ ταιριάζω τὰ τραγούδια
στὸ δικό μου τὸ σκοπό».

Καὶ τὸ λόγο ποὺ ἀρχινῆσαν
ἔτσι τὸν τελειώνω ἐγώ:

And of Beauty the elect,
Youth, candor and sublimity allying;
Bright suns for your delight
Amid an April's dews:
The Beautiful and the Undying.

"From the coastline of Ionia,
From the breeze of Attic air
That wafts to all a soul, with its own flying,
From Hellas' soil they sprang,
Rhythm, Wisdom and the Word:
The Beautiful and the Undying.

"These the Platos and, advancing,
Other sages, lords of Thought,
And, with them, Virtue, 'I am Valor!' crying;
The Homers and, behind them,
The Olympus-builders all:
The Beautiful and the Undying.

"They have left their last loved homeland,
By a ruthless blast expelled,
Their wandering course like Jews and Gypsies plying.
Though wanderers, victors they,
And free of all the world:
The Beautiful and the Undying."

"I know them; aye, I know them,"
I shouted in reply,
"I know them and their follower am I;
For I know all songs and verses,
But to voice their varied runes
I must set them to the music
Of my own familiar tunes."

Then the speech that they had opened
By these words of mine I closed:

«Καὶ σπρωγμένοι ὡς ἐδῶ πέρα
οἱ Ἀθάνατοι κ' οἱ Ὡραῖοι
ἀπὸ ἀνέμους καὶ φουρτοῦνες
καὶ σεισμοὺς καὶ χαλασμούς,
καὶ καραβοτσακισμένοι
καὶ σκληρὰ κατατρεμένοι
κι ἀπὸ ξένους καὶ δικούς!

Καὶ κρυφῶνες ηὗρανε καὶ σκῆτες,
μοναστήρια καὶ κελλιά,
κ' ηὗρανε παλάτια καὶ σκολιά,
καὶ δὲν ηὗρανε τὸν ἥλιο
καὶ τὴ λευτεριά,
καὶ δεθῆκαν κι ἀρρωστῆσαν
καὶ χτικιάσαν τ' ἀπολλώνια τὰ κορμιὰ
καὶ γινῆκαν βρυκολάκοι καὶ στοιχιά.
Βρῆκαν κάτεργα καὶ κάστρα
καὶ μιὰ πλάση ξένη, μιὰ στενή
πλάση ξελογιάστρα.
Ὄρνια γίνανε μπαλσαμωμένα,
λείψανα λυπητερά,
καὶ μαρμαρωμένα βασιλόπουλα,
ἡ ζωὴ καὶ ἡ νιότη καὶ ἡ χαρά.
Γίνανε ἢ σὰν ἄρρωστα λουλούδια
τροπικὰ στὰ θερμοκήπια,
ἢ φυτρώσανε μαζὶ
μὲ τὰ χόρτα ποὺ ἀγκαλιάζουνε τὰ ἐρείπια.
Ζήσανε κουλουριασμένοι
μέσ' στοῦ δάσκαλου τὰ χέρια,
κι ἀποκάτου ἀπ' τὴν κοντόφωτη ματιά,
ζήσανε ζωὴ μέσ' στὰ δεφτέρια,
ζήσανε ζωὴ μέσ' στὴ σκλαβιά,
ζήσανε ζωὴ τυραγνισμένη,
καὶ τοὺς ηὗρε μιὰ λατρεία καταραμένη
σὰν τὰ βάσανα καὶ σὰν τὰ καταφρόνια,
χίλια χρόνια, χίλια χρόνια!»

"Unto here they have been harried,
The Beautiful and the Undying,
By whirlwind and by tempest,
By earthquake wreck and din;
Ever scourged and lacerated,
Ever flayed and mutilated
By strangers, by their kin!

Priories they found and cloisters,
Monasteries and cells;
Schools and palaces acclaimed them, *
But they never found, ah me,
Noonday suns and liberty.
Languishing in den and prison,
Drooped their limbs' Apolline grace
Till they seemed like ghosts arisen;
And they found in every place
A restricted world and narrow,
A deceptive world of night.
They became embalmèd eagles,
Corpses sad and white,
They resembled sleep-bound princes—
They, once youth and life and light.
They have pined like tropic orchids
Sheltered under hot-house glass,
Or like sickly daisies growing
In a ruin's tangled grass.
They have lived, misapprehended,
In the pedant's hand,
Peered at by his eyes near-sighted
On a dusty stand;
They have lived enslaved and slighted,
They have lived a life all blighted.
And a servile cult was shown them
—Viler far than wounds and jeers—
A thousand years, a thousand years!"

*

Κι ἀπ' τοὺς πάπυρους ἐκείνους μιὰ ψυχὴ
θάρρεψα πὼς χύθη,
καὶ γρικήθηκ' ἕνας ὕμνος θριαμβευτής,
κι ἀπ' τῶν τάφων ἔβγαινε τὰ βύθη:

«Θὰ διαβοῦμε καὶ στεριὲς καὶ πέλαγα,
θὰ σταθοῦμε ὅπου τὸ πόδι δὲν μπορεῖ
Τούρκου κανενὸς νὰ μᾶς πατήσῃ·
ἀπὸ τὴν πατρίδα μας διωγμένοι,
καὶ σβησμένοι ἀπ' τὴν Ἀνατολή,
θ' ἀνατείλουμε στὴ Δύση.

Ὅπου πᾶμε, θἄβρουμε πατρίδες
καὶ θὰ πλάσουμε, ἀπ' τὸ Βόσπορο
χαϊδευτὰ συνεβγαλμένοι ὡς τὸν Ἀδρία·
θὰ φωλιάσουμε στὴ Βενετιά,
θὰ ξαναρριζώσουμε στὴ Ρώμη,
θὰ μᾶς ἀγκαλιάσῃ ἡ Φλωρεντία.

Τ' Ἄλπεια τὰ βουνὰ θὰ δρασκελήσουμε,
θὰ ξαφνίσουμε τὰ ρέματα τοῦ Ρήνου,
στοῦ Βοριᾶ θ' ἀσπροχαράξουμε τὰ σκότη,
θὰ χυθοῦμε σὰ μαγιάπριλα τοῦ νοῦ·
ὅπου τόποι, ὅπου γεράματα, θὰ σπείρουμε
μιὰν Ἑλλάδα καὶ μιὰ νιότη.

Καὶ πλανῆτες μὲ δικό μας φῶς,
τὸ δικό μας φῶς θὰ ρίξουμε
ὅπου θάμπωμα καὶ βράδιασμα στὴ φύσῃ·
κι ὁ ἀσκητὴς θὰ φιλιωθῇ μὲ τὴ ζωὴ
καὶ τὸ γάλα τῆς χαρᾶς ξανὰ θὰ πιῇς,
νηστευτή, κ' ἕνα κρασὶ θὰ σὲ μεθύσῃ.

Καὶ ὁ Κελτὸς καὶ ὁ Γότθος κι ὁ Ἀλαμάνος,
κάθε βάρβαρος μ' ἐμᾶς θ' ἀναγαλλιάσῃ,

*

I fancied that a soul from out those scrolls
Had taken wing;
And from the tombs' profoundest depths a hymn
Of triumph seemed to ring:

"We shall cross both land and ocean,
We shall stay where never foot
Of Turk can crush our breast;
Exiled from our ancient homeland,
Whelmed by darkness in the East,
We shall rise amid the West.

"Where we go, we shall find homelands
And create them, wafted from
Byzance to Italian strand;
We shall nest in sea-born Venice,
We shall strike our root in Rome,
Florence shall embrace our band.

"We shall scale the Alpine mountains
And astound the Rhine; our dawn
Through the Northern gloom shall glow;
We shall glide, the Spirit's Maytime,
To all lands; in all things sere
Youth and Hellas we shall sow.

"Planets wheeling in our splendor,
We shall dart our beams of light
And in all dim places shine.
Life shall beckon to the hermit;
You shall drink the milk of joy,
Starveling, and a heady wine.

"And the Celt, the Goth, the Teuton,
Shall applaud us with delight;

κι ὁ Ἰταλὸς ἀπ' ὅλους πρῶτα·
ρασοφόροι καὶ ποντίφικες
θὰ προσπέσουνε στὰ πόδια τῆς Ἑλένης
καὶ τὸν κύκνο θὰ λατρέψουνε τοῦ Εὐρώτα.

Τοῦ οἰκοδόμου θὰ τοῦ δείξουμε ρυθμούς,
νόμους τοῦ σοφοῦ· σ' ἐμᾶς θὰ τρέξουν
ὅμοια κυβερνῆτες καὶ τεχνῖτες,
πύργοι θὰ ὑψωθοῦν καὶ πολιτεῖες,
καὶ παντοῦ ξανὰ θὰ στηλωθοῦν
τῶν καλῶν καὶ τῶν ὡραίων οἱ δικιοκρίτες.

Μόλις βγοῦμε ἀπ' αὐτὸ δὰ τὸ κοιμητήρι
πρὸς τὸ φῶς καὶ στὰ τετράπλατα τοῦ ἀέρα,
σὰν τὰ πρῶτα θἄβρουμε τὰ νιάτα,
κ' ἔξω ἀπ' τὰ στενὰ κιβούρια,
Καίσαρες κι Ἀλέξαντροι, θ' ἀνοίξουμε,
μὲ τοῦ Λόγου τὸ σπαθί, τὴ στράτα.

Ὄλυμπων κορφὲς καὶ Παρνασσῶν!
Κι ἀπ' τὴ σκέψη κι ἀπ' τὰ μέτρα μας
γίνοντ' ἄνθρωποι καὶ Παρθενῶνες·
πέρα ὡς πέρα στὴν ψυχὴ μιὰ νεκρανάσταση!
Τὸ μεγάλο Πᾶνα ὁλόχαροι
ξαναπροσκυνᾶν οἱ αἰῶνες.

Κ' οἱ κακόσορτοι σοφοὶ καὶ οἱ στέρφοι
δάσκαλοι, ποὺ χρόνια καὶ καιροὺς
ἔτσι μᾶς κρατούσανε σαβανωμένους
καὶ μαζί μας πᾶνε σέρνοντάς μας,
ἅγια στερνολείψανα
τοῦ χαμένου Γένους,

ἔτσι βλέποντάς μας χρυσοφτέρουγους
ἀπὸ μέσα ἀπὸ τὰ χέρια τους νὰ φεύγουμε
σὲ ἀποθέωση ποὺ δὲ θὰ ξαναγίνῃ,

And all Italy shall see
Black-robed priest and solemn pontiff
Glorify Eurotas' Swan
And to Helen bend the knee.

"We shall teach forms to the builder,
Systems to the sage; to us
Ruler, artist, all shall haste.
Towns shall rise once more and turrets,
Judges shall again be found
Skilled in beauty and in taste.

"When we leave this moldering graveyard
For the open world of light,
We shall find our youth again;
And, freed from our narrow coffins,
—Alexanders, Caesars new—
The Word's sword shall trace our lane. .

"Crests Olympian and Parnassian!
Parthenons are wrought and men
From our thought and our alloy
From the dead the Soul has risen!
Once again the centuries
Hail great Pan with hope and joy!

"And at last the clerks and pedants
Who have held us for so long
Wrapped around in stifling shroud;
And who go with us to carry
These last relics of a race
Now in dire destruction bowed,

"When they see us, winged in glory,
Tower from their hands to gain
Zeniths that forever shine,

θὰ πιστέψουν πὼς σαρκώθηκαν χρυσόνειρα
κι ἀπὸ τῆς θεότης μας τ᾽ ἀντίφεγγα
σὰν ἡμίθεοι θὰ φαντάξουν ὡς κ᾽ ἐκεῖνοι!»

\*

Κι ἀποκρίθηκε ἡ ψυχή μου
καὶ τοὺς λέει
σάμπως νά εἴταν ὀρθοστύλωτοι μπροστά μου
οἱ ᾽Αθάνατοι κ᾽ οἱ ῾Ωραῖοι:

«Θὰ περάσετε ἀπὸ πάνου
ἀπ᾽ τὴ θάλασσα τοῦ κόσμου
σὰν πνοὴ
μαλακώτατου μαΐστρου,
ποὺ τὸ πλάθει ὡς καὶ τὸ κῦμα
κάνοντάς το μιᾶς παρθένας
λιγερῆς κορμί.

Μὰ στὴ θάλασσα τοῦ κόσμου,
κ᾽ ὕστερ᾽ ἀπὸ σᾶς καὶ πάντα,
σὰν ἐχτὲς
καὶ σὰν τώρα, θὰ ξεσπᾶνε,
θὰ φιλοῦνται καὶ θὰ μάχωνται
κι ἄλλοι χίλιοι ἀνέμοι, χίλιες
μπόρες καὶ χιονιές.

Μὰ στὴ θάλασσα τοῦ κόσμου
ξανὰ ὁ Μάης ποὺ σᾶς γέννησε
δὲ θάρθῇ.
Αὖρες εἴστε διαβατάρικες·
τὴν αἰώνια πολυτάραχη,
σὰν καὶ πρῶτα, θὰ τὴ δέρνῃ
κάθε ἀνεμική.

Τί κι ἂν εἴστε ἐσεῖς ἀθάνατοι;
Τὴ ζωὴ τὴν ὁλοζώντανη

They will deem us fulfilled visions
And in our supernal light
They themselves will gleam divine!"

\*

Then, as though they stood before me,
The Beautiful and the Undying,
My soul replied,
My soul made answer, crying:

"You will pass across the ocean,
The wide ocean of the world,
Like the swirl
Of a gentle breeze of summer
That reshapes the dancing wave,
Giving it the willowy figure
Of a girl.

"But across the world's wide ocean
After you and ever, like
Yesterday
And today, shall clash with frenzy,
Shall embrace, shall meet in strife
Other hurricanes and other
Winds at bay.

"And across the world's wide ocean
Never shall your birth-time May
Bloom once more.
You are sighs that pass and dwindle,
And the Ever-restless shall
Be assailed by every whirlwind
As before.

"What then if you be immortal?
Life, the full and living life,

μιὰ φορὰ
τήνε ζήσατε σὰν πλάσματα
μὲ τ' ἀκέρια σας κορμιὰ
στῆς μακαρισμένης τῆς πατρίδας σας
τὸν ἀέρα καὶ τὸν ἥλιο·
ἄλλος ἀέρας τώρα κι ἄλλος ἥλιος
γιὰ σᾶς πιά· καὶ ποτὲ πιὰ
δὲ θὰ ξαναζῆστε τὴ ζωή σας,
ξωτικά!

Καὶ καρδιὲς καὶ πολιτεῖες
ἀπὸ σᾶς ξανανθισμένες
καὶ σκυφτὲς
μπρὸς σὲ σᾶς κ' ἑλληνολάτρισσες,
καὶ ἴσκιοι μιᾶς Ἑλλάδας καὶ εἴδωλα·
μὰ ἡ Ἑλλάδα μιά, καὶ ἀγύριστη·
πάει, καὶ νὰ τὴν κλαῖς!

Κι ὅποιος δοῦλος σας θὰ γίνῃ
καὶ σᾶς πάρῃ καταπόδι,
ἢ ἕνας μόνος, ἢ ὅλο γένος,
θὰ σβηστῇ μὲ σᾶς.
Καὶ μονάχα ὅποιος μαζί σας
δὲ θὰ χάσῃ τὸν ἑαυτό του
καὶ θὰ κόψῃ μόνο ἀπ' τ' ἄνθια σας
γιὰ νὰ στεφανώσῃ τὰ μαλλιά του,—
μόνο ἐκεῖνος ἐδῶ κάτου
στολισμένος θὰ τραβήξῃ σὰ γαμπρός,
θὰ τραβήξῃ στολισμένος μὲ τὴ χάρη σας,
θὰ τραβήξῃ ἐμπρός!

Μάθε· ἡ προκοπὴ δὲν εἶναι γιὰ τοὺς δούλους,
κι ὅσο θένε οἱ δοῦλοι ἀφέντη ἂς ἔχουν
τὸν ἀφέντη κάθε πλούτου κι ὁμορφιᾶς·
μάθε· ἡ προκοπὴ γιὰ τοὺς ἐλεύτερους,
γιὰ μᾶς!

Once of old
You lived free among the living
With your bodies' grace untold
In the sunlight and the zephyrs
Of your land of birth divine.
Other suns and other breezes
For you now; never again
Shall you live your past existence,
Specters vain!

"There may yet be hearts and cities
Decked by you anew with flowers;
To your lore
Men may bow, bound to the idols
Of past Hellas and its shades.
Hellas, though, is one and vanished—
Mourn her, mourn her evermore!

"And whoever would endeavor,
Individual or Nation,
Servile, in your prints to tread,
With you he shall pass away.
He alone who, in your presence,
Shall not lose the soul within him
And shall only pluck your blossoms,
Sparingly, to crown his head—
He alone beneath the heavens
Like a bridegroom shall be seen,
Striding on decked with your beauty,
Ever onward, proud, serene!

"Progress, learn, is not for bondsmen,
Even should they serve for master
The Lord of every art and beauty.
Progress, learn, is for the free:
For such as we!

Σὰν κ' ἐμᾶς τοὺς γύφτους θὰ διαβῆτε,
σπέρνοντας τὸ σπόρο τῶν ἐλεύτερων,
καὶ τὴν καταφρόνια τῆς σκλαβιᾶς,
ὅποιας, μ' ὅποιον ὄνομα σκλαβιᾶς·
κ' ἔτσι κι ἀπὸ σᾶς θὰ νἄρθῃ ὁ κόσμος
πιὸ κοντὰ σ' ἐμᾶς.

Κι ὅσο θέτε ἂς εἴστε ἀρματωμένοι
ἀπὸ μέτρο κι ἀπὸ ὑγεία κι ἀπὸ τάξη,
γειὰ χαρά σας, ἄσπρα ἀδέρφια φωτεινὰ
τῶν ὁλόμαυρων ἐμᾶς·
σὰν κ' ἐμᾶς εἶν' ἡ φυλή σας· δὲ θ' ἀράξῃ
πουθενά!

Ὅσο θέλει ἂς εἶναι μουσικώτερο,
ἄσπροι μου ἀδερφοί, τὸ πέρασμά σας
ἀπ' τὸ πέρασμα τῆς γυφτουριᾶς·
στόμ' ἀνόητα κι ἂς ἀνοίγῃ νὰ θαμάζῃ
πάντα ὁ κόσμος, πάντα ἐσᾶς·
κλέφτη χέρια κι ἂς τεντώνῃ γιὰ ν' ἀρπάζῃ
κάθε ἁγνὸ καὶ κάθε ψεύτικο διαμάντι
ποὺ θὰ λάμπῃ ἀπάνου σας.
Θ' ἀπομένετε παράμερα ἀπ' τὰ ἔθνη,
ὅσο κι ἂν πλευρώνετε τὰ ἔθνη,
κι ἀπὸ σᾶς τὰ ἔθνη χωριστά.
Μὰ ἢ μ' ἐμᾶς τοὺς τρισκατάρατους,
ἢ μ' ἐσᾶς, ὦ τρισευλογημένοι,
βάρβαρος ὁ κόσμος θὰ διαβαίνῃ
καὶ ραγιάς.

Οἱ Ἀθάνατοι κ' οἱ Ὡραῖοι θὰ βοηθῆστε
τῶν ἐθνῶν τὴ στράτα,
μὰ οἱ Ἀθάνατοι κ' οἱ Ὡραῖοι δὲ θὰ δῶστε
πόδια στὰ ἔθνη καὶ φτερὰ καὶ νιάτα·
πόδια καὶ φτερὰ εἶναι τῶν ἐθνῶν,
τὰ φτερά, τὰ πόδια καὶ τὰ νιάτα.

"You shall pass like us, the Gypsies,
Scattering the seed of freedom
And the scorn of slavery
In each guise it may appear.
Thus, through you, the world shall ever
Draw to us more near.

"Yet, though you may have for weapons
Measure, Sanity and Law,
It will serve you not, white brothers
Of our bronzèd race.
For, like us, your tribe will never
Find a resting-place!

"Though your tread, O my white brothers,
May re-echo sweeter music
Than the Gypsies passing by;
Though the world may ever open
Foolish mouths to praise you loudly;
Though it may hold out on high
Clutching hands to snatch each diamond,
Real or false, that decks your garments,
You will ever dwell apart
From the Nations and, however
Close you draw to any Nation,
You will never win its heart.
But with us, the shunned and hated,
Or with you, with honors sated,
The world will march barbarian
And enslaved.

"You, the Beautiful and the Undying,
Shall be the Nations' guide—
But you shall not give the Nations
Feet and wings and youth's brave tide;
For the feet and wings of Nations
Are their feet and wings, their own.

Οἱ Ἀθάνατοι κ᾽ οἱ Ὡραῖοι θὰ βοηθῆστε
τῶν ἐθνῶν τὴ στράτα,
σὰν τ᾽ ἀστέρι πὄχει χρόνια,
χρόνια καὶ καιροὺς σβηστῆ,
μὰ ὀρφανὸ τὸ φῶς του ἀκόμα περπατάει,
μέσ᾽ στ᾽ ἀπέραντα κι ἀχνοφωτάει
τὸν ἀκούραστο νυχτοταξιδευτή...

Δὲ φοβᾶμ᾽ ἐγὼ ἀπὸ Τοῦρκο,
καὶ τ᾽ ἀρπάγια δὲ μὲ πιάνουν
τῆς σκλαβιᾶς,
οὔτ᾽ ἡ Ἑλλάδα σας θαμπώνει με,
τὸ λιβάνι δὲ μὲ μέθυσε
καμιᾶς δόξας περασμένης
καὶ λατρείας καμιᾶς.

Κάνα πάπυρο κι ἂν εὕρω,
τόνε καίω γιὰ νὰ πιτύχω
ζέστα ἢ φῶς·
τὴ φωτιά μου ἀνάφτω ἀξέταστα
μέσα σὲ ὅποιο ρεπεθέμελο,
ἢ παλάτι ἢ μοναστήρι,
ἢ σκολιὸ ἢ ναός.

Κι ἀπ᾽ τὴ φλόγα κι ἀπ᾽ τὴν πύρη
γύρω μου πουλιὰ καὶ δέντρα
κ᾽ ἑρπετὰ
λάμπουν, τρίζουν, σειοῦνται, ἀλλάζουνε,
κι ὅλη ἡ φύση πνέμα γίνεται
καὶ μοῦ κρυφοψιθυρίζει
λόγια μαντικά.

Εἴτε μουσικὴ εἴτε λάμψη,
εἴστ᾽ ἑνὸς χαμένου διάβα,
μιὰ πνοή·
ὢ φαντάσματα πεντάμορφα,
εἴμ᾽ ὁ ἀκέριος, εἴμ᾽ ἡ ἀλήθεια,

You, the Beautiful and the Undying,
Shall illume the Nations' way
Like a star whose flame was darkened
Ere the centuries held sway,
Yet whose orphaned beam forever
Through the heavens weaves its flight,
Guiding with its feeble glimmer
The tireless wanderer of the night . . .

"I fear not the Turk's dominion
And from slavery's sharp claws
I am freed.
Hellas leaves me all undazzled,
And I never have been drunk
On the incense of past glory
Or past creed.

"When I chance to find a parchment,
I set fire to it to gain
Warmth or light.
Unconcerned, my hearth I kindle
Amid any ruined pile,
Monastery or stately palace,
School or temple site.

"In the flames' illumination,
Round me trees and creeping things
And swift birds,
Glimmer, rustle, change and flutter,
And all Nature finds a soul,
Whispering to me in secret
Deep prophetic words.

"Whether light you be or music,
You are but of a lost past
The last toll.

εἴμ᾽ ἐγὼ τὰ δυὸ τ᾽ ἀχώριστα·
σάρκα καὶ ψυχή!»

\*

Μὰ ἡ πομπὴ μὲ τ᾽ ἅγια λείψανα,
δίχως πιὰ ν᾽ ἀποκριθῇ,
πάει, τὴν πῆραν τὰ καράβια
κ᾽ ἔγινε ἄφαντη ἡ πομπή.

Κι ἀπ᾽ τὶς ἴδιες πόρτες διάπλατες
πρὶν τὸ στοχαστῇς,
ὁ Σουλτάνος καβαλλάρης
μπῆκε, ὁ χαλαστής!

O you awe-inspiring phantoms,
Know in me the Whole and True,
For I am that pair united:
Flesh and Soul!"

*

But the escort and the relics,
Without sign or reply,
Pass on; the ships receive them;
They have vanished from the eye.

And through those same wide portals,
With martial clash and din,
The Sultan, the Destroyer,
On his charger clattered in!

## ΛΟΓΟΣ ΣΤ'

## ΓΥΡΩ ΣΕ ΜΙΑ ΦΩΤΙΑ

... Διὰ ταῦτα τοίνυν, καὶ ὅτι οὐ πατρόθεν
τοιοῦτος ἦν, ἀλλ' ἀποστάτης, καὶ ὅτι πάνδεινος
ἀγροικία τὸ ἡμέτερον νῦν ἔχει γένος, οὐκ ἀφανι-
σμοῦ μόνον χάριν, ἀλλὰ ποινῆς εἵνεκα μάλιστα,
δοθῆναι πυρὶ πεποιήκαμεν τὸ βιβλίον.

Γεννάδιος Πατριάρχης
(Περὶ τοῦ βιβλίου τοῦ Γεμιστοῦ).

Πολλοὺς μὲν φῦσεν ἀνέρας θεοειδέας Ἑλλάς
προύχοντας σοφίῃ, τῇ τε ἄλλῃ ἀρετῇ.
Ἀλλὰ Γεμιστός, ὅσον Φαέθων ἄστρων παραλλλάσσει
τόσων τῶν ἄλλων ἀμφότερον κρατέει.

Βησσαρίων (Ἐπίγραμμα εἰς Γεμιστόν).

Στὰ κορφοβούνια εἶν' ἡ πηγὴ κάθε φυλῆς καθάριας
Leconte de Lisle (Poèmes Antiques).

Κι ἀσπρογάλλιαζε κ' ἡ αὐγή,
καὶ γυρνοῦσα στρατοκόπος,
καὶ εἶδα σύναξη πυκνή·
κ' ἔξω ἀπὸ τὴ χώρα εἶταν ὁ τόπος
κάψαλο, καὶ σὰν ἀπαρνητὴς
κάθε πράσινου τριγύρω του· πλατὺς
ὄχτος κόκκινος, κι ἀπάνω του
ξάναβε φωτιά, καὶ γύρω της
ρασοφόροι, καλογέροι, χριστιανοὶ
τήνε θρέφαν, καὶ τὸ ρύθμιζε τὸ βῆμα τους
μιὰ τρομάρα, μιὰ ἡδονή.
Κ' ἔκαιγε ἡ φωτιὰ τὰ μαυροχάραχτα
φύλλα καὶ χαρτιά,
κ' εἶταν σὰν κορμιὰ καὶ σὰ χεράκια,
καὶ σὰν πρόσωπα, καὶ μέσ' ἀπ' τοὺς καπνοὺς
μὲ τὶς φλόγες, μὲ τὶς σπίθες
κάποια πνέματα πετοῦσαν πρὸς τὰ ὕψη,

# ROUND A PYRE

... For these reasons, and because he has not acquired this doctrine from his forbears, but is an apostate, and because our nation is now in a state of dreadful barbarism; both with the intent of destroying and of punishing, we have caused the book to be given to the flames.

Patriarch GENNADIUS (*On the book of Plethon*)

Hellas has given birth to Godlike men
In wisdom and in every art supreme;
But all of them by Plethon are eclipsed
As morning stars are dimmed by Phaethon's gleam.

BESSARION, *Epigram on Plethon Gemistus*

From the mountain peaks, cradles of pure races . . .

LECONTE DE LISLE, *Poèmes antiques*

The dawn was glimmering white above the land
And, as I strolled around,
I saw a huddled band;
Outside the town, a burnt-out stretch of ground
Seemed to deny all green,
And there, upon a red bank, could be seen
A blazing fire amid the darkness.
Around this pyre a horde of Christian priests
And monks fed high the flames; against that light
Their circling steps seemed rhythmic
Both of gloating and of fright.
Upon the pyre black-lettered
Books and papers flared;
And the pages charred like faces,
Like bodies, like imploring hands;
While, from the smoke and sparks,
Pale spirits seemed to fly towards the heavens,

καὶ ζευγαρωτὸ τὸ πέταμά τους
μὲ τοὺς ὀρθρινοὺς κορυδαλλούς.

Καὶ παράμερα μιὰν ἄλλη συντροφιὰ
στέκονταν, χι ἀπὸ τὸ στάσιμό της
δείχνεται ἀκατάδεχτη μιὰ σκέψη
καὶ μιὰ θλίψη εὐγενικιά.
Καὶ τοὺς γνώρισα· εἴταν οἱ πολύθεοι
κ᾽ οἱ χριστιανομάχοι κ᾽ οἱ ἐθνικοί,
κ᾽ οἱ φιλόσοφοι, τοῦ ὀνείρου οἱ κυνηγοί,
στὴ λατρεία τῶν ἀγύριστων Ἑλλήνων
οἱ γονατιστοί.
Τῆ φωτιὰ τὴν ἀντικρύζανε
σὰν ἱερὸ βωμό,
σὰ νὰ παραφύλαγαν τὰ λείψανά της
νὰ τὰ συμμαζώξουνε γιὰ τὸ ναό.

«Τῆς φωτιᾶς βιγλάτορες,
ἡ φωτιὰ τί καίει ἐδῶ;»

Καὶ μὲ κοίταξαν καὶ μοῦ εἴπαν: «Τρέμε,
γύφτε, κ᾽ οἱ ἄπιστοι ὅλοι! Καῖμε
τὸ βιβλίο τ᾽ ἀφωρισμένο,
τὸ κακοῦργο, τὸ γραμμένο
ἀπ᾽ τὸ Γεμιστό,
τὸ βιβλίο ποὺ δὲ θέλει τὴν Παρθένο
καὶ δὲν ξέρει τὸ Χριστό,
καὶ σὲ δόξας ἀνεβάζει θρόνους
καὶ λατρεύει γιὰ θεοὺς
τὰ στοιχιὰ καὶ τοὺς δαιμόνους
καὶ τῶν ψεύτικων εἰδώλων τοὺς λαούς!»

Στὴ γλυκειὰ καὶ μ᾽ ὅλα τὰ τριαντάφυλλα
κεντισμένη αὐγή,
καὶ πρὶν ὁ ἥλιος νὰ χυθῇ
τρίδιπλοι χυθήκανε ψαλμοί·

And their flight was twin to that
Of soaring larks.

Far from the fire, upon the other side
Another group was standing, and its mien
Reflected a disdainful pensiveness,
A noble grief and pride.
I knew them all; they were the polytheists,
The anti-Christians and a pagan crowd,
Philosophers whose dreams were in the cloud,
Before the relics of a vanished Hellas
Still reverently bowed.
Their eyes were fixed upon that blaze
As though upon an altar's light,
As though they waited there to glean the ashes
And bear them to some holy site.

"O you watchers of the fire,
What are you burning here this night?"

They looked at me and shouted: "Gypsy, tremble,
You and all infidels! We assemble
To burn that lying, hated,
To consume that execrated
Book of Plethon Gemistus.
That volume which denies the Virgin
And knows not Christ;
That tome which raises to high thrones of glory
And worships as divine
The ghosts, the demons and the idols
Of every pagan shrine!"

Then in the dawning's sweet
Rose-embroidered calm,
Before the rising of the sun,
Was heard a threefold psalm.

καὶ εἶταν ὁ ψαλμὸς τῶν Χριστιανῶν,
καὶ εἶταν τῶν Πολύθεων ὁ ψαλμός,
κι ὁ ψαλμὸς τοῦ Γύφτου ἐμένα,
τρίτος καὶ στερνός.

ΟΙ ΧΡΙΣΤΙΑΝΟΙ

Ἔρμη, σκλάβα, πικρὴ Ρωμιοσύνη,
τὴ βλαστήμια τ᾿ ἀντίθεου τὴν εἶδα
κατὰ σὲ πειρασμὸς νὰ τὴ χύνῃ
σὰν τὴ λέπρα καὶ σὰν τὴν ἀκρίδα!
Ποιὸς βαστιέται μ᾿ ἀδάκρυτα μάτια
νὰ σὲ ἰδῇ; τί ἁμαρτίες πληρώνεις;
Στὰ χρυσὰ ρηγικά σου παλάτια
γνέθει ἡ ἀράχνη καὶ μοίρεται ὁ γκιώνης.
Καὶ στὰ χέρια τ᾿ Ἀντίχριστου κοίτα
τοῦ χαμοῦ τὴ σαΐτα!
Ἔρμη, σκλάβα, πικρὴ Ρωμιοσύνη,
σὲ τρυπάει στὴν καρδιὰ καὶ σὲ σβήνει.
Καρδιά, γνώμη, νοῦς, τοῦτα καὶ τ᾿ ἄλλα,
τὸ χρυσὸ μυρογυάλι ραγίστη,
κι ὅλα πᾶνε· σοῦ μένει μιὰ στάλα,
τοῦ Χριστοῦ καὶ τῆς μάννας σου ἡ πίστη!
Μὴν ἀφήσῃς τὸν ἄθεο νὰ πάρῃ
τὸ στερνὸ θησαυρό σου!
Μὲ τοῦ Ὑψίστου τὴ χάρη
στὰ παρμένα σου πόδια στυλώσου,
ψάξε μέσ᾿ στὴν καρδιά σου τὴν ἄδεια
γιὰ μιὰ σπίθα, τὸ βόγγο σου πάψε,
ὅσα γύρω σου βρῇς ξεροκλάδια
ἄναψέ τα, φωτιὰ βάλε, κάψε!
Κάψε τὸ ἔργο τοῦ ἄθεου ποὺ τὄχει
Σατανᾶς φυσηγμένο
προτοῦ πέσῃ στὸ πλάνο του βρόχι
κι ὅ,τι μένει σου ἁγνὸ καὶ παρθένο.
Ἔρμη, σκλάβα, πικρὴ Ρωμιοσύνη,
κατὰ σένα ἡ βλαστήμια τινάχτη,

One was the psalm by Christians sung,
One was the Pagans' tone,
The third one was the Gypsy's psalm —
The last, my own.

THE CHRISTIANS
O Hellenism, forlorn, embittered, slave,
I saw the blasphemer's impious storm
Unloosed for your destruction like a wave,
Like a defilement, like a locust swarm!
Who can behold you now with tearless eyes?
For such a chastening what were your sins?
Your royal halls are opened to the skies,
The screech-owl nests there, there the spider spins;
And in the Antichrist's raised hand, oh see
The arrow of calamity!
O Hellenism, forlorn, embittered, slave,
Your breast is pierced, before you waits the grave!
Heart, will and mind, all three and every other
Are dead, the golden fragrance-jar is cleft;
The myrrh is spilt; you have but one drop left:
Your steadfast faith in Christ and in your mother.
Let not the atheist rob you of your one
Last treasured pearl! Entreat
God on His highest throne
And, with His grace, regain your crippled feet,
And search within your empty heart down deep
To find a lingering spark; from sorrow turn;
All the dead branches round you gather, heap,
Take fire to them and burn them! Burn them, burn!
The atheist's vile treatise cast it there;
Into the blaze that book of Satan's lure!
Or it will trap in its deceiving snare
All that remains of you unscathed and pure.
O Hellenism, forlorn, embittered, slave,
The winging blasphemy had you for aim;

τὴν κατάρα σου νἄχῃ, ὢ πατρίδα!
Πρὶν πληγή, πρὶν ἀρρώστια νὰ γίνῃ
σὰν τὴ λέπρα καὶ σὰν τὴν ἀκρίδα,
φωτιά! κάψε την, κάμε τη στάχτη.

ΟΙ ΠΟΛΥΘΕΟΙ

Μακαρισμένος ἐσὺ ποὺ μελέτησες
νὰ τὸν ὀρθώσῃς ἀπάνω στοὺς ὤμους σου
τὸ συντριμμένο ναὸ τῶν Ἑλλήνων!
Τοῦ Νόμου τ᾿ ἄγαλμα σταίνεις κορώνα του,
στὶς μαρμαρένιες κολῶνες του σκάλισες
τοὺς λογισμοὺς τῶν Πλωτίνων.

Εἶδες τὸν κόσμο κι ἀτέλειωτο κι ἄναρχο
ψυχῶν καὶ θεῶν, μαζὶ κύριων καὶ ὑπάκουων,
σφιχτοδετὰ κρατημένη ἁρμονία·
καὶ τῶν καπνῶν καὶ τῶν ἴσκιων τὰ εἴδωλα
παραμερίζοντας ὅλα, ἴσα τράβηξες
πρός τὴν Αἰτία·
καὶ σὲ κρυψώνα ἱερό, καὶ σωπαίνοντας
ἔσπειρες, ἔξω ἀπ᾿ τὸ μάτι τοῦ βέβηλου,
κ᾿ ἔπλασες λιόκαλη ἐσὺ σπαρτιάτισσα
τὴ θυγατέρα σου τὴν Πολιτεία.

Στοὺς χριστιανοὺς τοὺς μισόζωους ἀνάμεσα
ξαναζωντάνεψες Ὄλυμπους ἄγνωρους,
ἔθνη καινούριων ἀθάνατων κι ἄστρων·
μέσα σὲ σένα Λυκοῦργοι καὶ Πλάτωνες
ἀπαντηθῆκαν· τὸ λόγο ξανάνιωσες
τῶν Ζωροάστρων.

Κι ἀφοῦ τὸ τέχνο μεγάλωσες, ἔνιωσες
τότε μονάχα τὴν κούραση, κ᾿ ἔγυρες
ζωὴ κατόχρονη ἰσόθεης σκέψης,
κι ἀλαφροπῆρε σε ὁ θάνατος κ᾿ ἔφυγες
τὸ μυστικό, τρισμακάριε, τὸν ἴακχο

O hapless country, may it have your curse:
Before it looms a pestilence, a grave,
A leprosy, a hungry locust swarm.
Bring torches! Purify with flame!

## THE POLYTHEISTS

May you be ever blessed, you who attempted
To raise anew the fallen shrine of Hellas
Upon your shoulders' mighty span!
Who set upon its pediment a statue
Of Law, and carved upon its marble columns
The concepts of Plotinus and his clan.

In this imperfect world, you saw an endless train
Of souls and deities, at once enthroned and liege,
Bound by harmonious laws;
And, disregarding all the dim and cloudy forms
Of idols and of phantoms, you reached out
Towards the Cause;
And, in a sacred arbor and in silence,
Far from the crowd's attention, you compiled
And brought to life, fair as the sun, your City,
Your Spartan child.

Among the Christians, enemies of life,
You raised again many a lost Olympus,
Worlds of new galaxies and ages;
In you the shades of Plato and Lycurgus
Have met; and you revitalized the words
Of Zoroastrian sages.

When you had reared your child, then you at last
Knew weariness; your centenarian life
Of godlike judgment you laid down in rest.
Death took you lightly; with him you departed,
Thrice-blessed, to dance the mystical Iacchus

μὲ τοὺς Ὀλύμπιους θεοὺς νὰ χορέψῃς.

Σοφός, κριτὴς καὶ προφήτης μᾶς μοίρασες
ἀπὸ τὸ γάλα ποὺ ἐσένα σὲ πότισε
τῆς οὐρανίας Ἀφροδίτης ἡ ρώγα.
Τοῦ κόσμου ἀφήνεις τὸ τέκνο, τὸ θάμα σου·
μὰ ὁ μισερὸς χι ὁ στραβὸς χι ὁ ζηλόφτονος
λυσσομανάει καὶ τὸ ρίχνει στὴ φλόγα.

Ὅμως ὁ ἀέρας τριγύρω στὴ φλόγα σου
πνοὴ σοφίας χι ἀλήθειας πνοὴ γίνεται,
χι ἀπὸ τὴ θράκα τῆς φλόγας πετάχτη
στὸν ἥλιο ὁλόϊσα ἕνας νοῦς μεγαλόφτερος·
τ᾽ ἀποκαΐδια σου κρύβουμε γκόλφια μας,
καὶ θησαυρὸς τῆς φωτιᾶς σου εἶν᾽ ἡ στάχτη!

Ο ΓΥΦΤΟΣ

Ἕλληνες χριστιανομάχοι
καὶ πολύθεοι, στερνολείψανα
διαλεχτὰ καὶ μετρημένα,
καὶ τοῦ Ναζωραίⁿⁱ ἐσεῖς πιστοί,
πλήθια ἀπὸ τὸ ράσο    ᾑμένα,
κράχτε, φωτοκαῦτε χι αφωρίστε,
ὅλοι εἰδωλολάτρες εἶστε!
Καὶ κανείς σας καὶ κανείς,
καὶ σοφίας χι ἂν εἶναι θάμα καὶ τιμῆς,
ἀπ᾽ τὸν ἥλιο τῆς ζωῆς δὲν τήνε παίρνει
τὴν ἀχτίδα ποὺ τὸ φῶς τοῦ φέρνει.

Στοῦ Ὠκιανοῦ μέσ᾽ στὰ κατάβαθα
ζοῦνε κάποια κήτη
ἔξω ἀπὸ τὸ φέγγος τ᾽ οὐρανοῦ·
βλέπουνε, μὰ δὲν τοὺς φέγγει ὁ ἥλιος,
ἀπ᾽ τὰ ἴδια τὰ κορμιά τους βγαίνει ὁ ἥλιος τους,
φώσφορο εἶν᾽ ὁ ἥλιος τους ἀχνό,
καὶ μιὰν δρασην ὀνείρου τοὺς μοιράζει

With the divine Olympians as their guest.

Sage, judge and prophet, you have shared with us
The holy milk which was poured out for you
From Aphrodite's breast.
You leave now to the world your child, your miracle;
But all the maimed, the blind, the envious,
Consign it to the flames with maddened zest.

Yet even the light breeze that fans your flames
Becomes a breath of wisdom and of truth,
And from the embers of your pyre there soared
Up, up into the sun a wide-winged spirit.
We hide your cinders in our bosom like relics,
Your ashes have become our treasure-hoard!

THE GYPSY
Anti-Christian Hellenes
And polytheists, remnants,
Few and selected, of the past;
And you, the faithful of the Nazarene,
Crowds led by priestly caste,
Shout, burn and brawl—
You are, alike, idolators, all, all!
There is not one of you, not even one,
Be he or be he not a paragon,
Who takes from the bright sun of life the beam
That brings a living gleam.

In the ocean's darkest deep
Live certain whales,
Where the daylight cannot seep.
They see, but it is not the sun that shines;
From their own bodies shines their only sun:
A hazy phosphorescent light that gleams,
Allowing a dim vision as of dreams

στοῦ 'Ωκιανοῦ μέσ' στὰ κατάβαθα·
κ' εἶστε σὰν αὐτὰ τὰ κήτη.

Οὔτε τὰ 'Ολύμπια νογτὰ
ξεφαντώματα, οὔτε τῶν θεῶν
τῶν ὡραίων τὰ ὀνόματα
τὰ πατροπαράδομένα,
οὔτε καὶ οἱ σταυροὶ τοῦ Γολγοθᾶ,
οὔτε καὶ ἡ Παρθένα ἡ 'Αθηνᾶ,
οὔτε ἡ Παναγιὰ ἡ Παρθένα,
οὔτε τῶν ἁγίων τὰ κονίσματα
ποὺ τὰ προσκυνᾶτε
γιὰ θαματουργά,
οὔτε μὲ τὰ πάγκαλα κορμιὰ
θεῶν ἀγάλματα καὶ ἡρώων·
τίποτε· καὶ κεῖν' ἀνώφελα,
κι αὐτά!

Κι ἀπὸ σᾶς κανεὶς δὲν τὴν ὁρίζει.
κι ἀπὸ σᾶς κανεὶς δὲν τὴν κρατεῖ
τὴν ἀκέρια Δικιοσύνη
καὶ τὴν ἀκομμάτιαστη 'Αρετή.
Γιατὶ σέρνουν ὄργητες καὶ μίση
πάντα, ἐσᾶς δεξά, κ' ἐσᾶς ζερβά.
καὶ μαζὶ ἕνας τόπος ἐδῶ κάτου
δὲ σᾶς παίρνει, κι ἂν σᾶς δίναvε τ' ἀπέραντα,
θὰ τὰ γύρευε ὁ καθένας σας δικά του.

"Αναβε φωτιές, καλόγερε.
κάψε, κάψε, στὰ χαμένα καῖς·
ἀπ' τὴ στάχτη τῆς φωτιᾶς σου
τῆς 'Ιδέας ὁ χρυσαϊτὸς
τὶς φτερούγες του τεντώνει πιὸ πλατιὲς
πρὸς τὰ ὕψη, πρὸς τὸ φῶς.

Κ' ἐσὺ πλάθε καὶ ξανάπλαθε, φιλόσοφε,

Where the true sunlight fails—
And you are like those whales.


All the bright Olympian visions,
All the legendary names
Of beautiful divinities;
The crosses of grim Golgotha,
The Attic Virgin Athena,
The Christian Holy Virgin;
The ikons of the martyred saints
To which you pray for miracles,
The sculptured perfect bodies
Of heroes and of gods—
All, all are nothing; all of nothing spun;
Illusions every one!


Of all your number, no one can command,
Not one of you retain
Justice undisputed
And Virtue without stain.
For hates and angers drive you, mind-bereft,
Or to the right, or to the left;
No land is wide enough, no zone;
If you were given space itself, each one of you
Would wish to claim it for himself alone.


Stoke your foolish flames, O monk,
Burn, burn! You toil in vain!
From the ashes of your fire,
Eagle, the Idea shall rise
To soar with golden wings again
Towards the light, towards the skies.


You, too, philosopher, shape and reshape

τὴν πολύθεη τῇ λατρεία,
πάρε ἀπ᾿ τοὺς ἀρχαίους τὰ ὀνόματα,
πάρε ἀπ᾿ τοὺς Χαλδαίους τὰ μυστήρια·
ὅλα σου τὰ πλάσματα, τοῦ κάκου!
Καὶ τὸ χτίσμα σου δὲν εἶναι παρὰ μνῆμα,
κι ἂς εἶναι ἄσπρο καὶ μεγάλο καὶ σεμνό.
Κι ὅ,τι ἀπάνω του ἀργοσειέται
σάμπως νὰ εἶναι ζωντανό,
ὁ ἴσκιος εἶναι δέντρου ἢ βρυκολάκου.

Μήτε ἡ Σπάρτη, μήτ᾿ ἡ Ἀθήνα, μήτε ἡ Πόλη!
Τὴν Ἀθήνα τὴν ἀφιόνισε μιὰ Ἑβραία
μέσ᾿ ἀπ᾿ τὸ Γεθσημανί.
— Ποῦ εἶν᾿ ἡ Σπάρτη; Δὲν τὴν ξέρω. Ξέρω
τὸ Μυστρᾶ. Κ᾿ ἡ Πόλη ἡ κοσμοξάκουστη
τώρα τούρκισσα κι αὐτή.

Ὅμως μέσ᾿ ἀπὸ τοὺς θάνατους αὐτοὺς
κι ἀπὸ τὶς σκλαβιὲς ἐτοῦτες ὅλες,
ἥσυχα, ἁπαλὰ κι ἀγάλια ἀγάλια,
ζωὲς ἄλλες κι ἄλλοι γλυτωμοὶ
σπέρνονται καὶ γίνονται κι ἁπλώνονται
ἀπὸ τὶς κορφὲς ὣς τ᾿ ἀκρογιάλια.

Κάποιο ἀγνάρι κι ἂν ξανοίξῃς, ὦ καλόγερε,
ποὺ θυμίζει σου τὸ διάβα κάποιου Ὀλύμπιου,
κάποιον ἦχο, σὰν ἀπὸ Σειρῆνα,
κι ἂν ἀκούσῃς, φοβερίζεις μὲ τὴν κόλαση·
καὶ στ᾿ ἀρχαῖα χαλάσματα κι ἀνίσως
κρίνα ἀνθίσουν, ξερριζώνεις τα καὶ κεῖνα.

Μὰ ὅσα διώχνεις κι ἀφορίζεις,
πεταλοῦδες καὶ πουλάκια καὶ ἄνεμοι
σὲ φτερὰ καὶ ταξιδεῦτρες ἀγκαλιὲς
ἁπαλὰ τὰ παίρνουν καὶ τὰ πᾶνε

The old polytheistic cult;
Go to the ancients for forgotten names,
To the Chaldeans for dead mysteries,
All your creations are irrelevant!
Your edifice is but a sepulcher,
However white and stately it may be;
And that which sways as though alive
Is but the shadow of a tree
Or of a revenant.

No Athens and no Sparta and no City!
For Athens has been cozened by a Jewess
From Gethsemane;
And Sparta is a name. I know her not—
I know Mistra. And the world-famous City
Is Turkish, even she.

Yet from these countless deaths
And from all these servitudes,
Spring new lives and liberties;
With a soft and slow persistence,
Seeding, sprouting, branching, spreading,
From the mountains to the ocean-sea.

If you should chance to spy, O monk, a vestige
Which reminds you of the print of some Olympian,
Or catch the echo of some distant sound
Like Siren music, you roar hell's damnation.
If lilies you should find on ancient ruins,
You trample them or tear them from the ground.

But all the things which you denounce and sentence
Are caught and carried up by butterflies,
By birds and winds upon their wings of speed;
And, wafted tenderly to distant lands,

καὶ στὰ ξένα τὰ κομίζουν, καὶ θὰ γίνουν
πάλε φύτρα κι ἄνθια καὶ φωλιές.

Κ᾿ ἕνα φῶς ἀπ᾿ τὴν Ἀνατολὴ
τρύπησε τῆς Δύσης τὴν κατάχνια·
παντοῦ ἡ σάρκα, παντοῦ ἡ τρέλα κ᾿ ἡ ἡδονή!
Ἑλικῶνες καὶ Ὑμηττοὶ τὸ φῶς τὸ στέλνουν
κ᾿ εἶναι σὰν Ἀπόλλωνες οἱ Σταυρωμένοι,
τῶν Ὀρφέων κρατᾶν τὶς λύρες οἱ Χριστοί.

Μὰ κ᾿ ἐσὺ Χριστιανομάχε ἀντάρτη,
τί ἀγωνίζεσαι μὲ πεῖσμα νὰ γυρίσῃς
τὴν ἀγύριστη πασίχαρη λατρεία,
καὶ καταφρονᾶς τὰ πάντα γύρω σου
καὶ μὲ ἀρχαίους ρυθμοὺς ὑμνολογᾶς
τοὺς θεούς σου καὶ μὲ ἀπόκρυφα βιβλία;

Ἀγωνίζεσαι τοῦ κάκου. Ἄλλοι καιροὶ
κι ἄλλη γνώμη σ᾿ ἄλλη γλῶσσα μ᾿ ἄλλα ὀνόματα,
καὶ τοῦ κάκου σὰ ληστὴς καὶ σὰ φονιὰς
δὲ σταυρώθη ὁ Ναζωραῖος· ἀπὸ πάνω σου,
κόσμε, πέρασε ὁ θλιμμένος βαρὺς ἴσκιος του,
καὶ σὲ κάρφωσε ἡ ματιὰ τῆς Παναγιᾶς.

Θὰρθῃ μέρα, καὶ θὰ δώσετε τὰ χέρια σας,
Ἐθνικοὶ καὶ Γαλιλαῖοι, ἀνοιχτομάτες,
ποτισμένοι τὸ βοτάνι τῆς ζωῆς·
τὰ φαντάσματα θὰ δῆτε σὰ φαντάσματα
καὶ θ᾿ ἁπλώσετε τὰ χέρια, ἀπ᾿ ὅσα ζοῦν
νὰ κρατήσετε κ᾿ ἐσεῖς!

Τ᾿ ὄνειρό σου τ᾿ ἄσαρκο τὸ προσκυνῶ
καὶ βωμὸ τοῦ ὑψώνω ἐγώ, φιλόσοφε,
σοῦ τὸ φύσηξ᾿ ἕνας νοῦς ὡραῖος·
σὲ πονῶ ὡς κι ἐσένα ἐγώ, καλόγερε,
πρόσταξέ σε θεὸς ἀγέλαστος, δὲ φταῖς,

They will be seen again as nests and nestlings,
And flowers risen from a newer seed.

From out the East a ray of luminescence
Has pierced the fog-banks of the Western shore,
On every side joy, madness and desire!
And, in the light of Helicon and Hymettus,
The Crucified resembles bright Apollo
And Christ from Orpheus receives the lyre.

You also, foe of Christianity,
Why labor to revive a bygone cult
And to the past forever turn your looks?
Why scorn all things around you?
Why praise your gods in rhythms
From secret ancient books?

Your war is futile. For the times have changed;
Another creed knows other tongues and terms.
It is not vainly that the Nazarene
Died like a thief or murderer on the Cross;
O world, His sad and heavy shadow touched you,
And on you gazed the Virgin Heavenly Queen.

A day will come when you shall both clasp hands,
Pagans and Galileans, with clear-sighted eyes,
Strong with the herb of life's reviving fare;
Then phantoms you will recognize as phantoms,
And you will both stretch out your arms to grasp
Of all that lives your share!

I bow before your immaterial dream
And build to it, philosopher, a shrine;
Of a fine intellect it was the choice.
I pity, but I do not blame you, monk,
For you obeyed a gloomy god's command,

Θεὸς ἀλύπητος· τὸ Χρέος.

Ὅμως τὰ ἱερά σας καὶ τὰ τίμια
κι ὅσα δὲν ἀναγνωρίζετε
κανεὶς τοῦ ἄλλου, σὰ νὰ τἄβρα ταιριασμένα,
πρωτογέννητα κι ὀρθὰ γιὰ τὸ ξετύλιμα,
κυνηγὸς καὶ στρατοκόπος μιὰ φορὰ
στὰ ψηλὰ βουνὰ τὰ χιονοσκεπασμένα.

Θλιβερός, ἀργός, βαριεστισμένος,
σὰν ἀπὸ καραβοτσάκισμα,
τράβηξα νὰ ζήσω μὲ τ᾽ ἀγρίμια,
κ᾽ ἔφερα τὴ μούλα μου κατάνακρα
κ᾽ ἔστησα τὴν τέντα μου κατάψηλα
σὲ ρουμάνια καὶ σὲ στενορρύμια.

Κ᾽ ηὗρα στὰ Θρακιώτικα βουνὰ
κ᾽ ηὗρα στὶς κορφὲς τῆς Ἤπειρος
κ᾽ ἔθρεψα τὴν πεῖνα μου τὴ λάμια
κ᾽ ηὗρα σὰν πρωτάρη ἕνα λαό,
καὶ κυλοῦσε ἀπ᾽ τὶς κλεισοῦρες κι ἀπὸ τοὺς ζυγοὺς
μὲ τὰ φουσκωτὰ ποτάμια.

Δὲν τὰ ξέρει τὰ βιβλία, καὶ εἶν᾽ ἀκράταγος,
καὶ τ᾽ ἀγάλματα δὲν ἔχει τῶν πολύθεων,
στὰ ταμπούρια τἄχει τὰ σκολιά,
κ᾽ ἔχει γνώμη, κ᾽ ἔχει δύναμη, καὶ θέλει·
τὰ λεβέντικα τραγούδια του τὰ ζῆ,
κι ὁ ἴδιος εἶναι σὰν ἀγάλματα θεϊκά.

Καὶ τοὺς τρέμουνε τῶν κάμπων οἱ κιοτῆδες,
καὶ μὲ ὀνόματα τοὺς κράζουν πονηρὰ
κλέφτες καὶ ἀπελάτες καὶ προδότες,
τοὺς μισοῦν οἱ βασιλιάδες, κι ὅλ᾽ οἱ τύραννοι,
κ᾽ εἶναι, μέσα στοὺς σκυφτούς, τὰ παλληκάρια,
κ᾽ εἶναι, μέσ᾽ στοὺς κοιμισμένους, οἱ στρατιῶτες.

A heartless god who spoke with Duty's voice.

Yet your loyalties and your holies
And all that you deny each one to each,
I seem to have discovered, reconciled,
Reborn and budding in a bright upsurge,
One day when I was hunting in the mountains
Which tower far away, snow-clad and wild.

Sad, dejected and discouraged,
Like a lost and shipwrecked sailor,
I went to live among the wild-beast packs;
I drove my mule towards the topmost crests
And I pitched my tent high up
Amid the gorges and the forest tracks.

And I found there amid the Thracian mountains
And amid the lofty ranges of Epirus,
While hunting for my food among those hills,
A nascent and still undeveloped people
Descending from the summits and the passes
Together with the flooded streams and rills.

A self-reliant folk that knows no books,
That has no idols of the polytheists,
And whose high strongholds are its only schools;
It has a mind, a power and a will;
Its men look like the statues of the gods
And live by their own ballads' valiant rules.

The cowards of the lowlands fear them,
They speak of them by denigrating names
And call them brigands, Klephts and traitors.
The despots and the tyrants hate them;
Among bowed heads they dare to stand upright,
Among faint hearts they are the liberators.

Μὲ τὰ μαῦρα τὰ μαντήλια στὰ κεφάλια τους,
πές τους καὶ καλόγερους, ἂν θέλης,
πές τους καὶ φιλόσοφους μὲ τὴ φλοκάτα·
πές τους ἐθνικούς· εἶν᾿ οἱ ἀκριβοὶ τῆς Φύσης·
πές τους χριστιανούς· Χριστὸ λατρεύουν,
κι᾿ ὁ Χριστὸς μ᾿ αὐτοὺς γιομάτος νιάτα.

Ὅ,τι πολεμᾶτε γιὰ ν᾿ ἀδράξετε
μ᾿ ἑνὸς ἄδειου λόγου ὁρμή,
τὸ ζητᾶνε αὐτοὶ μὲ τ᾿ ἄρματα στὰ χέρια,
καὶ δὲ σκύβουνε γυρτοὺς βωμοὺς νὰ ὀρθώσουν,
κ᾿ εἶναι σὰν πατέρες τῶν παιδιῶν
ποὺ θὰ πλάσουνε βασίλεια, τοῦ ἥλιου ταίρια.

Τῆς ὑγείας τὸ γάλα καὶ τὸ αἷμα
τῆς θυσίας ταιριάσανε στὸ εἶναι τους,
καὶ στὰ λογγωμένα τους τὰ στήθια
μιὰ πλατιὰ καρδιὰ βροντολαλεῖ,
μαρτυρώντας, πολεμώντας, τραγουδώντας,
τῆ ζωὴ καὶ τὴν ἀλήθεια.

Πολεμᾶτε. Θὰ περάσετε γοργά,
ζωντανόνεκροι, πολύθεοι, χριστιανοί,
τῶν εἰδώλων ὦ προσκυνητάδες,
ἀπὸ σπάρτα εὐωδιαστὲς κι ἀπ᾿ ἀγριοθύμαρα
θὰ φυσήξουν οἱ βουνήσιες οἱ πνοές,
καὶ θὰ σβήσουν οἱ εὐκολόσβηστες λαμπάδες.

Κ᾿ ἔτσι ἀπαρνητὴς μὲ τὸ περίγελο,
κ᾿ ἔτσι χαλαστὴς μὲ τῆ βλαστήμια,
κ᾿ ἔτσι ἑνὸς θειαφότοπου μιὰ λάβα,
τὸ δροσὸ μιᾶς πίστης νιώθω μέσα μου,
κι ὠνειρεύτηκα νὰ ζήσω στὸ πλευρό τους·
μὰ ὡς κι αὐτοὶ μοῦ κράξαν: «Γύφτε τράβα!»

Ἄς μὲ διώξαν. Τοὺς δοξάζω. Ἐγὼ εἶμαι

With their black scarves around their heads,
You might, on seeing them, take them for monks
Or for philosophers with their rough cloaks.
Call them pagans, they are Nature's chosen;
Call them Christians, for they worship Christ—
A Christ who only youth and joy evokes.

All that you attempt to conquer
With the sound of empty words,
They shall demand with weapons in their hands.
They do not stoop to raise up fallen altars,
They are the fathers of the children
Who shall raise up new realms in sun-bright lands.

The milk of vigor and the blood
Of sacrifice are mated in their being;
And, in each shaggy breast concealed,
A great heart thunders
Life and Truth
In ballad, martyrdom and battlefield.

Strive on! You will soon pass away,
You living dead, pagans and Christians both,
And idols to which, both of you, you pray.
For, fragrant with the breath of broom and thyme,
The snow-cool mountain breezes
Shall snuff out your dim tapers' flickering ray.

And thus it was that I, the bold denier,
The devastator with his mocking scorn,
The lava from a crater mouth aglow,
I felt the dew of a new faith within me
And dreamed that I would also join these men . . .
But they, too, shouted at me: "Gypsy, go!"

Though they rejected me, I praise them still.

γλῶσσα τῆς ὡραίας ἀλήθειας,
δὲ μὲ σέρνει ἐκδίκηση λαοπλάνα·
καὶ γιὰ τοῦτο σήμερα μπροστά σας
ἔτσι μὲ γρικᾶτε νὰ χτυπῶ
μιὰν ἀργὴ καὶ σὰ νεκρώσιμη καμπάνα!

I am the tongue of radiant Truth in which
No self-absorbed vindictiveness can dwell.
And it is for this you hear me
Tolling on this day before you
A slow-rhythmed passing-bell!

## ΛΟΓΟΣ Ζ΄

## ΤΟ ΠΑΝΗΓΥΡΙ ΤΗΣ ΚΑΚΑΒΑΣ

Λεύτεροι στίχοι, λεύτερα μιλείτε.
A. Λασκαράτος (Στιχουργήματα).

'Εμπρός! Θέλω γιὰ πατρίδα τὸν ἀπέραντο
ροδοκοκκινισμένο ὁρίζοντα. Ζηλεύω ἐγὼ κ' ἔχω
γιὰ τζάκι μου μονάκριβο μιὰ ταξιδεύτρα τοῦ
ἥλιου ἀχτίδα.
M. Guyau (Στίχοι ἑνὸς φιλόσοφου).

Κοντὰ στοῦ Ρωμανοῦ τὴν Πύλη
πέφτει τ' ἀπλόχωρο λιβάδι,
τ' ὁλόχλωρο, τ' ὁλανθισμένο,
κι ἀπὸ παντοῦ τὸ ἀπαλοζώνουν
τῆς ἄνοιξης τὰ περιβόλια·
καὶ στ' Ἀπριλιοῦ τοῦ μήνα τὸ ἔβγα
τὸ κάστρο ἀγνάντια τὸ μεγάλο
τὸ τριδιπλοθεμελιωμένο,
κι' αὐτὸ χλωρὸ κι' ὁλάνθιστο εἶναι·
κισσοὶ κι ἀγράμπελες καὶ δάφνες
βραγιὲς τὰ κάνουν ὡς κι αὐτὰ
τὰ πολεμόχαρα μουράγια
τὰ πυργωτά.

Βόσκουν κοπάδια στὸ λιβάδι,
πρόβατ', ἀλόγατα, γελάδια,
καὶ κάποτε κοπάδια ἀνθρώπων
μαυρολογᾶν ἐκεῖ καὶ βουΐζουν,
γιὰ νὰ χυθοῦν ἑτοιμασμένα
στὰ μεθοκόπια ἢ στὰ σεφέρια.

Καὶ τώρα μπῆκε ὁ Μάης ὁ μήνας,

128

# THE FAIR AT KAKAVA

Free verses, speak freely.

A. LASKARATOS, *Verses*

Forward! I want for fatherland the immense
ruby-red horizon; I crave a stray sunbeam for my
only hearth.

GUYAU, *Vers d'un philosophe*

In front of Romanos' wide gateway,
The plain extends afar, low-lying,
All tender green and gay with flowers;
And all around the springtime gardens
Make it a fresh and radiant girdle.
And there, towards the end of April,
The fortress opposite, gigantic
And built on triple-laid foundations,
Is bright with leaf and blossom also.
Concealing ivy, vine and laurel
Turn into flower-beds and bowers
Those warlike battlements uplifting
Their frowning towers.

Flocks graze among the pleasant meadows:
Sheep, horses and slow-moving cattle.
And sometimes herds of men forgather
In multitudes that seethe and jostle,
As hurriedly they swarm together
To surge to festival or battle.

And now May month has made her entry,

μπῆκε μὲ τὴν Πρωτομαγιά του,
τὴ χαροκόπα θυγατέρα,
καὶ νά στ᾽ ἀπλόχωρο λιβάδι,
στ᾽ ὁλόχλωρο, στ᾽ ὁλανθισμένο,
μεθάει καὶ σκούζει καὶ φρενιάζει
τῆς γυφτουριᾶς τὸ πανηγύρι,
τὸ πανηγύρι τῆς Κακάβας.
Κ᾽ ἡ ρεματιὰ ποὺ τὸ χωρίζει
τὸ ἕνα τ᾽ ἀπλόχωρο λιβάδι
σὲ δυὸ ἀδερφάκια λιβαδάκια,
βλέπει ἀπ᾽ τὴ μιά της ἄκρη, βλέπει
κι ἀπὸ τὴν ἄκρη της τὴν ἄλλη,
σὲ μιὰ τριγύρω νερομάννα,
γιορτὴ παράξενη μεγάλη
τὸ χρόνο μιὰ φορά,
στὸ ἔμπα τοῦ Μάη τοῦ μῆνα,
στ᾽ ἄνθια τοῦ Μάη καὶ στὴ χαρά.

Ἔρχονται οἱ γύφτοι, οἱ γύφτοι, οἱ γύφτοι!
Κ᾽ ἔρχονται οἱ γύφτοι ποὺ κρατῆσαν
γιὰ μιὰ στιγμὴ τὸ πλάνεμά τους,
κι ἀποκουμπῆσαν σὲ καλύβια
σκεπῆς ἐκεῖ ἕναν ἴσκιο νἄβρουν,
νὰ ποῦν πὼς εἶναι σπιτωμένοι,
καὶ πὼς χαρήκανε τὴ ζέστα
γλυκοφερμένη ἀπὸ τὸ ντζάκι
κι ἀπὸ τὴν πόρτα τὴν κλεισμένη,
καὶ πὼς χαρῆκαν καὶ τὸ δρόσος
ποὺ ἀνάλαφρα φυσάει καὶ μπαίνει
ἀπ᾽ τ᾽ ἀνοιγμένο παραθύρι·
κ᾽ ἦρθαν οἱ γύφτοι ποὺ ξεπέσαν
κι οἱ ἀρρίζωτοι ψευτορριζῶσαν,
καὶ συγγενέψαν μὲ τοὺς ξένους,
μὲ τοὺς ἀλλόφυλους ταιριάσαν,
κ᾽ οἱ ξένοι δὲν τοὺς ἀγαπῆσαν,
τοὺς ἀρνηθῆκαν καὶ οἱ δικοί τους,

Has come again with merry Mayday,
The First of May, her wanton daughter.
And loudly in the spacious meadow,
All tender green and gay with flowers,
Exults and shouts in joyous frenzy
The festival beloved by Gypsies,
The fair and revels at Kakava.
The shallow ravine that dissevers
That meadow with its far-flung boundaries
Into a pair of smaller meadows,
Sees from its one edge as it gazes
And from its other fronting margin
A festival strange and prodigious
Around a spring of sparkling water.
Once held in every year that passes,
A festival greets Maytime's entry
Amid her joys, her blooms, her grasses.

They come, they come, they come, the Gypsies!
They come the Gypsies who have lingered
And stayed for one short space their roaming
To rest within a hut of wattles
And find the shadow of a shelter.
To say that they have owned one moment
A home, and tasted of that comfort
Which flows from hearth and fastened doorway.
To say that they have felt the freshness
Which, soft as light caress, is wafted
In eddies through an open window.
They, too, have flocked, the fallen Gypsies,
The rootless who are falsely rooted,
The Gypsies who have mixed with strangers
And mated with outlandish races;
Who by these foreigners are hated,
Who are disowned by their relations,
And who are even more detested

καὶ τοὺς μισῆσανε πιὸ ἀπ᾽ ὅλους,
τὸ αἷμα τους, οἱ ἄλλοι οἱ γύφτοι,
κ᾽ ἦρθαν οἱ καταφρονεμένοι
κι αὐτῶν τῶν καταφρονεμένων.
Κ᾽ εἶναι οἱ καλύβες τους πιὸ ἔρμες
κι ἀπ᾽ τὰ ρημάδια τὰ καμένα,
κ᾽ ἐκεῖνοι πιὸ δυστυχισμένοι,
γιατὶ τοὺς διώχνει καὶ τὸ σπίτι,
καὶ δὲν τοὺς θέλει οὔτε κι ὁ δρόμος·
γιατὶ κ᾽ ἡ Λευτεριὰ ἡ θεότη,
πὄχει τὴ δύναμη καὶ κάνει
καὶ τὴν κακία ἀκόμα θεία,
τοὺς ἔλειψε κ᾽ ἡ λευτεριά,
στὸ μολεμένο ἀέρα μέσα,
στὶς πολιτεῖες καὶ στὰ χωριά.
Μπάσταρδοι, ψεῦτες, κλέφτες, πόρνοι·
κ᾽ εἶναι ἡ κακία τους χωρὶς
φωτιὰ κι ἀνάστημα κι ἀέρα,
γιὰ χριστιανοί, γιὰ τοῦρκοι, γιὰ ἄθεοι,
καὶ ζοῦν ἐδῶ καὶ ζοῦν ἐκεῖ,
καὶ παραδέρνουν πάντα, γύφτοι
καθιστικοί.

Καὶ νά καὶ οἱ γύφτοι, στερνολείψανα
μιᾶς ἀρχοντιᾶς πὄχει πεθάνει·
καὶ ξεχωρίζουν ἀπ᾽ τὸν ἄλλο
γυμνὸ κουρελιασμένονε ὄχλο,
κι ἀστράφτουνε στὸν ἥλιο οἱ ὄψες τους,
λεπίδες καλοακονισμένες,
κι ἀπὸ τ᾽ ἀλύγιστα κορμιά τους
κάποιες ματιές, κάποια σαλέματα
ξέρουν ἀκόμα νὰ ὁδηγᾶν,
ξέρουν ἀκόμα καὶ προστάζουν.
Καὶ τὰ δασὰ χυτὰ μαλλιά τους
σκιάδια πλατύγυρα τὰ ἰσκιώνουν,
κι ἀπάνω τους ἀεροσαλεύουν

By their own blood, the other Gypsies;
They, too, have come, the scorned and outcast
Of even all the other outcasts.
Their huts are more dilapidated,
More desolate than burnt-out hovels;
They are of all the most unhappy,
For by the house they are rejected
Yet neither will the road receive them;
Because fair Liberty, the goddess
Who can make vice itself a glory,
Forsook them when they sought to shelter
Within the pestilential circle
Of village strife and city welter.
Thieves, bastards, liars, ruffians, panders,
Their vice has neither pride nor greatness;
Now Christian they, now Turk, now godless,
They live by stealth and cunning lore,
Forever buffeted and drifting,
The Gypsies free no more.


Here, too, the highborn Gypsies gather,
Last scions of a noble lineage;
And in the crowd they are conspicuous
Among the mean and ragged rabble.
Their profiles glimmer in the sunlight
Like blades of finely tempered sabres,
And certain looks and certain gestures
Of their well-knit and upright bodies
Show in them still the fire of leaders
And of commanders still the mettle.
Their heavy locks behind them blowing
By broad-brimmed hats are decked and shaded
Above which flutter plumes of feathers;

τοῦφες φτερῶν, καὶ τριζολάμπουν
μαλλινομέταξα καφτάνια,
φέρμελες φλωροκαπνισμένες·
ξέχωροι ἀπάνου στ᾽ ἄλογα τους,
κ᾽ εὐγενικοὶ καὶ καπετάνιοι,
καὶ σὰν ταφόπετρες φαντάζουν
τὰ μέτωπά τους, καὶ θαμμένα
κάτω ἀπ᾽ αὐτὲς ζωὲς καὶ τύχες,
νιάτα, καιροί, μεγαλωσύνες.
Καὶ θὰ μποροῦσες νὰ ξανοίξῃς
μὲ κόπο καὶ στὰ πρόσωπά τους
διαλεχτὸ κάτι καὶ καθάριο,
πού, πρὶν γιὰ πάντα νὰ βουλιάξῃ
στὰ βάθια πέλαου ὠργισμένου,
σπαράζει ἀπάνου ἀπάνου, καὶ εἶναι,
στιγμὴ πικρότατη στερνή,
κ᾽ εἶναι τὸ σπάραμα κι ὁ ἀγώνας
γιὰ γλυτωμὸ ποὺ δὲ θαρθῇ.

Κ᾽ ἦρθαν κ᾽ οἱ γύφτοι οἱ διαβασμένοι
κ᾽ οἱ σκεφτικοὶ κ᾽ οἱ βυθισμένοι
στ᾽ ἀξήγητου τὸ ξήγημα, ἦρθαν,
κ᾽ ἦρθαν κ᾽ οἱ γύφτοι οἱ χτυπημένοι
ἀπὸ τὴν πέτρα τῆς μελέτης,
κ᾽ οἱ μαντευτάδες κ᾽ οἱ ἀστρολόγοι,
κ᾽ οἱ γητευτὲς κ᾽ οἱ ρουχολόγοι,
κ᾽ οἱ ξηγητάδες τῶν ὀνείρων.
Κι αὐτοὶ ποὺ λέν, καὶ δὲ σωπαίνουν,
τὰ παραμύθια τὰ παράξενα,
τὰ παραμύθια τὰ φερμένα
κι αὐτὰ σὰ μύρα καὶ πετράδια
μέσ᾽ ἀπ᾽ τὶς πρῶτες τους πατρίδες
τὶς γιγαντόπλαστες ποὺ εἶν᾽ ὅλα
ἄπνιχτα, ἀνέγγιχτα, περίσσια.
Κ᾽ ἐκεῖνοι ποὺ διηγοῦνται κάποιες
μαῦρες θλιμένες ἱστορίες,

And they are clad in snowy caftans
Well lined with wool of silky softness,
And waistcoats trimmed with golden lacings.
Superb upon their restless horses,
They have the mien of chiefs and captains;
And their proud foreheads seem like tombstones
Beneath which is forever buried
A past of greatness and achievement,
A past of vanished youth and glory.
One still can vision in their faces
A pure and generous reflection
Which, ere it sinks and dies forever
Beneath an ocean's angry surges,
Still tries to struggle to the surface,
In one last bitter pang of pain,
To clutch at rescue and salvation—
And find each hope is vain.


They, too, have thronged, the learnèd Gypsies;
The thinkers, they who would unriddle
The Unexplained. They all have mustered,
The Gypsies crazed by midnight studies
Of ancient books and conjurations;
Astrologers, diviners, wizards,
The second-sighted, the soothsayers,
And they who fathom dreams and visions.
The Gypsies who relate, untiring,
Strange legends and primeval sagas,
The age-old tales they have exported
Like glittering gems and fragrant spices
From their long-lost ancestral homelands;
Titanic lands where all things blossom
Unchecked, unhandled and luxuriant.
And others who recite in detail

κι ἃς τὶς φωτίζουν φωτοκαῦτες
ἥλιοι παντοῦ σκληρὰ χυμένοι.

Κ᾽ ἥρθαν καὶ οἱ γύφτοι ποὺ γνωρίζουν
τῶν πλανητῶν τὰ κατατόπια
κι ὅλα τὰ μυστικὰ τῶν ἄστρων,
καὶ ποὺ μιλᾶνε μὲ τ᾽ ἀστέρια,
καὶ ποὺ θωρώντας τα μαντεύουν
ζωές, ἀγάπες, μοῖρες, χάρους.

Κ᾽ ἥρθαν οἱ γύφτοι ὅσοι μερεύουν
τὰ φίδια μὲ τὰ ἐφτὰ κεφάλια
ποὺ χίλιους θάνατους σκορπίζουν·
κ᾽ ἥρθαν οἱ γύφτοι μὲ τὰ φίδια
ποὺ τὰ μερεύουν καὶ χορεύουν
καὶ ποὺ βραχιόλια πλέκοντάς τα
σφιχταγκαλιάζονται μὲ κεῖνα.

Κ᾽ ἥρθαν κ᾽ οἱ γύφτοι ποὺ διαβάζουν
μὲ τὰ σιβύλλικα τὰ μάτια,
τῶ γυναικῶνε τους τὰ μάτια,
στὰ χέρια ἀπάνου, σ᾽ ὅποια χέρια,
σὰ σὲ βιβλία καὶ σὲ δεφτέρια,
τῆς Μοίρας τὰ κρυφὰ γραμμένα.

Γύφτοι σοφοὶ καὶ γύφτοι μάγοι,
φτάνει νὰ θέλανε, μποροῦσαν
σὲ κάθε τόπο νὰ ριζώσουν,
σὲ κάθε γένος νὰ φαντάξουν,
καρδιὲς καὶ γνῶμες νὰ ὑποτάξουν.
Δὲ θέλουν, τίποτε δὲ θέλουν,
μονάχα θέλουν καὶ διαβαίνουν,
περήφανοι καὶ πεισματάρηδες,
ξένοι, γυμνοὶ καὶ ἀφωρισμένοι,
μὲ τὰ κοράκια, μὲ τὰ σύγνεφα,
καὶ μὲ τοὺς γερανοὺς τοὺς περατάρηδες·
δὲν εἶναι ἀνήμποροι. Εἶναι οἱ γύφτοι.

Κ᾽ ἥρθαν κ᾽ οἱ γύφτοι, ποὺ τὰ κάμαν
σὰν τὴ ζωή τους καὶ τὰ σπίτια,

Dark melancholy myths, though flooded
With ruthless sunbeams of the tropics.
And Gypsies who can watch and study
The twining orbits of the planets,
The secrets of the constellations,
And from their discourse with the heavens
Predict loves, lives and destinations.
With them, they have arrived the Gypsies
Who tame the seven-headed serpents
Which scatter fearful death around them;
They have arrived, those serpent-charmers
Who bring with them their docile pythons
Which sway in undulating dances
And which they wear like glistening bracelets
Or wrestle with in cold embraces.
They have come, too, the Gypsy mystics,
They who can read with eyes sibyllic,
Who through the dark eyes of their women
Can read in palms of high and lowly,
As though in books or scrolls of magic,
The writs of Fate concealed to others.
Wise Gypsies, sorcerers and wizards,
Did they but wish, they could have settled
And taken root in any country;
Fame had they won with any Nation
And hearts and minds held in their power.
But naught seek they and naught desire they,
One aim alone is theirs forever:
To pass unhindered, proud and stubborn,
Rebuffed and hated, naked, strangers.
To pass together with the ravens,
The clouds, the hawks, the birds of passage;
They are not shiftless—they are Gypsies.

They have assembled, too, the Gypsies
Who have built homes forever drifting

καὶ τὰ θεμέλιωσαν ἀπάνου
στ᾽ ἀμάξια τους, κι αὐτὰ κυλᾶνε,
καὶ βόϊδια σέρνουν τα ζεμένα,
κι ἀπ᾽ τοὺς ἐλέφαντες κάτι ἔχουν
κ᾽ ἔχουνε κάτι ἀπ᾽ τὰ καράβια·
καὶ καθὼς πᾶνε καὶ περνᾶνε
στενά, κακοτοπιὲς καὶ ροῦγες
τριζοβολᾶνε καὶ βογγᾶνε·
καὶ κάποτε μπροστὰ τὰ σπίτια,
καὶ πίσω οἱ γύφτοι λαχανιάζουν,
καὶ κεῖνα δείχνονται σὰ νᾶναι
ἱερὸ καὶ μέγα κάτι τι·
σὰν ἀϊπιτάφιοι, σὰν κιβωτοί.

Νά καὶ οἱ τουρκόγυφτοι, οἱ σκηνῖτες,
ἡ ἀμάλαγη, ἡ καθάρια γέννα!
Πάντα κι ἀπὸ παντοῦ διαβαίνουν,
μαῦρα σπαθόφτερ᾽ ἀγριοπούλια
μέσ᾽ στὰ πλατιὰ καὶ μέσα στὰ ἔρμα,
κ᾽ ἡ ἀσύντριφτη κρατάει ψυχή τους
ἄσκυφτ᾽ ὁλόϊσο τὸ κορμί τους,
καὶ τῆς ψυχῆς τους ἡ ἀγριάδα
μέσ᾽ ἀπ᾽ τὰ μαῦρα φωτερά τους
λυσσομανάει, κ᾽ εἶν᾽ ἀχαμνοὶ
καὶ χεροδύναμοι, ἀπ᾽ ἀτσάλι
κι ἀπὸ κεντρί.
Χαρὰ οἱ χιονιές, χαρὰ ἡ βροχή,
καὶ πανηγύρι τὸ λιοπύρι·
καὶ πιὸ μεγάλο πανηγύρι,
στὴ γυμνὴ γῆ, καθὼς σὲ βρίσκει
γυμνόνε ὁ Χάρος καὶ σὲ πνίγει,
κι ὁ θάνατος μέσα στὴν τέντα,
στὴν ἀνεμόδαρτη καὶ στὴ σκισμένη,
καθὼς χυμάει καὶ σὲ μαραίνει.

Γαντζάοι, Κατσίβελλοι, Νετότσοι,

Like their own lives; and they have built them
Upon their wagons, and they trundle,
Drawn on their way by yokèd oxen.
With elephants they show resemblance
And they resemble sea-borne vessels;
And as they slowly make their way
Through passes, roads or desert places,
They creak and groan and lurch and sway.
Those caravans, as they roll onwards
With Gypsies panting close behind them,
Strike one as awesome and sedate:
Like Holy Arks or biers of State.

Here, too, the Gypsies come from Turkey
Who under tents live their existence,
A race apart and still untainted.
In every clime and every country
They pass like saber-winged black ravens
Through city, pasture-land or desert.
Dour and tenacious is the spirit
That holds their frames straight and unbending;
And that unyielding spirit flashes
And glitters in their somber glances.
They are both muscular and lean
And forged of steel like that which fashions
Their rowels keen.
Joys are to them the rain, the snow-storm,
A thrill the noon sun's flaming light,
And greater still to them delight
When, naked on the naked greensward,
They close with Death in last fierce fight;
When in the tent's uncertain shelter,
The tent all torn by winds' affray,
Death swoops to snatch their lives away.

Gantsas, Zaparas and Netoches,

Σίντηδες, Ρόμοι, Ζαπαράδες,
κάθε ὄνομα, κάθε γενιά!
Κ' οἱ βουλγαρόγυφτοι ἀπ' τὸ Δούναβη,
κ' οἱ γύφτοι ἀπ' τὴ Μολδοβλαχιά,
κι ἀπὸ τὴν Κύπρο κι ἀπ' τὸν Καύκασο,
κ' οἱ γύφτοι ἀπὸ τὰ Δωδεκάνησα·
κ' οἱ μελαψοὶ κ' οἱ ἀρκουδοτρόφοι,
κ' οἱ ἀτσίγγανοι μὲ τὶς μαϊμοῦδες,
κ' οἱ ζουρναχείληδες ἐδῶ εἶναι
κ' οἱ σγουρομάλληδες ἐδῶ εἶναι,
κ' ἐδῶ εἶν' οἱ μπόϊδες κ' οἱ φονιάδες,
κι αὐτοὶ ποὺ πίστη μολογᾶνε
κάθε λατρείας, κάθε θρησκείας,
κ' εἶν' ἄπιστοι κ' εἶν' ἄθεοι, κ' εἶναι,
ποτὲ δὲν εἶναι μὲ κανένα,
κι ἀπάνου ἀπ' ὅλα ἀδιάφοροι εἶναι,
καὶ κάτου ἀπ' ὅλα ξεγλιστρᾶνε,
κι ἀπ' ὅλα σέρνονται πιὸ κάτου.
Κι αὐτοὶ ποὺ ζοῦνε μὲ τοὺς λύκους
μέσα στὰ σπήλια καὶ στὶς τρύπες,
ἄγριοι, μισόγυμνοι, ἔρμοι, πλάνοι,
κ' ἔχουν τὰ χέρια τους καμάκια,
κ' ἔχουν τὰ δόντια τους ἁρπάγια,
καὶ θρέφονται μὲ κρέατα γάτων,
μὲ σάρκες ποντικιῶν καὶ σκύλων,
κ' εἶναι σὰ γύπες καὶ σὰ γρύπες
κι ἀπ' ὅλα ἐλεύτεροι, καὶ κάποτε
κι ἀπὸ τὰ σπήλια κι ἀπ' τὶς τρύπες.

Κ' ἤρθανε κ' οἱ καλαθοπλέχτες,
νά κ' οἱ ἀλογοπραματευτάδες·
πεταλωτῆδες, ξυλοκόποι,
γύφτοι ξωμάχοι καὶ σκαφτιάδες,
γύφτοι ἄνεργοι καὶ δουλευτάδες,
κι ὅσοι θερίζουν τὸ χρυσάφι,
καὶ ποὺ ποτὲ δὲν τὸ ποθῆσαν,

And Roms and Katsivels and Sintes,
Of all the tribes and all the races!
The Bulgar Gypsies from the Danube,
The Gypsies from Moldowallachia,
And from the Caucasus and Cyprus,
And also the Aegean Islands;
The swarthy Gypsies who are followed
By dancing bears or chattering monkeys,
The thick-lipped and the wool-haired Gypsies.
And here with them are also gathered
The ruthless cut-throats and assassins,
And they who any creed or worship,
Any confession or religion
Profess, yet faithless are and godless;
They who, with no man ever allied,
Above all stand, aloof and callous,
Or under all glide unaffected,
Crawling still lower than the lowest.
And they have come who, with the wolf-packs,
Dwell in unlighted dens and caverns,
Half-naked, wild, diseased and nomad.
Their clawing fingers look like talons
And fang-like are their gleaming canines;
They feed on cats, on rats, on dog-flesh
Like hawks and vultures of the air;
And they are free and independent
Of all—aye, even of a lair.


And they have come, the basket-weavers,
Horse-dealers, farriers and wood-cutters,
The Gypsy laborers and diggers,
The idle Gypsies and the workers;
And they who reap gold for a harvest
Without the greed for its possession.

χι ὅσοι ἀγναντεύουνε τῶν ἄλλων
τὰ χαροκόπια καὶ τὶς ἔγνοιες
καὶ τὰ φιλιὰ καὶ τὶς ἀμάχες,
καὶ τὸν ἱδρὸ τοῦ φαμελίτη
καὶ τὴ ντροπὴ ποὺ τῆς γυναίκας
τὰ δροσομάγουλα πυρώνει,
καὶ τὸν καπνὸ ποὺ ἀπὸ τὸ τζάκι
τὸ σπιτικὸ γλιστράει καὶ φεύγει,
τὴν ἀρχοντιά, τὴ φτώχια, καὶ ὅλα·
καὶ τίποτε δὲν τοὺς ξαφνίζει,
χι ὅλα σὰν ὄνειρα τὰ βλέπουν,
καὶ κάθε νύχτα στὰ τσαντήρια,
γυρνοῦν, κ᾿ εἶν᾿ ἴδιοι, πάντα εἶν᾿ ἴδιοι.

Κ᾿ ἦρθαν κ᾿ οἱ γύφτοι ποὺ δουλεύουν
τὸ χάλκωμα καὶ τὸ καλάγι,
κ᾿ οἱ ἀτσίγγανοι οἱ καλοτεχνῖτες,
κ᾿ οἱ γύφτοι οἱ σφυροκόποι νά τους!
μὲ τὰ πανάρχαια σύνεργά τους,
μὲ τὰ διπλά τους φυσητήρια,
γύφτοι χαλκιάδες μὲ τὰ σύνεργα
τὰ χίλια μύρια,
ξεσκαλιστάδες τῆς φωτιᾶς,
κρατώντας την πάντ᾿ ἀναμμένη,
καὶ σὰ νὰ παίρνουν ἀπὸ κείνη
πάντα ὅση δύναμη τοὺς μένει.

Κ᾿ ἦρθαν κ᾿ οἱ πλάστες οἱ μεγάλοι
ποὺ εἶναι τὰ ἔργα τους ἀπὸ ἦχο
χι ἀπὸ ρυθμὸ χι ἀπ᾿ ὄνειρο εἶναι,
κ᾿ ἦρθαν κ᾿ οἱ γύφτοι οἱ λαλητάδες·
κ᾿ ἦρθαν οἱ γύφτοι ποὺ ξεχνᾶνε,
χι ὡς καὶ τὴ γλῶσσα τους ξεχνᾶνε,
ἀπὸ τὴ μιὰ στὴν ἄλλη χώρα,
καὶ τὴν ἀλλάζουνε καὶ κείνη
καθὼς ἀλλάζουν τὰ ραβδιά τους,

They, too, who gaze upon the revels,
Upon the miseries of others,
Upon the sweating of the toiler,
Upon the kisses and the quarrels,
Upon the blush which ever reddens
The dew-anointed cheek of women,
Upon the smoke which from the chimney
Of hearth-side drifts in dwindling eddies,
Upon the great, upon the lowly.
Aye, they who gaze and stay indifferent,
Who see all things as in a vision,
And to their tents return each evening
And stay the same forever and ever.

The roving Gypsies, too, have gathered
Who work with tinware and with copper,
The Gypsy artisans and artists.
See there the blacksmiths, sturdy fellows,
With their old tools and double bellows;
The tinkers with their soldering-irons
And loads of pots and pans and trays,
Who tend their hissing fires forever,
Who ever keep their fires ablaze,
As if their tireless strength and vigor
Was kindled by those rays.

And they have met, the great creators
Whose work is spun of rhythm and beauty
And harmony as of a vision:
The Gypsy minstrels and musicians.
The Gypsies who, forever wandering
From land to land, have now forgotten
Their mother-tongue, and ever change it
Like their long staves which, on their travels,
They cut from trees passed by the roadside.

περπατητάδες, ἀπὸ τὄνα
κι ἀπ' τ' ἄλλο δέντρο κόβοντάς τα,
καὶ ἡ γλῶσσα τους ποτὲ δὲ στέκει,
μόνο καὶ ἀπ' ὅπου κι ἂν περάσουν,
λόγια ἀπὸ κάθε λαὸ κλέβουν,
καὶ στὰ δικά τους τὰ ταιριάζουν
τὰ ξένα λόγια, καθὼς ζέβουν
τὰ ζᾶ στὰ κάρρα τους ἀπάνου,
ποὺ εἶναι μαζώματα καὶ κεῖνα
τῆς ἀρπαξιᾶς, κ' εἶν' ἀπ' ὀλοῦθε.
Κ' ἕνα μονάχα δὲν ἀρπάζουν,
κ' ἕνα μονάχα δὲν ἀλλάζουν,
κ' ἕνα ὁ καρπὸς τῆς ἀμοιριᾶς τους,
κ' ἕνα τῆς ἄκαρδης καρδιᾶς τους
τὸ πλάσμα. Πλάσμα ἐσὺ ἀπὸ ἦχο,
πλάσμα ρυθμοῦ καὶ πλάσμα ὀνείρου,
ἐσ' εἶσαι ἡ γλῶσσα τους ἡ μία
κ' ἡ ἀσάλευτη καὶ ἡ μυστική!
Κ' ἦρθαν κ' οἱ γύφτοι οἱ μουσικοί.

Γύφτισσες ἦρθανε ντυμένες
φανταχτερὰ γιορτῆς φουστάνια,
γύφτισσες ἦρθαν καὶ κρεμᾶνε
χοντρὰ γυαλιστερὰ γιορντάνια,
μὲ κόκκινα φορέματα ἦρθαν,
μὲ κίτρινα μακριὰ μαντήλια·
ὦ λάγνα μάτια, ὦ κόρφοι, ὦ χείλια!
Κ' ἦρθαν ἀνθοστεφανωμένες
μ' ὅλα τὰ λούλουδα τοῦ Μάη,
κι ἄνθια κρατώντας καὶ στὰ χέρια,
ντέλφια χτυπᾶνε καὶ κουδούνια,
καὶ κύκλους πλέκουν καὶ χορεύουν
καὶ τραγουδᾶν τὸ Μάη τὸ Μάη
κι ἀνάμεσό τους ἀρχινάει,
ξεχωρισμένη ἀπὸ τὶς ἄλλες,
τρικυμισμένο ἕνα χορό,

Their language, thus, is never stable
For, from each people that they visit,
They plunder words; and this fresh booty
They join to their own words and phrases,
As to their creaking carts they harness
The horses of all breeds and races
Which likewise have been gained by plunder.
One thing alone they never pilfer,
One thing alone they never alter:
The only fruit of their misfortune,
Of their cold hearts the sole creation,
And it is you, O soundful Music,
Creation of their rhythms and visions,
O you who are their only language,
Its immemorial mystic strain . . .
The music-makers meet again!


See they come, the Gypsy women,
Gayest gauds their forms bedeck
Necklaces of jade and coral
Gleam around each olive neck;
Here they come in crimson dresses,
Yellow scarves about their tresses,
Ah, their languorous eyes, their bosoms,
Ah, their lips curved for caresses!
Crowned they come with scented flowers
Of the Maytime fields and dells,
In their hands they carry lilacs,
Tambourines and tinkling bells;
And they tread in circling measures,
Singing Maytime joys and pleasures.
See, apart from all the others,
See a Gypsy maid advance,
Now a girl of eighteen summers
Whirls in wild tempestuous dance,

λυγιέται, σέρνεται, πετάει,
κορίτσι δεκοχτώ χρονώ
στὸ μανιωμένο τὸ χορό,
καὶ τοῦ χοροῦ βασίλισσα εἶναι,
κι ἄφρισμα, λάγγεμα, τρεμούλα,
ἡ γυφτοπούλα, ἡ μαγιοπούλα!

Κ' ἦρθαν οἱ γύφτισσες, οἱ γύφτισσες,
οἱ γύφτισσες ποὺ τραγουδᾶνε:
— Τώρα εἶν' ἡ ἄνοιξη κι ὁ Μάης,
τώρα τὸ καλοκαίρι, τώρα
κι ὁ ξένος βούλεται νὰ πάῃ,
στὸν τόπο του νὰ πάῃ, καὶ τρέχει,
νύχτα σελλώνει τ' ἄλογό του,
νύχτα τὸ καλλιγώνει, βάνει,
χρυσὰ τὰ πέταλα τὰ βάνει,
βάνει καὶ τὰ καρφιὰ ἀσημένια.
Καταραμένοι κ' ἐσεῖς γύφτοι,
ποὺ νὰ γυρίσετε δὲν ἔχετε
κανένα τόπο, καὶ πατρίδα,
γύφτοι, καμιὰ δὲ σᾶς προσμένει,
ὁ Μάης ὁ μήνας σᾶς προσμένει,
ὁ Μάης ὁ ρήγας σᾶς καλεῖ.
ἐλᾶτε, γύφτοι ἀπὸ τὴ Δύση
καὶ γύφτοι ἀπ' τὴν Ἀνατολή.
καὶ μ' ὅλα του τὰ περιβόλια
σᾶς κράζει ὁ Μάης ξεφαντωτής
στὴν τρίμερη καὶ στὴ μονάκριβη
γιορτὴ τῆς γύφτισσας ζωῆς!
Κι ἀπ' τὴν Κακάβα πὄχει μέσα της
ἀνάκατα τὰ πολυσπόρια,
πικρό, σκληρὸ κι ἀρρωστημένο
τὸ ἔρμο πιοτὸ καὶ τὸ φαΐ,
κ' ἔχει νερὸ ἀπ' τὴ νερομάννα,
μέλι ἐσεῖς βγάλτε, βγάλτε γάλα.
βγάλτε οὐρανόβροχο ἕνα μάνα,

Glancing, gliding, swaying, swinging,
To a frenzied cadence springing.
And she is the Queen elected
Of this joy-awakening day—
Passion, ardor, grace and beauty,
Gypsy maiden, maid of May!

They have come, the Gypsy women,
The Gypsy women singing sweetly:
"Merry May has brought the springtime,
Summer follows in her train,
And the stranger to his homeland
Hungers to return again.
In the night his horse he saddles
Ere the Star of Morning pales,
Shoeing it with golden horse-shoes
And their silver-headed nails.
Cursed are you, O wandering Gypsies,
For you hearth-fires never burn,
You have neither home nor homeland
To rejoice at your return;
Only merry May awaits you,
May invites you to her feast,
Come, you Gypsies from the Westlands,
Come, you Gypsies from the East.
In her fragrant fields and gardens,
Think no more of toil and strife,
Hasten to the one and only
Festival of Gypsy life!
From the meadows of Kakava,
Where the tangled weeds that grow
Yield but coarse and rank provender
And the fountain but its flow,
Draw you milk and golden honey
And a manna from the skies,

κ᾿ ἕνα παλιὸ γερὸ κρασί.
ὦ γύφτοι, ὦ μάγοι καὶ σοφοί,
ποὺ σᾶς δουλεύουν οἱ δαιμόνοι
μέσ᾿ στὰ γητέματα, στὰ ξόρκια,
καὶ μέσ᾿ στὴ Σολομωνική.
Νύχτα σελλῶστε τ᾿ ἄλογά σας
καὶ καλλιγῶστε τα, καὶ πάρτε,
τ᾿ ἀσήμι ἀπ᾿ τὸ φεγγάρι πάρτε,
καὶ τὸ χρυσάφι ἀπὸ τ᾿ ἀστέρια,
κ᾿ ἐλᾶτε πανηγυριστάδες,
οἱ ἀταίριαστοι, ἔρωτες καὶ ταίρια,
τρίμερο ἀνάστα νὰ χαρῆτε,
καὶ μέσ᾿ στ᾿ ἀπλόχωρο λιβάδι
πατρίδα τρίμερη νὰ βρῆτε!—

*

Κι ἄξαφνα πρόβαλε τὴν τρίτη μέρα
σὲ χρυσοσέλλωτο ἄτι καβαλλάρης
τοῦ βασιλιᾶ τοῦ Βυζαντίου μαντάτορας
Ἀποκρισάρης.

Ἀκρίτες κι ἀσικρίτες καὶ σπαθάρηδες
τὸν τριγυρίζουν,
τὰ τούμπανα χτυπᾶν, τὰ βούκινα
σαλπίζουν.

Ξάφνισμ᾿ ἀπάντεχο, ἐρχομὸς
ἀγύρευτος, κι ἀπ᾿ ἄκρη σ᾿ ἄκρη
στοῦ λιβαδιοῦ τὰ πλάτια καὶ τὰ μάκρη
τὰ κοπάδια καρφώνει ὁ βουβαμός.

Καὶ μέσα στὴ σιωπή, κι ἀπὸ ἕνα πέτρινο
πατάρι
ἀκούγεται τὸ βροντολάλημα
τοῦ Ἀποκρισάρη:

And an ancient wine and potent
By your Gypsy wizardries,
O you warlocks who are tended
By the fiends of all the hells,
O you sages who can handle
Mystic scrolls and magic spells!
Saddle in the night your horses,
For the metal of their shoes
Take the silver of the moonbeams
And the gold the stars diffuse.
Come, O wedded, lovers, single,
Gather here at May's command,
And within this spacious meadow
Find a three-day fatherland!"

*

Upon the third day suddenly was sighted,
Borne on a stallion gold-appareled,
An envoy from the emperor of Byzantium,
A herald.

By soldiers, royal guards and secretaries
He is surrounded;
The trumpets bray, the kettle-drums
Are sounded.

Guest unexpected, undesired surprise;
From one end to the other of the boundless
And brimming plain the startled crowds are soundless,
No murmurs from their frozen clusters rise.

And in that utter and uneasy silence,
From a rocky wall,
There thundered loudly
The herald's call:

«Γύφτοι, ὁ Βασιλιὰς προστάζει
ὁ θεοφύλαχτος· ἐμπρός!
σώνει πιὰ τὸ πλάνεμά σας,
κι ὁ παραδαρμός.

Σᾶς προσμένει τὸ μεγάλο Πενταδάχτυλο
κ' οἱ κορφές του ποὺ λαμποκοπᾶνε,
καὶ τὰ τρίσβαθα γκρεμά·
καὶ τοῦ Μαλεβοῦ τὰ πλάγια
τὰ κοκκινωπά.

Σᾶς προσμένει ἡ Λακοδαιμονιὰ
γιὰ νὰ τὴ μεστώσετε ποὺ εἶν' ἄδεια·
τὰ τραχώνια εἶναι γιὰ σᾶς καὶ τὰ λαγκάδια·
τοῦ Μοριᾶ ἡ καρδιὰ
σπαρταράει γιὰ σέ, καὶ τῆς ἀξίζεις,
Γυφτουριά!

Σύρ' ἐκεῖ καὶ χτίσε τὸ Γυφτόκαστρο,
τὸ προστάζει ὁ βασιλιάς·
κι ἀναπάψου μέσ' στὸν κόρφο μιᾶς πατρίδας
καὶ στὸν ἴσκιο μιᾶς φωλιᾶς.

Κι ὅταν σὲ τραβάῃ τοῦ πολέμου
καὶ τοῦ χαλασμοῦ ἡ ὁρμή,
ἀρματώσου τὸ σφυρί σου γιὰ τὸ ρήγα σου
κι ἀποκάτου ἀπὸ τὸ νόμο μὲ τὸ λάβαρο
ἀγωνίσου ἡρώισσα κ' ἐσύ.

Γιὰ νὰ συνεπαίρνῃ σε σὰν πρῶτα
ἡ γητεύτρα τοῦ βιολιοῦ σου ἀκαματιὰ
θᾶχῃς μέσ' στὶς πικροδάφνες τὸν Εὐρώτα
σὰ σὲ βύθη ἑνὸς ὀνείρου
λαγγεμένος ν' ἀργοπερπατᾶ.
Καὶ γιὰ τὰ καινούρια σου τὰ γιῶτα
θᾶχῃς φυλακάτορα καὶ σκέπη

"O Gypsy Folk! The king, whom God protects,
Sends this command:
The time has come to end your wanderings
From land to land.

"Great Pentadactylon awaits your coming,
That mountain with its shining summits
And ravines dread;
And towering Malevo whose ridges
Are flushed with red.

"The Land of Lacedaemon calls for you
To fill her empty solitudes again;
For you the mountains and for you the plain.
For you Morea's bloodless heart is beating;
And you are worthy, Gypsy Folk,
Oh heed her voice entreating!

"Go there, O Gypsies, build you there your city
And cease to roam.
Your heads rest on the bosom of a homeland
And of a home.

"And when the urge for war within
Your hearts destruction's torch shall light,
Then raise your hammers for your king;
Beneath his banners and his law
Like heroes fight.

"And should you hunger, as before,
For the lotus lure of your fiddle's song,
You shall have the Eurotas whose waters pour
With a languorous lay along;
Through laurier-roses the river streams
As by the banks of a land of dreams.
And, Gypsies, in your new-found youth,

τὸ τετράψηλο βουνὸ ποὺ μ᾽ ὅλα του,
καὶ τὰ πεῦκα καὶ τὰ χιόνια καὶ τὰ βάραθρα,
μυριομάτης λαμπρομέτωπος
θὰ σὲ κυβερνάῃ καὶ θὰ σὲ βλέπῃ...»

Μὰ δὲν πρόφτασε τὸ λόγο ν᾽ ἀποσώσῃ,
καὶ τὸ λόγο παίρνω ἐγώ·
κι ἀπ᾽ τὸ ψῆλος ἄλλης πέτρας
πρὸς τ᾽ ἀδέρφια μεγαλόστομα μιλῶ.

Μέσα μου ὁ θυμὸς εἶναι σὰν ὄρνιο,
καὶ σὰ θάλασσα εἶν᾽ ὁ λογισμός·
δὲν κρατιέται μέσα μου ἕνας κόσμος,
ἀπ᾽ τῶν περασμένων τὰ ὄνειρα
κι ἀπὸ τοῦ μελλόμενου τὰ ὁράματα
μεστὸς κόσμος μυστικός.

*

— Γύφτε λαέ, ἄκουσέ με· τὸ πρωτόσταλτο εἶμαι
σημάδι ἀπὸ τὴν πλάση ποὺ θἀρθῇ,
κ᾽ ὕστερα κι ἀπὸ ποιοὺς καιροὺς καὶ χρόνια πόσα!
Ἕνας ἐγώ, καὶ ζῶ γιὰ χίλιους.
Γύφτε λαέ, ἄκουσέ με, δὲ σοῦ μίλησε
προφήτης σου ποτὲ σὰν τὴ δική μου γλῶσσα.

Ποιὸς εἶναι αὐτὸς ποὺ πύργους χτίζει στὸν ἀέρα
μὲ τὴ φωνὴ τοῦ κράχτη καὶ μοιράζει μας
βασιλικὰ τὰ κάστρα, κι ἄπρεπων ἐλπίδων
ἴσκιους μπροστὰ στὰ μάτια μας σαλεύει;
Εἴμαστ᾽ ἐμεῖς οἱ ἀπάτριδοι κ᾽ οἱ ἀγιάτρευτοι·
γιούχα καὶ πάντα γιούχα τῶν πατρίδων!

Εἴμαστ᾽ ἐμεῖς οἱ ἀθάνατοι ἀπολίτιστοι·
κ᾽ οἱ Πολιτεῖες λημέρια τῶν ἀκάθαρτων,
κ᾽ οἱ Πολιτεῖες ταμπούρια τῶν κιοτήδων·

Your guardian and your shelter
Shall be that mountain which lifts its crags,
Its firs, its snows, to the distant skies,
And it shall guide you and gaze on you
With the light of its myriad eyes . . ."

His speech he had not finished
When I raised a lusty call,
And from the step of another rock
I spoke to my brothers all.

Within me wrath shrieks like a bird of prey
And my mind is an angry sea;
I cannot lock within my breast
A mystic and mighty world,
A world of dreams from the long-lost past
And visions of times to be.

*

"Oh hear me, Gypsy Folk, I am the sign
And omen of a future world to come
When drifting years—who knows their count!—have rolled.
One am I, yet for thousands do I live;
Oh hear me, Gypsy Folk, this tongue of mine
Shall speak as never prophet spoke of old.

"Who is he, say, who castles in the clouds
Would build and who, through herald's bawling voice,
Would throw us cities with despotic hand
And dangle shameful hopes before our eyes?
Our wanderlust we never shall disown—
A curse, a curse on every fatherland!

"Eternal nomads are we, for the towns
Are strongholds of the vile and the impure
And refuges of mean and cringing bands.

στὴ στρούγγα λυσσομάνημα καὶ φαγωμὸς
λύκων, σκυλιῶν, προβάτων καὶ τσοπάνηδων.
Γιούχα καὶ πάλε γιούχα τῶν πατρίδων!

Ἡ μάντρα εἶν᾿ ὁ ἀφίλιωτος ὁχτρός μας,
τὴν πλατωσιὰ τοῦ κόσμου τὴ στενεύει,
στριγγλόχορτα φυτρώνουν καὶ γοργόνια
βλαστομανώντας κάτου ἀπὸ τὸν ἴσκιο της·
τοῦ δολεροῦ ἀναγάλλιασμα, τὰ μαραξώνει
τὰ ξεφτέρια τοῦ νοῦ καὶ τῆς καρδιᾶς τ᾿ ἀηδόνια.

Τὸ κρῖμα ἐκεῖ σκορπιός, ποτὲ λιοντάρι·
καὶ τὸν κακὸ τόνε μολεύει ἡ μάντρα
καὶ βρέφος ὁ καλὸς ποὺ τὸν ποτίζει ἀφιόνι·
δουλεῦτε τον ξανὰ τὸν κόσμο στὴ φωτιά,
καὶ τὰ καλά του ξανανθίστε καὶ τὰ κρίματα,
χτυπώντας τον, μὲ τὸ σφυρὶ καὶ μὲ τ᾿ ἀμόνι.

Περάστε ἀπάνου ἀπὸ τὶς μάντρες, τὰ μουλάρια σας
φτερῶστε τα σὰν τὰ σκουπόξυλα,
ὅταν οἱ μάγισσες τὰ καβαλλᾶνε·
ὁ κόσμος ἀκομμάτιαστος καὶ ἀπέραντος·
ὅπ  τελειώνουν οἱ στεριές,
τὰ πέλαγα ἀρχινᾶνε.

Ὅσα βουνὰ κι ἂν ἀνεβῆτε,
ἀπ᾿ τὶς κορφές τους θ᾿ ἀγναντεῦτε ἄλλες κορφὲς
ψηλότερες, μιὰν ἄλλη πλάση ξελογιάστρα·
καὶ στὴν κορφὴ σὰ φτάστε τὴν κατάψηλη,
πάλε θὰ καταλάβετε πῶς βρίσκεστε
σὰν πρῶτα κάτου ἀπ᾿ ὅλα τ᾿ ἄστρα.

Ὁ Νόμος, ὅταν ἀπ᾿ τὴ γνώμη τοῦ σοφοῦ
δὲ δίνεται σὰν κάτι τι θεόσταλτο,
στραγγουλιστὴς καὶ πνίχτης εἶναι ὁ νόμος·
πνοὴ τοῦ νόμου ποὺ τὰ πάντα κυβερνᾶ,

The folds are scenes of carnage and of crime
Where wolves, dogs, sheep and shepherds brawl and war—
A curse, a curse upon all fatherlands!

"The built-up wall will ever be our foe,
The wall which hems the wide horizon in,
For in its shade the poison plant prevails;
Hypocrisy it shelters and it slays
With moldering blight the eagles of the mind
And of the heart the tuneful nightingales.

"There crime a scorpion, not a lion, creeps;
The evil-doer even is defiled;
Like druggèd babes, the just, unheeding, doze.
Oh, forge the Earth anew in molten flame,
With taintless virtues and with lofty crimes—
Ring on your anvils with brave hammer-blows.

"Leap over every barrier wall. Oh, give,
Give to your mules swift-soaring wings like those
Which urge the broom-sticks that the witches ride.
Unbounded, unpartitioned is the world;
And where the spreading continents have end
Begins the oceans' tide.

"Whatever peaks you scale, you ever find
That from their summits other peaks are seen
And other landscapes beckon from afar.
And when you shall have stormed the highest peak
Then shall you find, like always, that you stand
Below the lowest star.

"Laws, when not promulgated by the sage
Of his deep wisdom like divine decrees,
Bear down and strangle in a smothering load.
Breath of the laws that regulate all things,

μέσα μας εἶν' ἐμᾶς ὁ νόμος, ἀϊτομάτης·
Νόμος ἐμᾶς, νυχτόγμερα καὶ πάντα, ὁ δρόμος.

Ποιὸς εἶσαι ποὺ μᾶς σπρώχνεις πρὸς τὸ κάρφωμα
ποὺ ἀνάξιους θὰ μᾶς ἔκανε νὰ πίνουμε,
καθὼς τώρα τὸν πίνουμε, τὸν ἥλιο;
Ἡ κούπα μας κρατιέται πάντα ὁλόγιομη·
κι ἂν ἔχουμε πατρίδα, φτάνει αὐτὴ ὡς ἐκεῖ
ποὺ φτάνει καὶ τοῦ ἥλιου τὸ βασίλειο.

Μέσ' στοῦ Ἐφταπόταμου φυτρώσαμε
τὴν πλάση ποὺ ὅλη εἶν' ἀπὸ τέρατα,
τέρατα καὶ τὸ φῶς καὶ τὸ σκοτάδι,
καὶ στέκει ἀνάμεσό τους ὁ ἄνθρωπος
μὲ τὴ ζωὴ ποὺ τὸν πλακώνει σὰ βραχνάς,
μὲ τὴ ζωή, τὸ στοιχιωμένο τὸ λαγκάδι.

Μὲ τοὺς λωτοὺς καὶ μὲ τοὺς κύκνους μεγαλώσαμε,
μὲ τὰ ζαρκάδια τρέξαμε στοὺς κάμπους
τοῦ χιλιοποτιστῆ τοῦ Γάγγη,
ἀγάπες πλέξαμε μὲ τοὺς θεώρατους
ἐλέφαντες, προγόνοι μας βρεθήκανε
τὰ φίδια καὶ οἱ οὐραγκοτάγκοι.

Ἐμεῖς γενιὰ τοῦ προύντζου καὶ τοῦ σίδερου,
σὰ δουλεμένοι ἀπὸ τὸ χέρι τοῦ πρωτόγυφτου
πατέρα τῶν ἀνθρώπων Τυμπαλκάη·
μὰ τήνε πότισε τὴ ρίζα μας
κάποιο κρυφὸ φαρμάκι κι ἀξεδιάλυτο,
κ' ἡ κατάρα μᾶς πῆρε σὰν τὸν Κάη.

Ἐμεῖς δὲ γονατίσαμε σκυφτοὶ
τὰ πόδια νὰ φιλήσουμε τοῦ δυνατοῦ,
σὰν τὰ σκουλήκια ποὺ πατεῖ μας·
μὰ γιὰ ν' ἀντισταθῆ μὲ τὸ σπαθί,
βρέθηκε σὰν πολὺ στοχαστική,

Our Law is deep within us, eagle-eyed,
Our Law forever is the Open Road.

"Who are you who would bid us root ourselves
And be unworthy evermore to drink
The sun as now we drink of its bright tide?
Our cup is ever flowing to the brim;
And if we have a fatherland it is
The sun's unbounded realm on every side.

"From out the Seven-rivered Land we sprang,
The Land where all is monstrous, where both light
And darkness monstrous are; a Land where, daunted,
Man faces Life that weighs upon his soul
Like nightmare burden; Life that ever looms,
A valley specter-haunted.

"We grew among the lotuses and swans,
We raced the fleet-foot deer across the plains
Where, myriad-streamed, the mighty Ganges ran;
With Titan elephants amid the wilds
We wove our loves; for ancestors we had
The Snake and Hanuman.

"We are the race of iron and of bronze
Forged by the cunning hand of Earth's first smith
And father of all mankind, Tubalcain.
But with a poison subtle and unslaked
Our root was watered, and upon us lies
A curse as upon Cain.

"We never cringed or bowed on bended knee
Before the Great to kiss the feet of them
Who trample us like worms into the sward.
And yet our souls were ever too enthralled
By contemplative thought and woven dreams

καὶ σὰν πολὺ ὀνειρόπλεχτη ἡ ψυχή μας.

Μᾶς ταπεινῶσαν ὅλες οἱ ταπείνωσες·
μὲ τὴν ἀπόφαση τὴν ἥσυχη τοῦ ἀνέλπιδου
ρουφήσαμε ὅλους τοὺς καημοὺς κι ὅλους τοὺς τρόμους,
στὴ χώρα ποὺ ὅλες οἱ ζωὲς σὰ φυτρωμένες,
φτερὸ τὴν κάμαμε τὴ ρίζα μας, καὶ φύγαμε
μακριὰ στὰ ὀλάνοιχτα πρὸς τοὺς μεγάλους δρόμους.

Μὲ τὸ γλίστρημα φύγαμε τῶν ἀγριόγατων,
καὶ μὲ τῆς νυχτερίδας τὸ παράδαρμα,
καὶ μὲ τὴ γληγοράδα τῆς ἀκρίδας,
καὶ μὲ τὴν καταφρόνια τὴν ἀσώπαστη
γιὰ τὶς φωλιές, τὰ σπίτια καὶ τὰ κάστρα.
Γιούχα καὶ πάλε γιούχα τῆς πατρίδας.

Κι ἀπὸ τὴν Ἴντια πρὸς τὸ Ἰρὰν περάσαμε,
κ᾽ ἡ Ταυρίδα μᾶς εἶδε νὰ τραβήξουμε
πεζοδρόμοι μὲ τοὺς πραματευτάδες,
καὶ τὰ κορμιά μας ἀψηφήσανε δαρμοὺς
βουνῶν, στεππῶν καὶ ρουμανιῶν καὶ πόταμων,
χαλάζια καὶ χαμψίνια καὶ βοριάδες.

Στοῦ Μισιριοῦ τοὺς ἄμμους πιὸ βαθιὰ
τ᾽ ἀφήσαμε τὰ χνάρια μας, ξαφνίστηκε
τῆς Ἀφρικῆς ἡ Σφίγγα καὶ μᾶς βλέπει
σὰν κάτι πιὸ δυσκολομάντευτο ἀπ᾽ τὴν ὄψη της·
ἀπὸ τὸ Νεῖλο ὡς τὸν Εὐφράτη ἀστράψαμε
κι ἀπὸ τὴ Βεναρὲς ὡς τὸ Χαλέπι.

Κι ἀπὸ τῆς Τραπεζούντας τὸ καστέλι
τῆς Μαυροθαλασσίτισσας ἁπλώσαμε
κατὰ τὸ Δούναβη, μᾶς πῆραν τὰ Μπαλκάνια,
στὴν Πόλη τὰ καράβια μᾶς ἀράξανε,
κ᾽ οἱ Θρακιώτικοι κάμποι μᾶς δεχτήκανε
πρῶτα πρῶτα, δαρμένα καραβάνια.

To draw the warlike sword.

"All humiliations have we known; and with
The tranquil resolution of despair
We drank of every grief and every fear.
Within a world where all things rooted seemed,
We fashioned soaring pinions of our root
And watched each new horizon disappear.

"We flitted with the wild-cat's sinuous glide,
The flutter of the shadow-loving bat,
The locust's leap across the desert sands.
We fled and bore with us a fierce disdain
For every lair, for every house and wall—
A curse, again a curse on fatherlands!

"From India to Iran we made our way,
The Taurus saw us as we tramped on foot
With wandering merchants down the endless road.
Our bodies have defied and overcome
The buffetings of forest, steppe and flood,
Of hail, of simoom and of north-wind goad.

"Still deeper have we pressed our sandal's print
Into Egyptian sands; the desert Sphinx
Gazed with astonishment on us and saw
A mystery more strange than its own face.
From Nile to the Euphrates' lands we poured,
And from Benares to Aleppo's shore.

"From Trebizond, the Black Sea's citadel,
We rolled towards the Danube's marshy banks,
Across the Balkans toiled our roving clans;
Then to the City we were borne by ships,
The Thracian meadows saw for the first time
Our harassed caravans.

Κι ἂν μᾶς ἔλεγες: «Γύφτοι, θὰ γυρίσετε
στὴν πρώτη σας κοιτίδα τὴν ξεχειλιστὴ
ἀπ' τὴ ζωὴ ποὺ δίχως μετρημὸ διαβαίνει
καὶ σύνορα δὲν ἔχει, ἀνάκατα ὅλα της,
ἀπ' τὰ βουνὰ ὡς τὰ χόρτα, ὅλα γιγάντικα,
κι ὅλα ἕνα ξάφνισμα σὰ νὰ τὰ δένῃ,

ἡ πρώτη  σας πατρίδα σᾶς προσμένει ἐκεῖ
νὰ σᾶς δώσῃ τὴ δόξα τὴν ἀπάντεχη
πὄδωκε σὲ σοφοὺς καὶ ἥρώους, ὦ σκηνίτες,
θρονιὰ μαχαραγιάδων νὰ σᾶς στήσῃ,
καὶ νὰ σᾶς προσκυνήσῃ λωτοστέφανους
μὲ τοὺς παναγίους ἀσκητὲς καὶ τοὺς προφῆτες,

καὶ τότε θὰ σοῦ κράζαμε: «Δὲ θέλουμε,
τὸ πανηγύρι μὴ χαλᾶς· γιορτάζουμε
τὸ συντριμμὸ τῶν ἀλυσίδων,
ὅ,τι κι ἂν εἶναι, ἀπὸ διαμάντια ἢ ἀπὸ σίδερα·
οἱ τρανοὶ λυτρωμένοι εἴμαστ' ἐμεῖς.
Γιούχα καὶ πάντα γιούχα τῶν πατρίδων!»

Κι ἂν πέσαμε σὲ πέσιμο πρωτάκουστο
καὶ σὲ γκρεμὸ κατρακυλίσαμε
ποὺ πιὸ βαθὺ καμιὰ φυλὴ δὲν εἶδε ὡς τώρα,
εἶναι γιατὶ μὲ τῶν καιρῶν τὸ πλήρωμα
ὅμοια βαθὺ ἕν' ἀνέβασμα μᾶς μέλλεται
πρὸς ὕψη οὐρανοφόρα.

Τὸ γένος τὸ μοιρόγραφτο εἴμαστε
ποὺ θὰ σκοτώσῃ τὶς πατρίδες·
τοῦ κόσμου ἡ Μάγια, ἡ ἀκριβὴ τοῦ Βράμα,
θὰ ὑφάνῃ μὲ τὰ χέρια της, χαρὰ
κι ἀνθρώπων καὶ θεῶν, τὸ ἔργο της,
τὸ πιὸ ξαφνιστικό της θάμα.

Ὅλος ὁ κόσμος, ἕνας κόσμος, γύφτος,

"And if you were to say: 'You shall return
Once more, O Gypsies, to your cradle-land
Still brimming with a life-force which disdains
Both count and limit. Where, in mighty blend,
All things appear gigantic, herb or hill;
And where all things seem linked by wonder's chains.

" 'Your ancient homeland waits for you afar
To honor you with the surpassing fame
She dealt to sages and to heroes bold;
To rear you kingly thrones and to adore
You, lotus-crowned, in company with all
Her prophets and ascetic saints of old.'

"Then, even, had we answered: 'We refuse!
Spoil not our festival; we celebrate
The shattering of every bond and chain,
Be they of diamond or of tempered steel.
We are the great Affranchised of the Earth—
A curse, a curse on fatherlands again!'

"And if unparalleled has been our fall,
If we have sunk into a chasm so deep
That deeper one has met no Nation's eyes,
It is because to us has been reserved—
When dawns the fated day—an equal flight
Towards the highest skies.

"We are the race that Destiny has marked
To give the death-blow to all fatherlands.
Maya, the Mother of the World, the fair
And constant spouse of Brahma, shall then weave
Her wondrous work, the joy of gods and men,
Her miracle beyond compare:

"All Nations shall form but one Gypsy race

σὲ δόξας θρόνο ἀπάνω, πλάστης,
μὲ τὸ σφυρί του καὶ μὲ τὸ βιολί,
τῆς ἀφεγάδιαστης Ἰδέας· ἡ πλάση
σὲ περιβόλι τοῦ Μαγιοῦ ἕνα πανηγύρι,
καὶ μιὰ πατρίδα ἡ Γῆ.

Κι ὁ κόσμος θὰ διαλέξῃ κάποιον Ἄτλαντα
ἢ κάποιον Ἄθω νὰ σκαλίσῃ ἀπάνω του,
μεγαλοφάνταστος τεχνίτης, τὸ ἄγαλμά μας·
καὶ θ᾽ ἀνατείλῃ στ᾽ οὐρανοῦ τὰ τρίσβαθα
πρωτόφαντο ἄστρο ξενοχάραγο,
κι ὁ κόσμος θὰ τὸ πῇ μὲ τ᾽ ὄνομά μας!

\*

Καὶ ἀκοῦσαν καὶ τοὺς δυὸ τοὺς κράχτες,
τὸν πρῶτο ἀδιάφορα τὸν εἶδαν,
καὶ ξαφνιστῆκαν ἀπ᾽ τὸ δεύτερο
καὶ κάτι τι σὰ νὰ αἰστανθῆκαν,
καὶ τίποτε δὲν καταλάβαν,
μονάχα ἀγώνας τοὺς ταράζει
σὰν τὸν ἀγώνα, ὅταν ξυπνώντας,
νὰ ξαναβροῦμε πολεμᾶμε
κάποιο ὄνειρο μισοχαμένο
π᾽ ὅλο τὸ πιάνεις κι ὅλο φεύγει.
Καὶ καθὼς ὅταν παύῃ ὁ ἄνεμος
τὸ δάσος νὰ ταρακουνάῃ,
ξεσπάει τὸ σύγνεφο, ποὺ πρόσμενε,
στὸ δάσος καὶ τὸ βροχοδέρνει,
ἔτσι ὅταν σώπασαν τ᾽ ἀντίμαχα
τὰ λόγια τὰ ρητορεμένα,
τ᾽ ἀποκρισάρη ἀπὸ τὴ μιὰ
καὶ τὰ δικά μου ἀπὸ τὴν ἄλλη,
ξανάρχισε, ἄμυαλο, πολύβοο,
μέσ᾽ στὸ μαγιάτικο λιοπύρι,
τὸ πανηγύρι τῆς Κακάβας,
τῆς γυφτουριᾶς τὸ πανηγύρι.

Raised on a throne of glory to create,
With hammer or with fiddle-bow in hand,
The All-pervading Ideal; all the world
Shall be a pageant in a Maytime field,
And all the Earth shall be one Fatherland.

"A towering Atlas then shall Mankind choose
Or else an Athos to immortalize,
By sculptor's art, our effigy in stone.
And from the heavens' abyss a new Star
Shall rise in radiant luster, and the world
Shall hail it with a mighty name—our own!"

\*

The crowds gave ear to both the speakers;
They heard the first one with indifference,
They heard the second with amazement;
They dimly felt a vague emotion,
But no thought pierced their comprehension.
At most an inward effort shook them
Like that one makes upon awakening
To seize anew a dream half vanished
Which ever flees when one would grasp it.
And, as when a wild tempest ceases
To flail with winds the startled forest,
The waiting cloud which hung impatient
Dissolves to drench with rain the branches;
So, when at last our rival speeches
(Upon one side the herald's phrases
And my own words upon the other)
Had sunk to silence, then the pageant
Began again, care-free and clamorous,
Beneath the ardent sun of May—
The festival of gay Kakava,
The Gypsies' only holiday.

# ΛΟΓΟΣ Η'

## ΠΡΟΦΗΤΙΚΟΣ·

Βασιλεύσουν μετὰ ταῦτα
ἀναιδεῖς καὶ ἄγνωστοί τε,
ἄνδρες τοίνυν καὶ γυναῖκες
μιαροὶ καὶ βέβηλοί τε...
Κι ἀπέκει ἔρχεται τἀρκοῦδιν
ν' ἀνασπάσῃ τὰ παλούκια,
καὶ τὸν φράκτην νὰ τὸν κάψῃ,
καὶ τὸν τράφον ν' ἀφανίσῃ...
Καὶ πάλιν ἕξεις, Ἑπτάλοφε, τὸ κράτος.
                    Χρησμὸς Λέοντος τοῦ Σοφοῦ.

Ἀπὸ τὸ μάτι του ἀνάβρυσε ἡ ζωὴ μιᾶς
σκέψης πάντα νέας ποὺ τρυπάει κατάβαθα
τὰ Τωρινά, τὰ Περασμένα, τ' Αὐριανά.
                    Shelley (Ἑλλάδα).

Ὁ Προφήτης ποὺ κοιτάζει
μὲ τὰ μάτια τοῦ Ὁραμάτου
κι ὁ Προφήτης ποὺ κηρύττει
μὲ τοῦ Αὔριο τὸ στόμα,
κι ἀπὸ ποιὰ πνοὴ δὲν ξέρω
τραβηγμένος, πνοὴ κ' ἐκεῖνος,
παρατώντας τὰ δικά του,
τοὺς ἀϊτοὺς καὶ τὰ λιοντάρια,
καὶ τ' ἀπόκρυφα βιβλία,
πῆγε κάτου ἀπ' τὴ μονιά του
κ' ἦρθε μέσα στοὺς ἀνθρώπους,
μέσ' στὸν Τσίρκο τὸν ἀπέραντο
τὸ μαρμαροστυλωμένο.
Καὶ νά ὁ Τσίρκος περιμένει
νὰ γιορτάσῃ τὸ γιορτάσι
ποὺ γιορτάζει μὲ τὸ Μάη,

WORD VIII

# PROPHECY

On the throne shall reign thereafter
Insolent and brainless asses,
Sacrilegious and sinful
And unworthy men and women . . .
Then at last the bear shall follow
To break down and smash the stockades,
To destroy with fire the barrier,
And erase the grave forever . . .
And then, O City of the Seven Hills,
You shall regain your power.

*Prophecy* of LEO THE WISE

But from his eye looks forth
A life of unconsumèd thought which pierces
The Present, and the Past, and the To-come.

SHELLEY, *Hellas*

The Diviner who forsees
With his visionary eyes,
The wise Prophet who discourses
In the language of tomorrow,
Moved by some elusive spirit,
Being he himself a spirit,
Cast off all his true companions,
Left the eagles and the lions,
Left behind his mystic books,
And descended from his lair
To commingle with the crowd
In the mighty Hippodrome
With its marble colonnades.
The vast Hippodrome is ready
For the formal celebration
Of the Mayday Festival;

καὶ ξεχείλισε καὶ βουΐζει
μέσα του τῆς Παναγίας
καὶ τῆς ἁμαρτίας ἡ Πόλη.
Κι ὁ Προφήτης μέσ᾽ στὸν Τσίρκο
χτίσματα καὶ θάματα εἶδε,
τέρατα εἶδε γεννημένα
μέσ᾽ ἀπ᾽ τὰ φιλιὰ τῶν ἄδειων
καὶ τῶν παραστρατισμένων.
Κ᾽ εἶδε τὰ εἴδωλα πανώρια
βάρβαρα κι ἀπὸ τοὺς τόπους
κι ἀπ᾽ τοὺς χρόνους κουρσεμένα.
Καὶ γιομίζουνε τὰ πλάτια,
καὶ ξαφνίζουνε τὰ ὕψη
στύλοι, πύργοι, θεοὶ κι ἀνθρῶποι,
χίλιες μύριες ζωές, ποὺ ζοῦνε
καὶ χαλκὲς καὶ μαρμαρένιες
καὶ στοῦ ἐλέφαντα τὴ χάρη
καὶ στ᾽ ὁλάκριβο χρυσάφι
καὶ σὲ κάθε τι ποὺ λάμπει
καὶ σκληρὸ εἶναι καὶ κρατιέται
ξένο, ἀσάλευτο, καὶ ποὺ εἶναι
σοφία κ᾽ αἴνιγμα καὶ τέχνη.

Κ᾽ εἶδε πλούσιο ἀρχοντολόϊ
καὶ βαρὺ καὶ φαντασμένο
καὶ σὰν ἁλυσοδεμένο
καὶ σοφὰ βαλτὸ σὲ τάξη
γύρω γύρω στὸ ρηγάρχη
στὸ θεοδώρητο δεσπότη.
Καὶ μὲ τ᾽ ἄσπρα τὰ σαγιὰ εἶδε
καὶ μὲ τὰ χρυσὰ βραχιόλια
καὶ πορφυροβουτημένους
μάγιστρους καὶ λογοθέτες
καὶ τοῦ Παλατιοῦ τοὺς πρώτους.
Καὶ τοὺς χρυσαρματωμένους
τοὺς κουβικουλάριους εἶδε,

And within it seethes and clamors
The great City of Our Lady,
The Metropolis of Sin.
And the Prophet saw within it
Many monuments and marvels,
But among these he saw monsters
Born of profligate embraces
And of prostituted love;
He saw also splendid idols
Plundered from barbaric countries
And of centuries the loot.
Overflowing that expanse,
Rising up to startling heights,
Mingle towers, pillars, statues,
Gods and men who live embodied
In white marble and in bronze,
In the grace of ivory,
In the gorgeousness of gold,
And in everything that gleams
And is hard and durable;
A strange world compacted of
Wisdom, mystery and art.

He observed luxurious nobles,
In their vanity and glory,
Sitting as if ranked and chained;
All arranged in careful order
Round about their lord and monarch,
The God-given Emperor.
And he saw high Court Officials,
Magisters and Logothetes,
In their purple robes of state,
With their flowing snow-white mantles
And their bracelets of bright gold.
He beheld the chamberlains
In their gold-encrusted armor;

καὶ ζωστὲς καὶ ρηγοποῦλες,
καὶ σὰν ἄστρα ἀπαλοφέγγαν.
Καὶ τοὺς μαγγλαβῖτες εἶδε
γαύρους μὲ τ᾿ ἀπελατίκια.
Καὶ σὲ μιὰ γωνιά, ἀλλοῦ πέρα,
καὶ σὰν παραπεταμένους
εἶδε μιὰ φουχτιὰ λεβέντες
νὰ πλευρώνουν πεζεμένοι
τ᾿ ἀστρομέτωπα ἄλογά τους,
καὶ στὰ βένετα κοντάρια
ν᾿ ἀκουμπᾶν ἀφαιρεμένα
τὰ γιγάντικα κορμιά τους.
Καὶ εἶταν οἱ Ἀκρῖτες, καὶ εἶταν
σκόρπιοι καὶ παρατημένοι,
τρίψαλα κι ἀπομεινάρια,
τὰ στερνὰ τὰ παλληκάρια.
Κι ἀνατρίχιασε ὁ Προφήτης.

Καὶ δὲν εἶδε νὰ προβάλῃ,
μέσ᾿ ἀπὸ τὸ Τριμπουνάλι
τ᾿ ἀεροκρέμαστο, τὴν ὄψη
τὴ λειτουργικὴ του ὁ Ρήγας.
Καὶ τὸν εἶδε μὲ τοὺς μίμους,
καὶ τὸν εἶδε μὲ τοὺς νάνους,
μὲ τοῦ τσίρκου τοὺς παλιάτσους,
μὲ τοῦ τσίρκου τὶς καροῦχες,
μὲ τοῦ τσίρκου τοὺς ἡρώους.
Ταίρι καὶ ὅλων εἶν᾿ ὁ Ρήγας,
ὅλων εἶναι σταυραδέρφι,
κι ἀγωνίζεται μαζί τους,
μεθοκόπος, χαροκόπος,
μέσ᾿ στὸν Τσίρκο τὸν ἀπέραντο
ποὺ γιορτάζει τὸ μεγάλο
τὸ μαγιάτικο γιορτάσι.
Καὶ τὸν εἶδε ἀπάνου στὸ ἄρμα
μὲ τοῦ Βένετου τὸ ντύμα

The princesses and their ladies
Gleaming like a drift of stars;
The Imperial Bodyguards
Flaunting ceremonial maces.
And he noticed in a corner,
Disregarded and rejected,
A small group of veterans
Standing silent and dismounted
Next to their star-fronted horses,
With their huge and muscled frames
Leaning listlessly upon
Their blue-shafted battle spears.
These the Acrites, and they were
Scattered here and there and scorned,
Remnants of the Frontier Guards,
Last of the picked fighting-men.
And the Prophet saw and shuddered.

But the Prophet did not see
The hieratic countenance
Of the Emperor appear
On his high tribunal-stand.
He beheld the King instead
With the clowns and with the dwarfs,
With the tumblers of the Circus,
With the Circus charioteers
And the other Circus heroes.
For he is their boon-companion,
Fraternizing with them all;
And he vies with them in drinking,
Merry-making and carousing,
In the mighty Hippodrome
Ready now to celebrate
The gay Mayday Festival.
And he saw him in a chariot
In the livery of the *Blues*,

μὲ τοῦ Πράσινου τὸ χρῶμα
κι ὀρθὸς κ᾿ ἔτοιμος νὰ στέκῃ
γιὰ τὸ τρέξιμο, ἀφρισμένος.
Κι ἀνατρίχιασε ὁ Προφήτης.

Καὶ τοὺς Πράσινους τοὺς εἶδε
καὶ τοὺς Βένετους τοὺς εἶδε,
καὶ εἶδε τὸ σκυλὶ ποὺ ξέρει
νὰ ὑποτάζεται, νὰ γλείφῃ,
νὰ λυσσάῃ καὶ νὰ σπαράζῃ·
τὸ σκυλὶ τὸ καμωμένο
κι ἀπὸ πίστη κι ἀπὸ δόλο.
Καὶ ξεχειλισμένα τὰ εἶδε,
σκαλιά, βάθρα καὶ καμάρες,
θρόνους, δρόμους καὶ σφεντόνες
ἀπὸ τὴ μπασιὰ τοῦ πλήθους.
Μαυρομάλλινα καμίσια
καὶ μαλλιὰ κοντοκομμένα
καὶ στεφάνια βελουδένια
καὶ τριανταφυλλιὰ γιορτάνια,
καὶ παράξενα τραγούδια
καὶ λουλούδια καὶ μαντήλια,
κι ἀεροσειένται μέσ᾿ στὰ χέρια.
Καὶ πυκνὰ καὶ λαμπυρίζουν
χεροσκούταρα καὶ λόγχες,
καὶ σαλεύουν καὶ προσμένουν
δήμαρχοι καὶ δῆμοι καὶ ὄχλοι
νὰ χαροῦν τὸ πανηγύρι
τ᾿ ἀνοιξιάτικο τὸ μέγα
μέσ᾿ στὸν Τσίρκο τὸν ἀπέραντο.
Κι ἀπ᾿ τὰ ὑψώματα τοῦ Τσίρκου
πέρα ὁλόβαθα καθάρια,
μ᾿ ὅλα της τὰ περιγιάλια,
μ᾿ ὅλα της τ᾿ ἀραξοβόλια,
μ᾿ ὅλα της τὰ γλαυκονήσια
τὴν ἀγνάντεψε μακριάθε

Or the colors of the *Greens*,
Standing ready for the race
And all fretting to be off.
And the Prophet saw and shuddered.

Then the Prophet saw the *Greens*,
And he also saw the *Blues*,
And he saw the dog that knows
How to cringe and lick the hand,
How to raven and to tear;
That same dog that blends in one
Faithfulness and treachery —
For he saw the seats and stalls,
Archways, stairs and passages,
Flooded, overwhelmed and stormed
By the inrush of the mob.
He observed black woolen shirts,
Short-cropped hair, headgear of velvet,
Garnet necklaces and flowers,
Fluttering scarves in upraised hands,
Clamors and outlandish songs.
Serried ranks of shields and spears
Glitter brightly in the sun;
And they stir impatiently,
Wardens, citizens and crowds,
Waiting to enjoy the great
Festival of May and spring
In the mighty Hippodrome.
From the high tiers of the Circus,
Over there, the Prophet saw,
With her beaches and her bays
And with her blue-tinted isles,
Pure and clear in the May morning,
Outside and above the world

πρωϊνή, μαγιάτικη, ὅλη,
κ᾿ ἔξω ᾿ἀπ᾿ ὅλα, ἀπάνω ἀπ᾿ ὅλα,
καὶ σὰν ὅραμα, τὴ θεία
θάλασσα, τὴν Ἀφροδίτη
τῶν γιαλῶν, τὴν Προποντίδα.
Κι ἀνατρίχιασε ὁ Προφήτης.

Καὶ τὸν Πύργο τὸ φωσφόρο
ποὺ βιγλάτορας φυλάει,
κι ἀγναντεύει, καὶ εἶν᾿ Ἀκρίτας
καὶ εἶν᾿ ὁλόμπροστα, ἀπ᾿ τὰ ὕψη
τοῦ βασιλικοῦ ἁγιασμένου
Παλατιοῦ, τὸν εἶδε ξάφνου
—κι ἀνατρίχιασε ὁ Προφήτης—
νὰ φλογίζεται, ᾿ν᾿ ἀνάφτῃ,
τὶς φωτιές του ὅλες ν᾿ ἀνάφτῃ,
ν᾿ ἀνεβαίνουν οἱ φωτιές ᾿του,
νὰ τινάζωνται, νὰ τρέμουν,
καὶ στὸν ἥλιο νὰ φαντάζουν,
μαῦρες γλῶσσες νὰ φαντάζουν·
καὶ εἶναι γλῶσσες ποὺ μιλᾶνε,
καὶ εἶναι γλῶσσες ποὺ μηνᾶνε
πὼς τὸ πάτησε τὸ χῶμα
τῶν Ἑλλήνων, καὶ πὼς μπῆκε
καὶ τραβάει μπροστὰ καὶ φτάνει
καὶ τὴν Πόλη φοβερίζει
πάντα ὀχτρὸς κι ἀπὸ αἰῶνες,
ὁ πιστὸς τοῦ Μωχαμέτη,
τοῦ Κυρίου θυμός, ἡ μοῖρα
καὶ ἡ κατάρα τῶν Ἑλλήνων.
Στ᾿ ἄρματα! Στ᾿ ἄρματα! ὁ Τοῦρκος!

Καὶ εἶδε τὸ μαντατοφόρο
Λογοθέτη τοῦ πολέμου
κι ἄκουσε τὸ μήνυμά του:
«Βασιλιὰ κι ἀφέντη! Ἀνάψαν

Like a fair enchanted mirage,
The divine land-girdled sea,
Aphrodite of the shores,
The Propontis far away.
And the Prophet saw and shuddered.

From the lofty Lighthouse Beacon
Standing watchful like a guard,
Standing ready like an Acrite
Always there upon the look-out
High above the sacred Palace,
He beheld a sudden flash—
And the Prophet saw and shuddered—
As the beacon spurted fire,
As it lit up all its flares.
And their flames leapt up and roared,
Furious and quivering
And appearing in the sun
Like black tongues against the sky.
They are tongues alive to speak,
They are tongues alert to warn
That he tramples on the soil
Of the Hellenes as invader;
He is marching and advancing,
He is threatening the City;
He, the age-old enemy,
The supporter of Mohomet,
The chastisement of the Lord
And the Hellenes' curse and fate.
To arms! to arms! the Turk!

Soon appeared a messenger,
The War Logothete himself,
And the Prophet heard his words:
"Highborn King and Emperor!

όλοι οἱ Φάροι οἱ μηνυτάδες,
ἀπ᾽ τοῦ Μυσικοῦ τοῦ Ὀλύμπου
τὶς κορφὲς ὡς ἐδῶ πέρα
στὴ Χρυσόπολη ἀποπάνου
στ᾽ ἁγίου Ἀξέντιου μπρὸς τὴ ράχη.
Νά κι ὁ Πύργος ὁ φωσφόρος
ἀπ᾽ τὸ Μέγα τὸ Παλάτι!
Μπῆκε ὀχτρὸς καὶ μᾶς πατάει.
Καρτεροῦμε, ἡ προσταγή σου.
Κόφτε τὴ γιορτή, τὸν τσίρκο
κλεῖστε, τ᾽ ἄρματα κρεμάστε
τὰ βασιλικὰ στὴν πόρτα
τῆς Χαλκῆς, σπαθί, σκουτάρι,
καὶ λουρίκι, τοῦ πολέμου
δὸς τὸ μήνυμα, ρηγάρχη!
Στ᾽ ἄρματα! Στ᾽ ἄρματα! ὁ Τοῦρκος!—


Κι ἀποκρίθηκε ἀπόκοτα ὁ ρηγάρχης·
— Λογοθέτη λούφαξε κιοτή,
τίποτε δὲ δύνεται νὰ κλείσῃ
τὴν ὁρμή μου, τὴ χαρά μου, τὴ γιορτή.


Θέλω ὡς ἄρχισα τὸ δρόμο νὰ τὸν τρέξω
πέρα ὡς πέρα ἀρματηλάτης νικητής·
τὴ χρυσή τὴν ἁλυσίδα ποιὸς θὰ κόψῃ
τῆς ὁρμῆς μου, τῆς χαρᾶς μου, τῆς γιορτῆς;


Μήτε τοῦρκος, μήτε δαίμονας θὰ φτάσῃ,
μήτε πόλεμος, μηδὲ σεισμὸς κανείς·
τοῦ πολέμου ἐδῶ εἶν᾽ οἱ κάμποι, ἀγωνιστάδες
τῆς ὁρμῆς μου, τῆς χαρᾶς μου, τῆς γιορτῆς.


Σκάφτουν τ᾽ ἄλογα τὸ χῶμα καὶ τ᾽ ἀμάξια
βογγοτρίζουν ζωντανά·
καὶ ὁ λαός μου καρτεράει νὰ στεφανώσῃ
τῆς γιορτῆς μου τὴν ὁρμὴ καὶ τὴ χαρά.

All the beacons are ablaze
From the Mysian Olympus
To the mountain opposite,
There above Chrysopolis
On the ridge of Saint Auxentius.
See also the Lighthouse Beacon
Flaming by the Royal Palace!
The invader tramples us—
Give your orders, we obey!
Stop the Mayday Festival,
Close the Hippodrome and hang,
Ready by the Chalcis Gate,
Your bright arms, your sword and shield
And your breastplate. Lead our ranks!
Raise the war-cry, Lord and king!
To arms! to arms! the Turk!"

Abruptly, then replied the Emperor King:
"Be silent, Logothete, you cannot stay,
You cannot interrupt with craven words
My fun, my frenzy and my holiday.

"I mean to run the race that I began
Right to the end and win the crown of bay;
Who dares to cut the golden skein that knits
My fun, my frenzy and my holiday!

"No Turk, no war, no devilry can thwart,
No earthquake—nothing can obstruct my way;
The battle-field is here, foes they who brave
My fun, my frenzy and my holiday.

"The horses churn the ground, the chariots creak
And strain as though they longed to be away!
My people wait impatiently to crown
My fun, my frenzy and my holiday.

Τοῦ πολέμου τὶς φωτιὲς σβῆστε τις ὅλες,
καὶ συντρίφτε κάθε φάρο ἐνοχλητή,
καὶ γκρεμίστε ὅλους τοὺς Πύργους τοὺς φωσφόρους.
Μόνα ὀρθά, ἡ χαρὰ κ' ἡ ὁρμή μου καὶ ἡ γιορτή.

Ἐμπρὸς τ' ἄρματα κ' ἐμπρὸς οἱ ἁρματοδρόμοι,
κ' ἑτοιμάστε τὸ γλυκόπιοτο κρασί,
κι ἀλαλάζοντας, λαοί μου, ὑμνολογεῖστε
τῆς γιορτῆς μου τὴ χαρὰ καὶ τὴν ὁρμή!—

Κ' ἔσβησε ἡ φωτιὰ ἡ μνηνύτρα,
καὶ γκάπ! γκόπ! ρημάδι ὁ Πύργος
κι ἀντιβρόντησε κι ὁ Τσίρκος
καὶ οἱ καροῦχες ξεκινῆσαν,
καὶ μπροστὰ κι ἀπ' ὅλους πρῶτος
καὶ ροδοστεφανωμένος
ὁ ρηγάρχης ὁ μονάρχης
γιὰ τὴ νίκη ἁρματοδρόμος.
Καὶ ἀργοαπλώθη στὸν ἀέρα
καὶ τὸν ἄκουσε ὁ Προφήτης
τὸν πασίχαρο τὸν ὕμνο
κι ἀπ' τοῦ Πράσινου τὸ στόμα
κι ἀπ' τοῦ Βένετου τὸ στόμα.

## ΟΙ ΠΡΑΣΙΝΟΙ ΚΑΙ ΟΙ ΒΕΝΕΤΟΙ

Κοίτα τὴν Ἄνοιξη καὶ πάλε
ὄμορφα ποὺ ροδοχαράζει!
Χαρὰ καὶ ὑγεία κ' εὐτυχία
τοῦ κόσμου φέρνει, ἀντραγαθίες
θεοδώρητες καὶ νῖκες δίνει
τοῦ Βασιλιᾶ σου, Ρωμιοσύνη!

Γιομάτη ἀπὸ τὴ ζωγραφιά σου
κ' ἡ Ἀνατολή, μεστὴ καὶ ἡ Δύση,
χάρηκε ὁ Δούναβης μ' ἐσένα,
καὶ σὲ λαχτάρισε καὶ ὁ Κύδνος·

"Extinguish, one and all, the flames of war,
Destroy the beacons' insolent array,
Tear down the lighthouses and leave alone
My fun, my frenzy and my holiday.

"Line up the chariots; forward charioteers!
Bring out the heady wine, let all be gay!
And bid my people greet with victory hymns
My fun, my frenzy and my holiday!"

Then the warning flames were smothered
And in ruins crashed the Tower—
The whole Circus rang and echoed!
And the chariots leapt forward
And in front of all, the first,
Was the Emperor and Monarch,
Roses for his royal crown,
Speeding on to victory.
And there drifted on the air,
And the Prophet heard the roar,
An obsequious hymn of praise
From the mouths of all the *Greens*,
From the throats of all the *Blues*.

THE *GREENS* AND THE *BLUES:*

Welcome once again to Springtime,
Glorious in her rosy birth!
Joy and health and happiness
Promising to all the earth;
Fame and prowess she will bring
O Hellenism, to your King!

All the earth adores your image,
King and Lord, both East and West;
But, though you enthralled the Danube
And the Cydnus you delighted,

κ' ἐγὼ μονάχα ἀπὸ τὴ φήμη
κι ἀπὸ τὸ λόγο σὲ γνωρίζω.
Μὴν εἶσαι ἀδικητής, καὶ στάσου
γιὰ νὰ χορτάσω τὴν εἰδή σου
τὴν ὀμοφιά σου ν' ἀπολάψω.

Καρτέρα με, πιὰ ὀχτροὺς δὲν ἔχεις,
σκλάβοι σου οἱ βάρβαροι ἀπ' τὴ Δύση,
κι ἀπ' τὴν Ἀνατολὴ τὰ ἔθνη.
Στάσου τὰ πόδια σου νὰ πλύνω,
στάσου νὰ νίψω σου τὰ χέρια,
στάσου τὴ σάρκα σου νὰ λούσω.
Κ' εἶναι πανώρια σου τὰ πόδια,
τὰ χέρια σου εἶναι ματωμένα,
κ' ἔπαθε ἡ σάρκα σου γιὰ μένα.

Εἶμαι ἔμορφη, κ' ἐξουσιάζω
τὶς χῶρες ὅλες, ὡραῖος εἶσαι
κι ἀπὸ τὰ Κράτη ἀπάνω στέκεις.
Ἔλα τὶς δυὸ τὶς ὀμορφιές μας
ταιριάζοντας νὰ τὶς χαροῦμε.
Πόλη δὲ θἄβρῃς ἀπὸ μένα
λαμπρότερη στὴν Οἰκουμένη,
ἄλλο δὲ θἄβρω στὴ ζωή μου
ρήγα λαμπρότερο ἀπὸ σένα.
Μὲ βάφτισες τὴ νέα σου Ρώμη
σὲ θάλασσες ἀγαθωσύνης,
σὲ βρύσες μ' ἔλουσες τροπαίων,
ρόγες καὶ κοῦρσα χόρτασές με,
ἀπάνου ἀπ' τὸ κεφάλι μου ὅλες
μοῦ ἀνέβασες ἐσὺ τὶς νῖκες.
Ὁ Σκύθης σκύβει ὀμπρός μου, ὁ Πέρσης
λυγίζεται καὶ προσκυνᾶ με.

Τὸ σιδεροπουκάμισό σου
καὶ τὴ στολὴ τῆς μάχης βγάλ' τα,
ντύσου τὸ φόρεμα ποὺ πρέπει

I, your City, know you only
By the praise of your renown.
Do not slight me by departing,
Let me gaze upon your face
And enjoy your strength and grace!

Stay with me—you have no foes;
The barbarians of the West
And the Nations of the East,
Each and all, are now your slaves.
Stay here while I wash your feet,
Stay here while I wash your hands,
Linger while I bathe your flesh.
Strong and shapely are your feet,
From your hands the blood seeps red,
For my sake your flesh has bled.

I am fair, I am the greatest
Of all cities; you are handsome
And you dominate all States.
Come, let us unite our virtues
In one harmonized enjoyment;
You could never find more splendid
City in the whole wide world,
And, life long, I could not find
Such another King like you!
You have baptised me New Rome
In the oceans of your bounty,
You have flooded me with trophies,
Feasted me with gifts and booty.
You have heaped upon my head
Victories beyond all counting;
Low before you bows the Scythian
And the Persian kneels in homage.
Swiftly doff your coat of mail
And your heavy battle harness,
Don instead a victor's robe:

τοῦ νικητῆ, τὸ σκαραμάγκι
τὸ ροδαρό, μὲ τ᾽ ἀτλαζένια
τ᾽ ἀνθόκλαδα καὶ τὰ διαμάντια.

Ξεκαβαλλίκεψε, ἥλιε Ρήγα,
ν᾽ ἀναπαυτῇ καὶ τ᾽ ἄλογό σου,
στὴν Πόλη σου δός το τὸ φῶς σου,
σύμμετρα μοίρασε τὸ φῶς σου,
μὴν τυφλωθοῦμε ἀπὸ τὸ φῶς σου!

*

Κι ὁ ὕμνος ὁ βενετοπράσ᾽νος
πρὶν καλὰ νὰ ξεψυχίσῃ,
ξέσπασε ἄλλος μαῦρος ὕμνος,
ἀπὸ τὴ γωνιά, ἀλλοῦ πέρα,
καθὼς πάει καὶ σπάει τὸ κῦμα,
τὸ παιδὶ τῆς τρικυμίας.
Καὶ δὲν εἶταν ὕμνος, εἶταν
μοιρολόϊ κ᾽ εἶταν κατάρα·
κ᾽ ἡ κατάρα ἀπ᾽ τοὺς Ἀκρῖτες.
Κι ἀνατρίχιασε ὁ Προφήτης.

## ΟΙ ΑΚΡΙΤΕΣ

Δίχως αὐτιὰ καὶ δίχως μάτια,
κολάκων ὄχλοι, ἀλλοιὰ σ᾽ ἐσᾶς!
Πλάνταξε στόμα ποὺ παινεύεις
καὶ πόδι ποὺ χοροπηδᾷς.

Μεθύσι ἀνάξιο σέρνει τα ὅλα
στὰ θέατρα καὶ στὰ καπηλιά,
τὴν παλλακίδα Πολιτεία,
τὸ γλεντοκόπο Βασιλιά.

Καὶ μπλέκονται μέσα στὰ γκέμια
τοῦ κορωνάτου τοῦ ἁμαξᾶ
καὶ πέφτουν τ᾽ ἀκριβὰ καὶ τ᾽ ἅγια.
Πλακώνει, πλάκωσ᾽ ἡ Ἀραπιά!

The rose-colored scaramang
With its sprays of satin flowers
And its diamond broidery.
Come, dismount, O Sun-bright Monarch,
Let your horse regain its breath;
Shine your light upon your City,
But with care dispense your rays—
Lest you blind us with their blaze!

*

Scarcely had the anthem faded
Of the *Blues* and of the *Greens*,
When another hymn, a somber,
From a corner opposite,
Thundered like a bursting wave,
Daughter of a sudden storm.
It was not a hymn of praise,
But a dirge, a malediction,
The black curse of all the Acrites.
And the Prophet heard and shuddered.

THE ACRITES

Brainless, sightless and unhearing,
Mob of toadies, on you woe!
Perish fulsome mouths that flatter,
Perish prancing heel and toe!

All by drunkeness are driven
To the tavern and the ring;
All of them, the Harlot City
And the roisterer, her King;

Till, entangled in the bridle
Of the royal charioteer,
Everything of worth is toppled,
And the Turkish hordes are here!

Μᾶς ἔζωσε ὁ Καραμανίτης,
τοῦ κόσμου ὁ ξεθεμελιωτής,
καὶ τῶν ἐθνῶν ὁ καταλύτης
καὶ τῆς Ἀσίας ὁ νικητής.


Κ' οἱ Ἀκρῖτες μπαίγνια τῶν παλιάτσων,
καὶ ψωριασμένα ἀπορριχτά
τ' ἀργυροκάμιωτα κοντάρια,
τὰ χρυσοσέλλωτα φαριά.


Τοῦ Ἀκρίτα πύρινα ξεφτέρια,
ἀπὸ τὸν Ταῦρο ὡς τὰ νησιά,
σβῆσαν οἱ Φάροι ἀράδα ἀράδα
κι ἀπ' τὰ ρτενὰ κι ἀπ' τὰ βουνά.


Ἕνας κοντὰ ἀπ' τὸν ἄλλο σβῆσαν,
στρατιῶτες, βάρδιες, μηνυτές,
δρακόντοι κράχτες τοῦ πολέμου
ἄγρυπνοι οἱ φάροι καὶ οἱ φωτιές.


Κι ὅλα τὰ χέρια εἶναι παρμένα,
κι ὅλα τὰ μάτια εἶναι κλειστά·
στερνὴ φωτιὰ ἄναψε· τὴ σβήνει
τὸ πρόστασμά σου, βασιλιά!


Κ' οἱ Νικηφόροι αὐτοκρατόροι
κ' οἱ Τσιμισκῆδες οἱ γοργοὶ
καὶ οἱ κένταυροι Βουργαροφάγοι
καπνοὶ καὶ σύγνεφα καὶ ἀφροί.


Καὶ νά! λαγόκαρδοι ἀφεντάδες
καὶ θηλυκοὶ καὶ ὀκνοὶ καὶ ἀργοί!
Στὸν Τσίρκο μέσα οἱ χαροκόποι,
καὶ στὸ ναὸ οἱ πορνοβοσκοί!

By the Turk we are encircled,
By the wrecker of the world,
The destroyer of the Nations,
Thunderbolt from Asia hurled.

Fools and clowns now mock the Acrites;
Humiliated, cast aside,
Is the mighty spear of battle
And the war-horse in its pride.

All the Acrites' fiery falcons,
From the Taurus to the West,
One by one have died—the beacons
Over pass and mountain crest.

One by one they were extinguished,
They, the sentries on the heights,
Messengers, fire-breathing dragons,
Ever watchful beacon lights.

Every hand and arm is palsied,
Closed in sleep is every eye;
That last flame, O King, your order
Bade it flicker out and die!

Gone is mighty Nicephorus,
Gone Tsimiskes to the past,
And the Bulgar-slaying Centaur—
Foam-flakes, visions fading fast.

In their stead faint-hearted rulers,
Spineless idlers reel and lurch!
Merry-makers in the Circus,
Harlot-chasers in the Church!

Τὸν πόλεμο ποὺ ξάφνου ἀνάφτει
ξολοθρευτὴς καὶ λυτρωτὴς
πιὰ δὲ μηνᾶνε κρεμασμένα
στὴν πόρτα ἀπάνου τῆς Χαλκῆς,

πιὰ δὲν κρεμιένται σὰν καὶ πρῶτα
καὶ δὲ βροντᾶν ἀστραφτερὰ
Σπαθί, Σκουτάρι καὶ Λουρίκι,
τὰ ὅπλα τὰ βασιλικά.

Καὶ στὰ περίγυρα τοῦ Εὐφράτη
ὠΐμέ, στεφάνι τῆς ἀντρειᾶς,
ὠΐμὲ τῆς τόλμης τὸ κεφάλι,
τὸ ρόδο τῆς Καππαδοκιᾶς!

Ὁ μέγας Διγενὴς ὁ Ἀκρίτας
στὰ ξέστρωτα, τὰ σκοτεινὰ
σφαλίστηκτε ἀπ' τὸ Χάρο, πάει
τῆς Ρωμιοσύνης ἡ καρδιά!

Πάει, ποὺ τὸν εἶχες, Ρωμιοσύνη,
κι ἀπ' τὰ θρονιὰ τὰ ρηγικὰ
πιὸ ἀπάνου, ἀπάνου ἀπ' τὰ παλάτια,
στοὺς βασιλιάδες βασιλιά.

Καὶ πάει κι ὁ Πύργος του ὑψωμένος
πέρα στοῦ Εὐφράτη τὰ νερά,
τῆς Ρωμιοσύνης ἡ κορώνα
καὶ ἡ σκέπη καὶ ἡ φεγγοβολιά.

Κάτου τετράγωνος ὁ Πύργος,
ἀπάνου ὀχτάγωνος χτιστός,
Πύργος γιομάτος πολεμίστρες,
Πύργος παράθυρα μεστός.

War, when suddenly it blazes,
War that frees or devastates,
Is not signaled by displaying
High above the Chalcis Gates,

As of old, the royal armor
Flashing for the world to see,
Sword and shield and clanging breastplate,
All the kingly panoply.

And along the far Euphrates,
Ah, of gallantry the head,
Ah, the crown of steadfast courage,
Rose of Cappadocian red!

Ah, great Digenes Acritas,
In the Underworld apart,
Charon holds him in his prison—
Gone is Hellenism's heart!

Gone! he whom you once exalted,
Hellenism, upon your wings,
High above all thrones and scepters.
Gone! your uncrowned king of kings.

Gone, too, is the Tower that, rearing
There by the Euphrates stream,
Was of Hellenism the glory,
Both the rampart and the gleam.

Built eight-cornered was that Tower
Rising from a four-square base,
Built with embrasures and loopholes
Gazing from its every face.

Κ' ἔβλεπε πρὸς τὴ Βαβυλώνα
κι ἀγνάντευε ὅλη τὴ Συριὰ
καὶ εἶχε κορφὴ ποὺ δὲν τῆς λυώνει
φέγγος τὸ χιόνι ἀπὸ μακριά.

Ταῦροι καὶ Ἀντίταυροι μπροστά του
καὶ Λίβανοι γονατιστοί,
μὲ τὰ Βαγδάτια τους καλίφες
καὶ μὲ τὰ κάστρα τους Ταρσοί.

Κ' ἐμεῖς οἱ Ἀκρῖτες σου κ' οἱ Ἀκρῖτες,
φουρτοῦνες τοῦ θυμοῦ σου ἐμεῖς,
ξαφνίσματα κι ἄδεια στολίδια
μιᾶς φαύλης ἄμοιαστης γιορτῆς.

Κ' ἐμεῖς οἱ Ἀκρῖτες του κ' οἱ Ἀκρῖτες
ἄθλια συρμένοι, ὦ τί ντροπή!
πορτοφυλάκοι ἀνάξιου ρήγα,
σὰν ἀπ' ὀχτρὸν ἐκδικητή.

Παιδιῶν περίγελα καὶ μπαίγνια!
Ποῦ εἶστε, ποτάμια, λαγκαδιές,
χωσιὲς καὶ κούρσα καὶ σεφέρια,
κλεισοῦρες, ἄκρες καὶ κορφές!

Πάει κι ὁ στερνὸς ὁ Φάρος πάει,
φῶτα καὶ μάτια ὅλα σβηστά,
χύθηκε ἡ νύχτα. Ἀφωρισμένοι!
Πλακώνει, πλάκωσε ἡ Τουρκιά!

Ο ΠΡΟΦΗΤΗΣ

Μέσ' στὶς παινεμένες χῶρες, Χώρα
παινεμένη, θᾶρθη κ' ἡ ὥρα,
καὶ θὰ πέσης, κι ἀπὸ σέν' ἀπάνου ἡ Φήμη
τὸ στερνὸ τὸ σάλπισμά της θὰ σαλπίση
σὲ βοριὰ κι ἀνατολή, νοτιὰ καὶ δύση.

Over Babylon the warden
And the Syrian marches all,
Like an ever snow-capped mountain
Shone afar its bastion wall.

Lebanon and Antitaurus
Knelt before its massive gates,
Tarsus with its many strongholds,
Bagdad with its caliphates.

And we Acrites, we your Acrites,
Are the objects of your rage,
Useless and intrusive puppets
On a vile and monstrous stage.

Aye, we Acrites, we *his* Acrites,
Oh the shame! have fallen low
To be lackeys of a master
Who would treat us like a foe.

We are laughed at now by children!
Where are you, O peaks and glades,
Rivers, frontiers, raids and battles,
Onslaughts, thrusts and ambuscades!

Now the last Watch Tower has fallen;
Heedless are both eye and ear,
By dark night we are surrounded,
Woe on us—the Turk is here!

THE PROPHET

O City, famous among famous cities,
The day is coming and with it the hour
When you shall fall. And over you shall Fame
Sound her last trumpet-call
To every quarter and in every hall.

Πάει τὸ ψῆλος σου, 'τὸ χτίσμα σου συντρίμμι.
Θᾶρθη κ᾽ ἡ ὥρα· ἐσένα εἶταν ὁ δρόμος
σὲ βοριὰ κι ἀνατολή, νοτιὰ καὶ δύση,
σὰν τὸ δρόμο τοῦ ἥλιου· γέρνεις· ὅμως
τὸ πρωΐ γιὰ σὲ δὲ θὰ γυρίσῃ.

Καὶ θὰ σβήσῃς καθὼς σβήνουνε λιβάδια
ἀπὸ μάϊσσες φυτρωμένα μὲ γητιές·
πιὸ ἀλαφρὰ τοῦ περασμοῦ σου τὰ σημάδια
κι ἀπὸ τὶς δροσοσταλαματιές·
θὰ 'σὲ κλαῖν· τὰ κλαψοπούλια στ᾽ ἀχνὰ βράδια
καὶ στὰ μνήματα οἱ κλωνόγυρτες ἰτιές.

Καὶ τὴν ἔκοβε τοῦ ὀχτροῦ σου τὴν ὁρμὴ
τῆς χυτῆς σου τῆς φωτιᾶς τὸ θάμα·
καὶ στὸ κάστρο σου σπρωγμέν᾽ ἡ Ἀνατολὴ
λυσσομάναε μὲ τὴ Δύση ἀντάμα.
Καὶ κρατοῦσες τῶν ἀρμάτων τὴν πλημμύρα,
κι ὀρθὸς κι ἄσειστος τῆς δύναμής σου ὁ κάβος·
λυγισμένοι ὀμπρός σου
νά κι ὁ Τοῦρκος, νά κι ὁ Φράγκος, νά κι ὁ Σλάβος.
Στὴ χυτή σου τὴ φωτιά, ὤ! τί μοῖρα!
καιροὺς κ᾽ αἰῶνες ἔκαιες τὸν ὀχτρό σου.
στὴ χυτή σου τὴ φωτιά, ὤ! τί μοῖρα!
μόνη σου θὰ πέσῃς νὰ καῇς,
τρισαπελπισμένη τῆς ζωῆς.

Καὶ χορὸ τριγύρω σου θὰ στήσουν
μὲ βιολιὰ καὶ μὲ ζουρνάδες
γύφτοι, ὁβραῖοι, ἀράπηδες, πασάδες,
καὶ τὰ γόνατα οἱ τρανοί σου θὰ λυγίσουν,
καὶ θὰ γίνουν τῶν ραγιάδων οἱ ραγιάδες
κα τ᾽ ἀγόρια σου τ᾽ ἀγνὰ θὰ τὰ μολέψουν
μὲ τ᾽ ἀγκάλιασμά τους οἱ σουλτάνοι,
καὶ τὰ λείψανά σου θὰ στὰ κλέψουν
οἱ ζητιάνοι.

Your greatness is in ruins; gone your power!
Nightfall approaches; and your shining course
Which, like the sun's, brought light to every shore,
Is almost run. Now you are setting;
For you the daybreak shall return no more.

You shall fade as fades a meadow
Withered by a witch's blight;
More ephemeral shall be your traces
Than the dew at morning light;
Owls shall mourn for you in the dim evening
And weeping-willows by your grave each night.

The miracle of your Greek-fire
Stemmed every onrush of the furious tide
Which flung itself against your citadel,
The East together with the West allied.
You held in check that ever rising spate
And like a rock you towered in your pride;
Before you bending low
You saw the Turk, the Slav, the Frankish foe.
For centuries in the red flare
Of your Greek-fire your foemen were consumed;
But now in your Greek-fire, ah what a fate!
To immolate yourself you have been doomed —
To flee your own despair.

And around you they shall revel,
With their fiddles and their oboes,
Jews and Gypsies, Turks and pashas.
Your proud princes shall be humbled
And become the slaves of slaves;
Sultans with their vile embraces
Your sons' innocence shall blight;
And beggars in the end shall rob you
Of your last remains and tatters.

Χώρα τρισκατάρατη, ἀπ' τὰ ὕψη
σὲ ποιὰ βύθη, χώρα ἁμαρτωλή!
Καὶ κανένας νὰ σοῦ δώσῃ δὲ θὰ σκύψῃ
τοῦ θανάτου τὸ στερνὸ φιλί.

Καὶ τὸ πέσιμό σου θὰ βροντήξῃ
κ' ἕνα μοιρολόϊ σου θὰ οὐρλιάσῃ,
καὶ τὸ μοιρολόϊ σου θὰ τὸ πνίξῃ
ἀπὸ πάνω σου ἀλαλάζοντας μιὰ πλάση.
Μιὰ καινούρια πλάση, μιὰ γεννήτρα
θὰ φουντώσῃ ἀπ' τὰ χαλάσματά σου,
κάθε δύναμης καὶ χάρης σου ἀπαρνήτρα,
διαλαλήτρα μοναχὰ τῆς ἀσκημιᾶς σου.
Πλάση ἀταίριαστη μ' ἐσὲ καὶ ξένη,
κι ἂς τὴν ἔχῃς μὲ τὸ γάλα σου ποτίσει·
τὴν πατάει τὴ στέρφα γῆ σου καὶ διαβαίνει,
κι ὅπου πάτησε ἀναβρύζει καὶ μιὰ βρύση.

Κ' ἡ Ψυχή σου, ὦ Πολιτεία,
κολασμένη ἀπὸ τὴν ἁμαρτία,
νεκρὴ ἀφήνοντας ἐσένα
θὰ πλανιέται κυνηγώντας ἄλλη γέννα.
Σάμπως νά εἶναι πουλημένη σὲ δαιμόνους,
θὰ σπαράζῃ καὶ θὰ πλέῃ μέσ' στὰ σκοτάδια,
καὶ ἴσκιος θὰ εἶναι μέσα στ' ἄδεια,
μέσ' στὴν ἄβυσσο μιὰ βάρκα·
κι ὁ ἴσκιος ὕστερα θὰ παίρνῃ σάρκα
κ' ἡ βάρκα ὕστερα θὰ φτάνῃ
σὲ ξεσκέπαστο ἀνεμόδαρτο λιμάνι.
Καὶ θὰ ζῇς ξανὰ στοὺς τόπους καὶ στοὺς χρόνους
καὶ στὶς ἱστορίες τῶν ἐθνῶν
καὶ στοὺς κύκλους τῶν αἰώνων
θὰ μαυρολογᾶς, τῶν ξεπεσμῶν
ὦ Ψυχή, καὶ τῶν ἀδόξαστων ἀγώνων.
Κ' ἡ Ψυχή σου, Πολιτεία καταραμένη,
δὲ θὰ βρῇ ν' ἀναπαυτῇ·

O sinful City, from what gleaming height
To what dark underworld shall you be cast!
And at your death no one shall tend you
To give you that funereal kiss, the last.

Your fall shall echo like a crash of thunder,
Your dirge shall sound like a long wailing sigh,
But soon its lamentation shall be drowned
And silenced by a new world's joyous cry.
A newer world shall blossom in your place,
An eager world of richness and of youth
That shall deny you every worth and grace
And magnify each blemish and untruth.
An alien world shall rise, to you a stranger
Through suckled on your milk's life-giving stream,
It treads your ravaged soil and from each foot-print
A gushing spring shall gleam.

And your orphaned soul, O City,
Damned by your iniquity,
Shall leave your corpse beneath the earth
And roam in search of a new birth.
It shall wander in the darkness,
As though sold to fiends of hell,
A shadow among shades to dwell,
A barque upon a shoreless sea;
But at last the shadow flesh shall be
And at last the barque shall gain
An open, wind-swept place—
Once more you shall exist in time and space.
In the history of Nations
And the centuries' relays,
You shall loom, O soul, as a dark figure
Of decadence and impotent affrays.
Aye, your soul, O cursèd City,
Shall find no respite and no end,

τοῦ Κακοῦ τὴ σκάλα ἀπὸ σκαλὶ
σὲ σκαλὶ θὰ τήνε κατεβαίνη,
κι ὅπου πάῃ κι ὅπου σταθῇ,
σὲ κορμὶ χειρότερο θὰ μπαίνῃ.

Καὶ θάρθῇ μιὰ μέρα, μαύρη μέρα!
Καὶ ἡ ψυχή σου, ὦ Πολιτεία,
θὰ κατασταλάξῃ πέρα, πέρα
στὴν καμαρωμένη Γῆ,
στοῦ ἥλιου τὴ χαρά, στ' Ἀπρίλη τὸν ἀέρα.
Καὶ στὸ φῶς θὰ βγῇ,
καὶ ξαφνίζοντας τὸν ἥλιο,
σὰ θρεμμένο ἀπ' τὸ δικό σου αἷμα,
ἕνα γέλιο, ἕνα παράλλαμα, ἕνα ψέμα,
ἕνα κλάμα, ἕνα  Β Α Σ Ι Λ Ε Ι Ο.

Ὁ δικέφαλος ἀϊτός σου νά! μακριὰ
μακριὰ πέταξε μὲ τ' ἄξια καὶ μὲ τ' ἅγια
καὶ θὰ ἰσκιώσουν τὰ τετράπλατα φτερὰ
λαοὺς ἄλλους, κορφὲς ἄλλες, ἄλλα πλάγια.
Πρὸς τὴ Δύση καὶ πρὸς τὸ Βοριὰ
τὴν κορώνα φέρνει, καὶ κρατᾶ
— καὶ τὰ νύχια του εἶν' ἁρπάγια—
καὶ τὴ δόξα καὶ τὴ δύναμη κρατᾶ·
καὶ τὸ γέλιο, καὶ τὸ ψέμα τὸ Βασίλειο
ποὺ γεννήθηκε ἀπὸ σένα μές' στὸν ἥλιο,
κοίτα, Θεέ! θὰ σέρνεται μπροστὰ
σὲ μπαλσαμωμένη κουκουβάγια.
Μ' ὅλα σου θὰ ζῇ τὰ χαμηλά,
μὲ καμιά σου δὲ θὰ ζῇ μεγαλωσύνη,
κ' οἱ προφῆτες ποὺ θὰ προσκυνᾶ,
νάνοι καὶ ἀρλεκίνοι.
Καὶ σοφοί του καὶ κριτάδες
τοῦ ἄδειου λόγου οἱ τροπαιοῦχοι,
καὶ διαφεντευτάδες
κυβερνῆτες του οἱ εὐνοῦχοι.

But the ladder of Misfortune,
Rung by rung, it shall descend
And know at every station
A more debased reincarnation.

And the time shall come at last,
In an hour of ill-omen,
When your wandering soul, O City,
Shall settle over there, far, far away,
In that glorious land of old,
In the sunshine and the gladness of an April day.
And then shall issue from the earth
An insult to the sun on high,
Through claiming from your womb its birth,
A mockery, a freak, a lie,
A Kingdom, a calamity! . . .

Your double-headed eagle, taking flight,
Has borne away your treasures and your holies;
Beneath its spreading wings it shall give shelter
To other peoples, other peaks and shores.
It bears the imperial crown to North and West,
And in its sword-like and raptorial claws
It carries fame and might.
While here this lie and mockery of a kingdom,
Brought forth by you into the sun's pure light . . .
Look at it now, O God! look at it crawl
Before a straw-stuffed owl.
It shall exist with all your vices
And nothing of your grandeur and renown;
And its only honored prophets
Shall be the dwarf and clown.
Its high judges and its sages
Shall be the paragons of empty words,
The eunuchs and the harlequins
Shall be its governors and lords.

Καὶ θὰ φύγῃς κι ἀπ᾿ τὸ σάπιο τὸ κορμί,
ὦ Ψυχὴ παραδαρμένη ἀπὸ τὸ κρῖμα,
καὶ δὲ θἄβρῃ τὸ κορμὶ μιὰ σπιθαμὴ
μέσ᾿ στὴ γῆ γιὰ νὰ τὴν κάμῃ μνῆμα,
κι ἄθαφτο θὰ μείνῃ τὸ ψοφήμι,
νὰ τὸ φᾶνε τὰ σκυλιὰ καὶ τὰ ἑρπετά,
κι ὁ Καιρὸς μέσα στοὺς γύρους του τὴ μνήμη
κάποιου σκέλεθρου πανάθλιου θὰ βαστᾶ.

῍Οσο νὰ σὲ λυπηθῇ
τῆς ἀγάπης ὁ Θεός,
καὶ νὰ ξημερώσῃ μιὰν αὐγή,
καὶ νὰ σὲ καλέσῃ ὁ λυτρωμός,
ὦ Ψυχὴ παραδαρμένη ἀπὸ τὸ κρῖμα!
Καὶ θ᾿ ἀκούσῃς τὴ φωνὴ τοῦ λυτρωτῆ,
θὰ γδυθῇς τῆς ἁμαρτίας τὸ ντύμα,
καὶ ξανὰ κυβερνημένη κι ἀλαφρὴ
θὰ σαλέψῃς σὰν τὴ χλόη, σὰν τὸ πουλί,
σὰν τὸν κόρφο τὸ γυναίκειο, σὰν τὸ κῦμα,
καὶ μὴν ἔχοντας πιὸ κάτου ἄλλο σκαλὶ
νὰ κατρακυλήσῃς πιὸ βαθιὰ
στοῦ Κακοῦ τὴ σκάλα,—
γιὰ τ᾿ ἀνέβασμα ξανὰ ποὺ σὲ καλεῖ
θὰ αἰσταθῇς νὰ σοῦ φυτρώσουν, ὦ χαρά!
τὰ φτερά,
τὰ φτερὰ τὰ πρωτινά σου τὰ μεγάλα!

And you shall flee that fetid body,
O Soul tormented by your sin,
And that corpse shall not be granted
Even earth-room for a tombstone.
It shall lie, unwept, unburied,
As the food of dogs and reptiles;
And Time, when the vast cycles of days and nights have run,
Shall retain the memory of a piteous skeleton.

Till the God of love and mercy
At long last takes pity on you,
And at last the morning dawns
When deliverance shall call you,
O Soul tormented by your sin!
You shall hear the redeemer calling
And cast off the garb of sin;
And, ethereal and unfettered,
You shall thrill with life like a green meadow,
A singing lark, a woman's breast, a wave.
Then, having now no other rung
From which to fall still lower
Down the ladder of Misfortune,
You shall be summoned to an upward climb.
And, to achieve this end, oh joy sublime!
Great wings upon your shoulders shall unfold—
Your glorious wings of old!

## ΛΟΓΟΣ Θ'

## ΤΟ ΒΙΟΛΙ

"Αστραψε φῶς καὶ γνώρισεν ὁ νιὸς τὸν ἑαυτό του.
Σολωμὸς (Πόρφυρας).

Τὰ χέρια τους ἀναποδογυρίσανε τὸ φόρεμά σου,
ποὺ ἡ λαμπυράδα του ἐρέθιζε τὴ μανία τους. Μὲ τὴν
ἴδια σου τὴν πορφύρα σ' ἐξευτελίσαν, τὸ δοξασμένο·
καὶ σὲ καταδικάσαν, τὸν ἀφέντη.
V. Hugo (Οἱ ἀπὸ μέσα μας φωνές).

Σὲ κάθε παιδί, σὲ κάθε αὐγή, ξανανιώνει ἡ
θεία φαντασία.
Lenau (Φάουστος).

Καὶ νύχτα μέρα ὁ λογισμὸς
φουρτούνιαζε μέσα μου τέτοιος:

Γύφτο οἱ ἀλλόφυλοι μὲ κράζουν,
κ' οἱ γύφτοι ἀλλόφυλο μὲ λένε,
κ' οἱ δουλευτάδες ἀκαμάτη,
καὶ οἱ σπλαχνικὲς καρδιὲς μὲ κλαῖνε,
κ' οἱ χαροκόποι δὲ μὲ θέλουν,
καὶ μ' εἶπαν οἱ γεροὶ σακάτη,
παλιάτσο μὲ εἶπε κι ὁ σακάτης
κ' οἱ ὀνειροπλέχτες μὲ κοιτάζουν
πάντα μὲ ξαφνισμένο μάτι,
σὰν ὄνειρο ἄπρεπο καὶ ξένο,
καθὼς διαβαίνω,
καὶ τὰ στοιχιὰ καταφρονᾶνε
τὴ σάρκα μου, καὶ σὰ στοιχιὸ
μὲ τρέμουν οἱ ἄνθρωποι, καὶ κάγω,
καὶ νὰ σταυροκοπιένται κάγω
τὸν ἄθεο καὶ τὸ χριστιανό.

196

# THE VIOLIN

A light flashed and the young man recognized himself.
SOLOMOS, *The Shark*

Their hands have turned inside-out thy robe, whose
luster provoked their fury; with the same purple they
have changed fame into vileness and an emperor into a
convict.
V. HUGO, *Les Voix intérieurs*

In every child, in every dawn, the divine fantasy is
renewed.
LENAU, *Faust*

Reason clamors in my mind,
Night and day, with thoughts like these:

Foreigners call me a Gypsy,
Gypsies shun my foreign dress,
Workers claim that I am idle,
Kind hearts mourn my loneliness.
By pleasure-loving rakes I am rejected,
The healthy think me smitten by disease,
The ailing name me clown and jester;
The dreamers greet me with surprise
And, as I pass them by, they look upon me
With startled, staring eyes
As though I were a strange, exotic vision;
The ghosts my solid flesh and blood despise;
The living take me for a spirit
And tremble when they meet me in the night;
Both atheist and Christian cross themselves
And mutter at my sight.

Κι ἂν εἶμ᾿ ἐγὼ σὰν ἕνα δέντρο,
καὶ στὰ κλαδιά μου κελαϊδᾶνε
χιλιόχρωμα χίλια πουλάκια
χίλια τραγούδια στὰ κλαδιά μου,
κούφιος ἐμένα εἶν᾿ ὁ κορμός μου,
στήσανε μέσα του κονάκι
φρύνοι, μαμούδια, σερπετά,
καὶ στὴν κορφή μου εἶν᾿ ἡ δροσιὰ
κ᾿ εἶναι στὴ ρίζα μου φαρμάκι.
Καὶ κανενὸς ἀκουμπηστήρι,
σκέπη δὲν εἶμαι κανενός,
στὴν ὄψη μου εἶν᾿ ὁ οὐρανὸς
κ᾿ ἡ κόλαση μέσ᾿ στὸ βυθό μου,
στὴ μέση ὑψώνομαι τοῦ δρόμου,
καὶ μπόδισμα καὶ σκιάχτρο ἐγὼ εἶμαι·
τί ἀργεῖς, ὦ πέλεκα, τί ἀργεῖς;
Δὲν εἶμαι δέντρο, εἶμαι κουφάρι,
εἶμαι ἡ μονιὰ τοῦ σάπιου, ἡ τρύπα
τοῦ γλιστεροῦ, χτύπα με, χτύπα,
τί ἀργεῖς, ὦ πέλεκα, τί ἀργεῖς;
Δὲ φύτρωσε, ὄχι, ἐμένα, ἐμένα
μὲ τίναξε μιὰ μαύρη γίς!—

Κ᾿ ἐκεῖ ποὺ τέτοιοι λογισμοὶ
τὸ νοῦ μου ἐμένα φουρτουνιάζαν,
μιὰν ἀπριλιάτικην αὐγὴ
στὸ βαθυπράσινο λαγκάδι,
σὲ μιὰ σπηλιὰ καταμπροστά,
κάτι ἀγναντεύω κατὰ γίς,
μισοθαμμένο μέσ᾿ στὸ χῶμα,
καὶ ποὺ ξεμύτιζε ἀπ᾿ τὸ χῶμα,
σὰν κλῶνος μέσ᾿ ἀπὸ τὸ χῶμα,
καὶ σάμπως νἄθελε καὶ πάλι,
σκεπάζοντάς το, νὰ τὸ θάψῃ,
τὄσφιγγε τὸ περιπλοκάδι,
καὶ στὸ γαλάζιο ἀχνοσκοτάδι

Though I may tower like a tree
Among whose boughs a thousand birds
Of many colors sing a thousand songs,
This trunk of mine is hollow;
In it nest
Toads, reptiles and a thousand creeping things;
The dew-drop glimmers on my leafy crest,
But to my root a poison clings.
I stand from everyone apart
And to no one do I give shelter,
The heavens shine upon my face,
But hell is hidden in my heart;
I block the middle of the way,
I am an obstacle, a threatening specter.
O axe, why do you still delay?
I am no tree, I am a rotten carcass,
I am a den of pestilence, a lair
Of coiling serpents. Hew me, hew me down!
Why do you wait, O axe, why still delay?
I am no tree, no seedling gave me birth—
No, I was spewed up from the tainted earth! . . .

While such thoughts in stormy train
Were clamoring within my brain,
One April morning,
In a green, sheltered valley,
Before the entrance of a cave,
I noticed something on the ground
Half buried in the earth,
And pointing upwards from the earth
Like a stem towards the heavens;
A spray of bindweed clasped it tight
As though it wished again
To hide and bury it from sight.
And in the dawning's blue half-light

πρωί πρωί
τόβλεπες πότε σὰ χεράκι,
πότε σὰν ἕνα μαυροκόκκινο
λαβωμένο πουλί.

Σκύβω καὶ βρίσκω ἕνα βιολί.

Κ᾿ εἴτανε τὸ βιολὶ τοῦ Γέρου
τ᾿ ἀσκητευτῆ κληρονομιά.
Τὸ ηὖρα στὴν ἔρμη τὴ σπηλιά του
καταμπροστά.

Ὁ ἐρημίτης γέρος τὄχε,
σὰν τὸν κράταγε ἡ σπηλιὰ
μὲ τοὺς βράχους, μὲ τ᾿ ἀγρίμια,
καὶ μὲ τὰ στοιχιά.

Ζοῦσε, καὶ ὅλος μιὰ μελέτη,
μιὰ γαλήνη, ἕνας ρυθμός·
στὸ πλευρό του παραστάτης
πάντα ἕνας ἀϊτός.

Τὸν ἀγνάντευες, καὶ τέτοια
σοῦ ξυπνοῦσε συλλογή.
— Μὴν ὑπάρχουν; Μὴ δὲν εἶναι
ὄνειρα κ᾿ οἱ Θεοί;—

Κι ὅ,τι ἂν εἴσουν, τοῦρκος, γύφτος,
ἅγιος, ἥρωας, ληστής,
ἔκανες νὰ γονατίσῃς,
νὰ προσευχηθῆς.

Τὄχε ὁ γέρος ὁ ἐρημίτης,
στὴ σπηλιὰ σὰ ζοῦσε ἐκεῖ,
ἄγγιχτο, ἀμοιαστο καὶ ξένο
στὰ βιολιὰ βιολί.

It seemed to be a slim brown arm
Or, when the grasses stirred,
A wounded red-brown bird.

Then I bent down and found a violin.

It was the violin left behind
By an old hermit in the past;
And near his solitary cave
I had discovered it at last.

The eremite had once possessed it
When, there amid the rocks, his hosts
Had only been wild birds and beasts
And ghosts.

His life was a long meditation,
A peaceful flow, a rhythmic tide;
And ever, acolyte, an eagle
Stood by his side.

When looking on his face, this thought
Into your groping mind would gleam:
Do they, perhaps, exist, the Gods?
Are they, perhaps, not just a dream?

And Turk or Gypsy, saint or thief,
Or whosoever you might be,
You would in humble orison
And worship bend the knee.

This matchless violin in his cave
The eremite had once possessed;
A violin touched by him alone
And different from all the rest.

Τδγγιζε πότε καὶ πότε,
χρόνια διάβηκαν πολλά,
κ᾽ οἱ ἄλλοι γέροι μολογᾶνε
πὼς καμιὰ φορὰ

τὸ λαγκάδι ἀντιλαλοῦσε
ἀπὸ θεία μιὰ μουσική,
σὰ νὰ σμίξανε τῆς πλάσης
οἱ λογῆς κρουνοὶ

καὶ γινῆκαν ἕνα στόμα,
μιὰ καρδιά, γιὰ νὰ τὰ ποῦν
ὅσα ἐδῶ καρδιὲς δὲν ξέρουν,
χείλια δὲ λαλοῦν.

Κι ὅσο πήγαινε ἁπλωνόταν
τ᾽ ἅγιο παίξιμο πιὸ ἀριὰ
ὅσο ποὺ ἔσβησε γιὰ πάντα
μέσ᾽ στὴ λαγκαδιά.

Γιατὶ ὁ γέρος ὁ ἐρημίτης,
ὅσο πήγαινε κι αὐτὸς
ὅλο ἀνέβαινε πρὸς κάποιο
ὑπερκόσμιο φῶς,

ὅσο ποὺ τὰ δυό του χέρια
τοῦ ἀπομεῖναν καρφωτὰ
τεντωμένα πρὸς τὴ δέηση,
καὶ ποτέ του πιὰ

δὲν τὰ σάλεψε τὰ χέρια,
καὶ γιὰ χρεία καμιά, καμιὰ·
κι ὅλα σὰ νὰ μαρμαρῶσαν
μέσα στὴ σπηλιά.

He bowed its strings from time to time—
Since then long years have passed away,
But white-haired elders tell you still
How, when he used to play,

That valley thrilled from end to end
And rang with each celestial note
As though the fountains of the world
Had merged to form one single throat,

Had joined to form one single mouth,
One single heart to sing of things
That human hearts have never known,
That from no human lips took wings.

But, with the passage of the years,
Less often flowed those notes sublime,
Till in that valley they were quenched
Forever, for all time.

For, in his cave, that eremite,
He also, with the passing years
Was passing slowly from this world
To higher spheres.

Until the day came when his hands
Grew stiff and rigid from the strain
Of holding them upraised in prayer,
And nevermore again

Did he employ them for aught else
Except for orison and grace;
And everything seemed still as stone
Within that place.

Χάθηκε ὕστερα κι ὁ γέρος,
— μὰ δὲν ξέρω πῶς καὶ ποῦ —
κι ἂν ὁ θάνατος τὸν πῆρε,
κι ἂν ὑψώθη ἀλλοῦ.

Στὸ πλευρό του ὁ παραστάτης,
πάει, φτερούγισε κι ὁ ἀϊτός·
καὶ σὲ μένα τοῦ βιολιοῦ του
πέφτει ὁ θησαυρός.

\*

Χτύπα, δοξάρι μου, καὶ χτίζε,
ὁ κόσμος γίνεται ἀπὸ μένα
μέσα στὰ χέρια μου τὰ δυό.
Ὦ γέννα, ὦ γέννα!
Ὁ λόγος μήτε, τὸ τραγούδι
μήτε, ἀναβρύσματα ἀπ' τὸ στόμα.
Βιολί μου, ὑπάρχεις ἐσὺ μόνο,
καὶ μιὰ εἶν' ἡ γλῶσσα, κι ὁ ἦχος σου εἶναι,
κ' ἕνας ὁ πλάστης, καὶ εἶμ' ἐγώ,
κι ὁ λόγος ποὺ θαματουργεῖ
κι ὁ λόγος εἶναι ἡ μουσική!

Κι ἂν εἶμαι δέντρο, εἶμ' ἕνα δέντρο
ἀπὸ χορδὴ καὶ μουσική,
καὶ τίποτ' ἄλλο· κ' ἕνας ἦχος
καὶ μιὰ πνοὴ κ' ἕνα τραγούδι
μέσα μου ζῆ.

Ὦ γνώμη, ὦ ἔγνοια, ὦ λογισμέ,
σᾶς ἔστρωσα νὰ κοιμηθῆτε
κι ἀξύπνητα μέσα σ' ἐμέ·
μιὰ στάχτη μέσα μου γενῆτε·
ἡ ἔγνοια, ἡ γνώμη, ὁ λογισμός,
κόσμος νεκρός.

The hermit vanished in the end,
I know not where or in what guise;
Perhaps Death claimed him for his own—
Or he ascended to the skies.

His eagle, faithful acolyte,
Took flight, like him, to other lands;
And thus this violin he once loved
Has come into my hands.

*

Strike, O my bow, create!
From me is born the Earth,
Between my own two hands,
Ah, what a wondrous birth!
It is not language nor the songs
That well from throat and lips;
O violin, you exist alone,
And there is but one voice—your own,
And one creator—I.
And the Word that forges miracles
Is music . . . melody!

And if I am a tree, I am a tree
Of harmony and strings
And nothing more—a breath,
A voice, a symphony
Within me lives and sings.

O reason, thought, reflection,
I have prepared a bed within me deep
For you to sleep an unawakening sleep;
Become an ash within me curled,
O reason, thought, reflection,
A dead world.

Καὶ ρίξου, σὰ σπαθί, δοξάρι,
πρὸς τὴν τετράδιπλη χορδή,
καὶ χτύπα την καὶ σπάραξέ την,
ἡ ἁρμονία νὰ γεννηθῇ.

Γιατὶ κι ὁ κόσμος ὁ βαθὺς
γεννιέται πάντα ἀπ᾿ ὄνα πάλεμα
σὰ δοξαριοῦ μὲ μιὰ χορδή·
κι ὅ,τι εἶν᾿ ὡραῖο κι ὅ,τι μεγάλο
στέκει ἐδῶ πέρα,
μέσα στὴ λύσσα ἑνὸς πολέμου
δουλεύεται, κ᾿ ἔχει πατέρα
τὸ νικητή.

Ἦρθαν οἱ γύφτοι οἱ μουσικοί,
φωλιάσαν ὅλοι στὴν ψυχή μου·
καὶ καθὼς κόβεις ἀπὸ δῶ
καὶ καθὼς κόβεις ἀπὸ κεῖ
τὴ χλόη, τὸ φύλλο, τὸν ἀνθὸ
καὶ ταιριαστὰ κι ἀπ᾿ ὅλα πλέκεις
μέγα σφιχτόδετο στεφάνι,
δόξα τῆς τέχνης τοῦ ἀνθοπλέχτη,
ἔτσι ἀπ᾿ τοὺς γύρω μου τοὺς ἤχους
κι ἀπ᾿ τὰ τραγούδια τῆς φυλῆς
ἔπλεξ᾿ ἀπάνου στὸ βιολί μου
τὴ μουσική μου,
καὶ σὰν ἐμένα ἄλλος κανείς.

Κι ὅσο γρικοῦσαν οἱ ἄλλοι γύφτοι
τραγούδια καὶ ἤχους καὶ παιξίματα
μισὰ δειλὰ καὶ σκόρπια καὶ ἄπλερα
ἀπ᾿ τὰ βιολιὰ κι ἀπ᾿ τὰ λαλούμενα
τοῦ κάθε μουσικοῦ τοῦ γύφτου,
μεθοῦσαν καὶ χαροκοπούσανε
μὲ κεῖνα, καὶ μὲ κεῖνα ζοῦσαν
καὶ τὰ ρουφοῦσαν.

And you, my bow, strike like a sword
The fourfold string:
Strike it again and rend it
That harmony might spring.

For the vast universe entire
From an enounter springs
Like that of bow and strings;
And all things great and beautiful
Here on this earth below
In the red fury of the battle's fire
Are fashioned; and they know
The victor for their sire.

They came, the Gypsy music-makers
And nested in my soul's own bower;
And as you might pluck here or there
A tuft of grass, a leaf, a flower,
And pattern them and choose
To plait a lovely crown,
A masterpiece of blended hues;
So, from the sounds around me
And the folk-songs of my people,
Upon my violin I wove
A music all my own,
A music like no other known.

And as long as all the Gypsies
Heard the same old songs and airs,
Heard the vague and soulless music
From the violins and the voices
Of the other Gypsy players,
They would drink them and devour them
And acclaim them as their own
And live for them alone.

Μὰ σὰν ἀκοῦσαν ἀπὸ μένα
στ᾿ ὄργανο τὸ προφητικὸ
τὰ νέα παιξίματ᾿ ἀνθισμένα,
ἀνταριαστήκανε κι ἀνάψαν
ἀπὸ ἔναν ἄσβηστο θυμό!

Γυναῖκες, ἄντρες, νέοι καὶ γέροι,
(κι ὁ βιολιτζῆς ἐγὼ σκυμμένος
ἔπαιζα κ᾿ ἔπαιζα, τὸ χέρι
μὲ τὸ δοξάρι ἀρματωμένο
περνοῦσε κ᾿ ἔκαιε καὶ πετοῦσε
κ᾿ ἔδερνε, σύντριβε κι ἀνάσταινε
κ᾿ ἔπλαθε κ᾿ ἔφεγγε, καὶ βλάσταινε
μέσ᾿ στὴν τετράδιπλη χορδὴ
τ᾿ ἄϋλο λουλούδι τὸ γαλάζιο,
κ᾿ εἶταν ἀκέρια ἐκεῖ ἡ ψυχή μου,
κ᾿ εἶταν ἀκέρια ἐκεῖ ἡ φυλή·
καὶ κελαϊδοῦσε τὸ βιολί).

Γυναῖκες, ἄντρες, νέοι καὶ γέροι,
μακριὰ ἀπὸ κεῖνο γοργοφεῦγαν,
καὶ μήτε νὰ τὸ ξανακούσουν,
καὶ τὰ σφραγίζανε τ᾿ αὐτιά τους,
καὶ τράβαγαν τὰ μάγουλά τους,
καὶ καταριόνταν τὸν τεχνίτη,
τὸ βιολιστὴ πετροβολοῦσαν,
καὶ μὲ τὸν ἄμυαλο γελοῦσαν,
καὶ μὲ τὸν ἄσεβο φρενιάζαν.
Κι ὁ ἔνας τοῦ ἄλλου τέτοια κράζαν:
«Ποιὸς εἶν᾿ αὐτὸς μὲ τὸ βιολὶ
ποὺ δὲν εὐφραίνει τὴν καρδιά μας,
κι ἀνάφτει μέσ᾿ στὰ σωθικά μας
τὸ ξάφνισμα μὲ τὴν ὀργή;
Ποιὸς πονηρὸς μὲ χέρι ἀκάθαρτο,
ξυπνώκτας τὸ βιολί, μιλεῖ,
κι ὅσα κοιτᾶμε δὲν τὰ βλέπει,

But when they heard from me,
On my prophetic violin,
A new harmonic blossoming,
They were startled, and their rage
Naught could assuage!

Young and senile, men and women . . .
(While I, with lowered head,
Went on playing, ever playing,
With my bow-hand sweeping, flaying,
Darting, flashing, soaring, diving,
Striking, shattering, reviving,
Creating, bringing into being
Upon the four taut strings
An immaterial flower of blue,
And my whole soul glowed in its heart,
And my whole race inspired my art,
And my violin's song was sweet and true . . . )

Young and senile, men and women
Fled my music in a panic;
They refused to listen to it,
They stopped their scornful ears instead
And hid their faces in their fingers;
They cursed me roundly as they fled
And, pelting me with clods and stones,
They mocked the lunatic and dreamer
And raged against me, the blasphemer.
They would call to one another:
"Who is this loon with his violin
Who does not try to please our hearts,
But ever seeks to irritate
And fan our fury and our hate?
Who is this rogue, this ribald freak,
Whose violin at his touch can speak,

κι ὅσα κρατᾶμε δὲν κρατεῖ,
κι ὅπου χαρὲς καὶ πανηγύρια
μπροστά μας βρίσκεται ὁ βραχνάς,
κ' εἶναι τοῦ γένους μας προδότης
κ' εἶναι τῆς χάρης μας φονιάς;
Σὲ γύφτικο βιολὶ κανένα
δὲ γέννησε δοξάρι γύφτου
ποτὲ ὡς τὴν ὥρα μουσική,
καθὼς ἐτούτη, μουσικὴ
πρωτάρα, ἀνόητη καὶ κακή!»

Καὶ τὰ παιδάκια μοναχά,
ὦ τὰ παιδάκια, τὴν ἀτάραχη
γιομίζαν ἐρημιά μου αὐτά,
καὶ τήνε κάναν κόσμο ἀφέντη.
Γιατὶ καὶ πάντα τὸ βιολί μου
τὰ ξάφνιζε καὶ τὰ μαγνήτιζε.
Καὶ τρέχαν καὶ μὲ τριγυρίζαν,
καὶ τὰ μεγάλα τους τὰ μάτια,
ποὺ πάντα μέσα τους πλανιέται
στοχαστικὸ ἕνα μυστικό,
τὰ παρασταῖναν ἄφραστα ὅλα,
τὸ ρώτημα, τὸ θαμπωμό,
κι ἀπάνου ἀπ' ὅλα τὴ χαρά τους,
καὶ χαίρονταν ἀπ' τὸ βιολί μου,
τ' ἀφωρισμένο τὸ βιολί,
καὶ σὰ νὰ μοῦ ἔστελνε ἀπὸ βάθη
καιροῦ μελλόμενου φιλιά,
μὲ τὰ τρισεύγενα παιδιά,
ἡ φυλή.

Τὸ παίξιμο μοῦ συνοδεῦαν
μὲ τὰ μεγάλα τους τὰ μάτια,
καὶ δὲ γνωρίζω κι ἀπὸ ποῦ
τάχα νὰ στάλαζε πιὸ πλούσια,
πιὸ ἁγνὴ τῆς μουσικῆς ἡ βρύση;

Who sees not what we see, and does not fear
To jibe at everything which we hold dear?
Who is this fellow who, when we hold holiday,
Stands up before us like a nightmare face?
Who is this traitor to our Gypsy race,
This murderer of all our music's grace?
Never before on Gypsy violin
Has Gypsy bow been guided to give birth
To music like this music—
Inept, unmeaning, stupid, of no worth!"

The children only held apart,
The children only. Ah, they peopled
The desert of my solitude
And made of it a fairyland.
For the music of my violin
Held them attracted and astounded
And they pursued me and surrounded;
And their wide eyes, in which a bright
Mysterious wisdom ever floated,
Revealed their soul's unspoken question,
And mirrored back their admiration
And also their delight.
My violin ever charmed and thrilled them,
My violin cursed and execrated;
And it was as though the race
Sent me kisses from the future
In those children's
Glad embrace.

They accompanied my playing
With their rapt wide-open eyes;
And I could not tell from where
Flowed the music's richer, purer,
More melodious springs:

Ἀπ᾽ τοῦ προσώπου τους τὰ φέγγη;
Ἀπὸ τὰ σπλάχνα τοῦ βιολιοῦ;

Χαίρετε, κλειστὰ λουλούδια
τῆς πρωτόβγαλτης αὐγῆς!
Ὦ! τὸ ἀσκόρπιστο τὸ μύρο
μέσα τὸ φυλᾶτε ἐσεῖς!

Μάτια ἐσεῖς ποὺ ὅλο ρωτᾶτε,
ὦ ἀφανέρωτα φτερά,
ὀνειρόθρεφτα κορμάκια,
μεταξόμαλλα παιδιά!

Μέσα καὶ στὴ γύμνια, ζῆτε
σὰ νὰ αἰστάνεστε παντοῦ
κάποιο χάϊδιο στὰ μαλλιά σας
μαλακώτατου χεριοῦ!

Καὶ τ᾽ ὁλόγιομο φεγγάρι
στὸ χεράκι τ᾽ ἁπλωτὸ
νὰ τὸ κλείσετε ζητᾶτε,
μικραδέρφι σας κι αὐτό.

Καὶ τὸ κίτρινο τὸ φύλλο
ποὺ στὰ πόδια σας ἐμπρὸς
δέρνεται τριζοβολώντας,
γιὰ σᾶς εἶναι θησαυρός.

Μὲ τοῦ δέντρου τὴ γαλήνη,
μ᾽ ἕνα τρέξιμο ἀλαφιῶν,
ἀνταμώνετε τὴ λάμψη
κάποιων οὐρανῶν.

Ὦ χαμοανθισμένη χλώρη,
τῶν μαννάδων ὦ οὐρανοί,

From the children's shining faces,
Or the violin's strings?

I greet you, O unopened buds,
By dawn awakened from your sleep!
What fragrance, what unshed perfumes
Are in your keep!

You are the ever questioning eyes,
The wings that have not cleft the air,
O tiny bodies fed on dreams,
O children with your silken hair!

Even in poverty you smile
As though you felt, in every land,
A soft caress among your curls
Left by a tender hand.

You stretch your arms towards the sky,
And seek to hold in your embrace
The rising moon as though you sought
A sister's loving face.

The yellow leaf before your feet
Blown, rustling, from an autumn grove,
Is in your eyes a precious thing,
A golden gift, a treasure-trove.

With all a tree's serenity,
With all the fleetness of a fawn,
You equal in your youth and grace
The early splendor of the dawn.

O green and flowering lawns of spring,
O mothers' paradise and mirth,

ὦ ποὺ ὑπάρχετε σὰ νά εἶστε
πάντα πιὸ σιμὰ στὴ γῆ,

γιατί κάποτε καὶ πότε
πιὸ ἄσφαλτα κι ἀπ᾿ τὸν τρανὸ
σεῖς τ᾿ ἀκοῦτε τὸ πανώριο
καὶ τὸ παναρμονικό;

Τ᾿ Ἀντρειωμένου ἐσεῖς τὴ χάρη
πήρατε, ποὺ πρὸς τὴ γῆ
κάθε ποὺ κλιτὴ κρατοῦσε
τὴν ἀπίστευτη ἀκοή,

ἄκουγε τῆς γῆς τὰ πάντα,
τὰ πολὺ πολὺ μακριά,
κι ἄκουγε τοῦ Κάτω Κόσμου
τὰ ὑπερκόσμια μυστικά;

Your littleness taught you to live
Closer to Nature and to Earth.

Else how is it that oftentimes,
Far clearer than the big and tall,
You understand the harmony,
The peerless beauty of the All?

Have you that mythic hero's gift
Who, when he bent towards the ground,
Could, with the keenness of his ear,
Hear every whisper, every sound,

Hear all that happened on the earth,
Hear everything beneath the skies,
And even of the Lower World
The unguessed mysteries?

# ΛΟΓΟΣ Γ΄

# ΑΝΑΣΤΑΣΙΜΟΣ

"Αν είμαι Χάρος χαλαστής,
είμαι καὶ Χάρος πλάστης.
                        Α. Βαλαωρίτης (Ποιήματα).

Μόνον ἐκεῖ ποὺ εἶναι τάφοι, ἐκεῖ εἶναι
καὶ ἀνάσταση.
                        Nietzsche (Ζαρατούστρας).

Σήμερα μεγάλο κάτι,
κάτι ἀπάντεχο ἑτοιμάζεις,
κ' εἶσαι σὰν τὸν ἥλιο ἐσὺ ὅταν
ἀπ' τῆς θάλασσας τὰ σπλάχνα
πρωτοτίναχτος, κι ἀκόμα
δροσερὸς καὶ ροδοκόκκινος,
εἶναι σὰ νὰ στέκη ἀσάλευτος,
κ' ἔτσι ἀδιάφορος ἀφήνει
κάθε μάτι νὰ τὸν ψάχνη,
πρὶν ὁλόλαμπρος κι ἀκοίταχτος
ὑψωθῇ, τῶν ὅλων κύρης.

Σήμερα μεγάλο κάτι,
κάτι ἀπάντεχο ἑτοιμάζεις,
καὶ πρὶν ὁ ἦχος νὰ σὲ πάρη,
σὲ σαλεύει ἀνατριχίλα
μυστικὴ βουβή.
Τὸ δοξάρι μέσ' στὸ χέρι μου,
μιὰ ἀνυπόμονη ψυχή,
καὶ σὰν κάτι παραπάνου
κι ἀπὸ βέργα βασιλιᾶ
κι ἀπὸ μάγισσας ραβδί.

216

# RESURRECTION

If I am Charon the Destroyer,
I am, too, Charon the Creator.
                    A. VALAORITIS, *Poems*

Only where there are tombs, are there also re-
surrections.
                    NIETZSCHE, *Thus spake Zarathustra*

Today, O violin, you are planning
Something great and unpredicted;
You are like the morning sun
When he rises languidly
From the hollow of the sea;
When, still humid and rose-red, he seems to be
Suspended motionless upon the air
And, unconcerned, allows
The random eye to stare
Before, a blinding and resplendent ball,
He climbs on high, the flaming King of All.

Today, O violin, you are planning
Something great and unpredicted;
And, before the sound subjects you,
You are shaken by a thrill
Silent and unguessed.
The bow that quivers in my hand
Is impatient and possessed;
A spirit stirs in it more dominating
Than any kingly scepter,
Than any wizard's wand.

Τί ἑτοιμάζεις, τί ταιριάζεις,
πλαστικὸ βιολί;

Σήμερα δὲ θὰ ξυπνήσῃς
κάποιον ποὺ βαθιὰ κοιμήθη,
καὶ στὸ εἶναι δὲ θὰ φέρῃς
τὴν αὐγὴ καινούριας χτίσης.
Σήμερα θὰ κατορθώσῃς
κάτι πιὸ πολύ·
τοὺς ἀθάνατους ποὺ πέθαναν,
καὶ τοὺς εἶχα θάψει ἐγώ,
τοὺς ἀθάνατους ποὺ πέθαναν
πᾶς γιὰ νὰ τοὺς ἀναστήσῃς,
τῆς ἀνάστασης ἐσὺ
Μουσική!

Καὶ γι' αὐτὸ στὸ κοιμητήρι
μ' ἔφερες καὶ καρτερῶ·
καὶ γι' αὐτὸ ἐδῶ πέρα εἶν' ὅλα
φουντωμένα κι ἀνοιγμένα
καὶ χαροποιά,
καὶ ποτὲ δὲν εἶδα τέτοια
μέσ' στὰ μνήματα χαρά,
καὶ ποτὲ τὰ κυπαρίσσια
δὲ μοῦ φάνηκαν, σὰν τώρα,
λιγερὰ κορμιὰ
λαχταρώντας γι' ἀγκαλιάσματα
νιόγαμπρων καὶ γιὰ φιλιά.
Καὶ εἶν' οἱ τάφοι σὰν τραπέζια,
καὶ προσμένουν νὰ στρωθοῦν
πλούσια φαγοπότια ἀπάνω τους
κι ὁλοτρόγυρα σὲ κεῖνα
χαροκόποι ροδοστέφανοι
νὰ ξημερωθοῦν.

Κ' ἐκεῖ ἀνάμεσα στὰ μνήματα,

What do you scheme, what are you contemplating,
Creative violin?

On this day you shall not wake
Those who dream in deepest sleep,
And to the world you shall not bring
The sunrise of a new creation.
For on this day you shall achieve
An even greater thing:
The immortals who were slain
And whom I buried with my hands,
The immortals who were slain
You yourself shall raise again,
You, the Hymn of Resurrection,
Music's own refrain!

That is why you brought me here
To this burial-ground today;
And that is why here everything
Is burgeoning and flowering
And jubilant and gay.
Never have I seen before
Such joyfulness among the graves,
And never have the cypresses
Appeared to me, as they do now,
Like supple, slender forms and faces
Of brides who hunger for their lovers'
Kisses, caresses and embraces.
And the tombstones seem like tables
Waiting to be spread with damask
And rich foods and richer wines;
Wakes for revellers to make merry,
Rose-crowned guests to drink and feast
Till the dawn creeps up the east.

There among the graves I find

κ' οἱ τρεῖς τάφοι!
κ' οἱ τρεῖς τάφοι μὲ τὸ μάρμαρο
καὶ μὲ τὸ χρυσάφι.
Καὶ τοῦ πρώτου εἶναι τὸ μάρμαρο
σὰν τὴ σάρκα εἶναι τὸ μάρμαρο
τὴν αἱματοστάλαχτη.
Καὶ στὴν πλάκα του καὶ σ' ὅλα του
τὰ πλευρά, κι ἀπάνου ὡς κάτου,
σὰ γραμμένη μὲ κοντύλι,
σὰ γραμμένη ἡ Γῆ ἡ βασίλισσα
μὲ τὸ Μάη καὶ τὸν Ἀπρίλη.

Καὶ τοῦ δεύτερου τὸ μάρμαρο,
πράσινο· κι ἀπάνου του
μὲ τὰ σμάλτα ἱστοριστὴ
καὶ μὲ τὰ μαργαριτάρια,
ἡ νεράϊδα ἡ Θάλασσα
μὲ τὰ ψάρια.
Καὶ τοῦ τρίτου ἄσπρο τὸ μάρμαρο,
σὰν τὸν κρίνο·
κι ἀποπάνου κι ἀπὸ κεῖνο
μιὰν εἰκόνα ἀπὸ τεχνίτη
σοφοῦ χέρια,
ὁ Οὐρανὸς ὁ δράκοντας
μὲ τ' ἀστέρια.

Καὶ κυλᾶς τὴν πρώτη πλάκα,
**μουσικὸ βιολί μου ἐσύ,**
κι ἀπὸ μέσα ἀπὸ τὸν τάφο,
νά ἡ Ἀγάπη! σὰν πρωτόπλαστη
ξανανθεῖ.
Καὶ τὴ δεύτερη τὴν πλάκα
τὴν κυλᾶς, βιολί, καὶ νά!
Νά ἡ μητέρα, νά ἡ Πατρίδα!
Κι ἀνασταίνεται, τρισέβαστη
μέσ' στὰ σεβαστά.

Three tombstones all aligned,
Each of marble and of gold!
The marble of the first one glows
Like flesh in which life still remains
And seeping blood still stains.
Upon its surface and around its sides
It is all over carved and ornamented;
In delicate designs are represented
Queen Earth attended on her way
By April and by May.


The marble of the second tomb
Gleams deepest green;
And on it is a scene,
In blue enamel and in pearl, portraying
A Nereid, the Ocean-wave,
With fishes round her playing.
The marble of the third tombstone
Is lily-white;
And on it stands
A carving from an artist's cunning hands,
A Dragon awesome-winged, the Sky
With all the stars which shine on high.


Now you lift the first tombstone,
O my tuneful violin,
And from deep within the tomb
Here comes Love as first created
In her fresh young bloom!
And the second tombstone now,
O my violin, you turn; and here
Is the Mother, is the Native Land,
Resurrected, thrice-exalted
Among all things dear!

Καὶ κυλᾶς τὴν τρίτη πλάκα,
μουσικὸ βιολί μου ἐσύ,
κι ἀπὸ μέσα ἀπὸ τὸν τάφο
νά οἱ Θεοί!
Κι ἀπ' τὸν τάφο ξαναβγαίνουν
οἱ δημιουργοί.

Περιβόλια, ἀνοῖχτε στὴν Ἀγάπη,
καὶ βροντῆστε, κάστρα, νά ἡ Πατρίδα!
Στυλωθῆτε, τῶν Θεῶν βωμοί!
Καὶ τ' ἀθάνατα εἶν' αὐτὰ καὶ οἱ κοσμοπλάστες,
κοσμοπλάστρα Μουσική!

                                        *


Ἀπὸ μιὰ πατρίδα ἐγώ εἶμαι,
κι ὅσο κι ἂν τὸ λησμονῶ,
πάω, πρὸς μιὰ πατρίδα πάω,
μιὰ γιὰ πάντα νὰ σταθῶ.

Κ' ἐγὼ ἀπ' ὅπου κι ἂν περάσω,
σ' ὅποια γῆ, σ' ὅποια γωνιά,
μπρὸς στὴ φύση, μέσ' στὸν κόσμο,
στὴν ἐρμιά, στὴ συντροφιά,

ξένος πάντα μὲ τὸν ξένο,
ξένος καὶ μὲ τὸ δικό,
καὶ πεζὸς καὶ καβαλλάρης,
κι ὅσο κι ἂν τὸ λησμονῶ,

δίχως νὰ τὸ θέλω, δίχως
νὰ τὸ γνοιάζωμαι, ὅλα αὐτά,
κάθε τόπος ποὺ διαβαίνω,
κάθε ζωὴ ποὺ ζῶ γοργά,

μέσα μου εἶναι μιᾶς πατρίδας

Then you lift the final tombstone,
O music-making violin,
And, from the grave's far shore,
Behold the Gods!
See the Creators
Risen from the dead once more!

Throw wide your gates to Love, you gardens!
And to the Fatherlands, forts thunder a salute!
Arise again, you altars of the Gods!
Among us stride immortals, world-creators,
O world-creating Music!

*

From a fatherland I started
And, though I may flee its shore,
To a fatherland I travel,
There to stay for evermore.

And wherever I may journey,
To whatever land or race;
In the desert, in the city,
Wilderness or market-place,

Alien drifting among strangers,
Alien even to my kind,
On my own two feet or riding,
Something ever haunts my mind.

Without wishing it or wanting,
Every thought and every deed,
Every country that I visit,
Every fleeting life I lead,

Brings some fatherland to memory

ἴσκιοι, ὀνείρατα, ἀστραπές·
τῆς ἀπάτριδης ψυχῆς μου
χίλιες δυὸ οἱ πατρίδες εἶναι,
μύρια λόγια ρίχνοντάς μου,
ποὺ ἢ τὰ νιώθω ἢ δὲν τὰ νιώθω,
τἄχω σὰν παρηγοριές.

Ὅσο ἀνάμεσα στοὺς τόπους
εἶναι τόποι πιὸ ἀκριβοί,
καὶ σὰ χέρια καὶ σὰ μάτια
παίρνουν τὴν ψυχή·

ὅσο ἀκέριο, ὁλανθισμένο
τοῦτο τὸ δεντρὶ
μοναχὰ στὸ χῶμα τοῦτο
κι ὄχι σ᾽ ἄλλο χῶμα ἀνθεῖ,

ὅσο γίνεται ἀπ᾽ τὸ μέλι
στὴν κυψέλη τὸ κερὶ
κι ὅσο ζοῦνε μέσ᾽ στοὺς φράχτες
τοὺς στενοὺς τρανοὶ λαοί,

κι ὅσο ἀφέντες νόμοι δένουν
μὲ δεσίματα λογῆς
καὶ τ᾽ ἀνθρώπου τὰ φτερούγια
καὶ τὰ πόδια τῆς φυλῆς

καὶ στὰ κακοτόπια τ᾽ ἄναγθα
καὶ στοὺς βράχους τοὺς γυμνούς,
σάμπως μέσ᾽ σὲ περιβόλια,
σάμπως πέρα σὲ οὐρανούς,

ὅσο θρέφουνε τοὺς ἔρωτες
μίση, πόλεμοι, θυμοί,
καὶ φυλᾶνε τοὺς παράδεισους
ἡ φωτιὰ καὶ τὸ σπαθί,

In a dream of joy and peace.
Thus my soul without a country
Has a thousand lands to haunt it,
And it hears a thousand voices
Which, although it may not grasp them,
Whisper comfort and surcease.

Just so long as among countries
There are lands of better choice
Which can beckon to the spirit
With a fairer hand and voice;

Just so long as in one garden
Can a perfect tree find room
To display its springtime flowers,
And in others never bloom;

Just so long as in one bee-hive
Honey flows and not in all,
And so long as every Nation
Knows a cramping frontier-wall;

Just so long as brutal edicts
With their swathing bonds enlace
The aspiring wings of mankind
And the feet of every race

To imprison them in deserts,
Naked rocks and arid heat,
As though these were paradises,
Orchards, fields of golden wheat;

Just so long as Love is nourished
Upon hatred, war and fear,
And the Gates of Eden guarded
By the sword and by the spear;

όσο τοῦ ἥλιου καὶ οἱ ἀχτίδες
δὲ ζεσταίνουν ὅμοια καὶ μαζὶ
πολυπρόσωπη, πολύψυχη τὴ Γῆ,—
δόξα, δόξα στὶς Πατρίδες!

*

Κι ἀπάνου ἀπ' ὅλες τὶς πατρίδες
δόξα σ' ἐσένα, ἰδεατὴ
κορφή, ὑπερούσια Πολιτεία,
τῆς μουσικῆς μου κόρη ἐσύ!

Πίνει τὸ γάλα σου ὁ πολίτης
καὶ ὑπάκοος μ' ἐσένα ζῇ,
κ' ἐλεύτερος μὲ τὴν ψυχή του,
κ' εἶν' ἡ ζωή του ἁρμονική.

Κορώνα ἐσένανε εἶν' ὁ δίκιος,
μαχαίρι ἐσένα ὁ δυνατός·
κάτου ἀπ' τὴ σκέπη σου ὁ λαός σου
μαζὶ καὶ ἥρωας καὶ σοφός.

Ἐσύ, τῆς μουσικῆς μου κόρη,
καὶ εἶναι γραμμένο νὰ γενῇς
κ' ἐσὺ βυζάστρα ὅλων τῶν ἄλλων
ἐδῶ πατρίδων κάθε γῆς.

Ὅμοια θρεμμένη ἀπ' τῆς ἀέρινης
οὐρανικῆς Ἰδέας τὰ στήθια
τινάζεται ὅλη σάρκα, ὅλη αἷμα,
μ' ἕνα περπάτημα γερὸ μιὰ Ἀλήθεια!

Τῶν ἐρώτων περιβόλια,
κάστρα τῶν πατρίδων,
τῶν θεῶν βωμοί!
καὶ τ' ἀθάνατα εἶν' αὐτὰ καὶ οἱ κοσμοπλάστες,
κοσμοπλάστρα μουσική!

Just so long as Heaven's sunbeams
Warm not all Earth's souls the same,
Then to fatherlands, for so long,
Glory; glory and acclaim!

*

Over fatherlands, above them,
Hail to you, ideal spire;
Hail to you, Celestial City,
Daughter of my music's fire!

Nourished on your milk, each dweller
Serves you gladly, without strife;
He is free in his own spirit
And harmonious in his life.

For your crown you have the righteous
And the mighty for your blade;
Sheltered in your arms, your people
Are both wise and unafraid.

O you daughter of my music!
You are fated by your lot
To become the nurse of countless
Fatherlands of Earth begot;

And thus suckled at the bosom
Of Sublimity and Youth,
Shall appear with eager footstep,
Clad in flesh and blood, the Truth!

Groves of Love and Aphrodite,
Castles of the Fatherlands,
Holy altars of the Gods!
Among us stride Immortals, world-creators,
O world-creating Music!

*

Μοῦ μιλῆσαν οἱ Θεοί,
τέτοια μοῦ εἶπαν:

— Μᾶς θανάτωσες τοῦ κάκου, καὶ μᾶς κλείσανε
    βαθιοὶ λάκκοι·
    στοιχιὰ γίναν οἱ θεοί, κ᾿ οἱ τύραννοι
    βρυκολάκοι.

Εἴμαστε τοῦ ὀνείρου τ᾿ ἀκροβλάσταρα
    μέσ᾿ στὴν πλάση·
    ἡ ζωή σου δὲν μπορεῖ χωρὶς ἐμᾶς
    νὰ περάσῃ.

Ἢ ἀρνητὴς ἢ λατρευτής μας ἢ μᾶς τρέμεις
    ἢ μᾶς βρίζεις,
    πάντα κάτου ἀπὸ τοὺς ἴσκιους μας
    τριγυρίζεις.

Σ᾿ ἐμᾶς φέρνουν ὅλ᾿ οἱ στοχασμοὶ
    κι ὅλοι οἱ δρόμοι,
    καὶ δειχνόμαστε σὰν εἴδωλα, σὰν πνέματα,
    καὶ σὰ νόμοι.

Μέσ᾿ στὴ νύχτα εἴμαστ᾿ ἐμεῖς ἡ ἀγρύπνια
    ἡ ταράχτρα,
    κι ὅσα τρίζουν καὶ σωπαίνουν κ᾿ εἶν᾿ ἀξήγητα
    κ᾿ εἶναι σκιάχτρα.

Εἴμαστε ὅλα τ᾿ ἀγαθά, τ᾿ ἀληθινά,
    καὶ τὰ ὡραῖα,
    θρονιασμένα στὴν ὑπέρτατη κορφή,
    στὴν Ἰδέα.

*

The Gods have spoken to me
And their own words are these:

You murdered us in vain and in deep pits
    Hid us from sight;
The gods turned into specters, and the kings
    Ghouls of the night.

We are the topmost boughs of all your dreams
    Upon this Earth;
Without the gods your evanescent lives
    Are of no worth.

Adore us or deny, insult our names,
    Or be afraid,
Your wandering journey you shall ever tread
    Beneath our shade.

Toward us reach all thoughts, all pathways turn
    Towards our shores;
We manifest ourselves as idols, ghosts,
    And sacred laws.

We are the midnight terrors and alarms
    That banish sleep,
The sounds, the silences, the mysteries
    The things that creep.

We are the sum of all things beautiful
    And good and real,
Enthroned in glory on the highest peak
    Of the Ideal.

Εἴμαστε κ᾽ οἱ ἀχνοὶ τῆς πλάνης, τοῦ κακοῦ
    τὰ μαχαίρια,
    τραβηγμένα μέσ᾽ στὴ νύχτα καὶ βαλτὰ
    μὲ τ᾽ ἀστέρια.

Ἄσοφε, σοφὲ καὶ θεοφοβούμενε,
    δίγνωμε καὶ ἴσε
    κι ἄθεε, καταπάνου μας σκοντάφτεις,
    ὅποιος εἶσαι.

Καὶ τὴ σκέπη ποὺ σκεπάζει μας,  κανεὶς
    δὲ σηκώνει,
    κι ὅποιο χέρι κατ᾽ αὐτὴ θὰ κουνηθῇ,
    μαρμαρώνει.

Τὰ ποτάμια εἴμαστ᾽ ἐμεῖς ποὺ δὲν μπορεῖς
    νὰ περάσῃς,
    κι ὅσο πίνεις τὸ νερό μας, πιὸ πολὺ
    θὰ διψάσῃς.

Καὶ σ᾽ ἐμᾶς γυρτὸς τὴν ὄψη σου
    καθρεφτίζεις,
    κι ὅλο τρέχουμε κι ἀλλάζουμε κι ὅλο ἴδια
    μᾶς νομίζεις.

Κι ἂν χανώμαστε ἀποκάτου ἀπὸ τὴ γῆ
    βυθισμένα,
    μᾶς τραβάει ξανὰ στὸν ἥλιο ἕνας θνητὸς
    σὰν ἐσένα.

Τώρα γύρε ἐδῶ, κι ἀπάνου μας
    καθρεφτίσου...
    Σ᾽ ἀεροφέρνει ἴσα μ᾽ ἐμᾶς, κ᾽ ὑψώνει σε, ἄνθρωπε,
    τὸ βιολί σου!

*

And we are also all the evil mists,
     The prison bars,
The daggers of the wicked plunging home
     Beneath the stars.

Devout, agnostic, godless, fool or sage,
     It is your lot
To meet us face to face some fated day,
     Resigned or not.

A veil conceals us; through its folds our forms
     Cannot be known;
The hand that dares to tear that veil aside
     Is turned to stone.

We are the rivers forming in your path
     A bridgeless moat;
And should you drink of them, a greater thirst
     Shall sear your throat.

Bent over us, you see your face as in
     A mirror frame;
We ever change and flow, yet to your mind
     We seem the same.

And if we were to vanish underground
     And sink from sight,
A mortal such as you would drag us back
     Into the light.

Approach, O Man; view your reflected face
     Within our eyes . . .
Your violin has upraised you to our own
     Supernal skies!

*

Τῶν Θεῶν βωμοί,
κάστρα τῶν Πατρίδων,
τῆς Ἀγάπης περιβόλια,
ξύπνα τα τ᾿ ἀθάνατα,
κοσμοπλάστρα μουσική!

Καὶ ξυπνᾶς κ᾿ ἐσύ, ὦ μαγεύτρα
περδικόστηθη κυρά,
μὲ τὰ λόγια πρὸς τ᾿ ἀστέρια
τὰ προσταχτικά.

Κι ἄφησες τοῦ τάφου μέσα
τὸ κορμὶ τοῦ χαλασμοῦ,
καὶ τὸ μνῆμα εἶταν γιὰ σένα
πόρτα λυτρωμοῦ.

Καὶ μιλᾶς καὶ γιγαντεύεις
καὶ τοὺς κόσμους ξεπερνᾶς,
καὶ τ᾿ ἀστέρια σοῦ φοροῦνε
μιὰ κορώνα ξωτικιᾶς,

καὶ κατέχω στὸ πλευρό σου
τὰ γραφτὰ θνητῶν κ᾿ ἐθνῶν
καὶ τ᾿ ἀπόκρυφα τῶν κύκλων
καὶ τῶν οὐρανῶν.

Καὶ σοῦ φέρνω ἀναστημένους
σὲ καθρέφτες μαγικοὺς
τὶς πεντάμορφες τοῦ κόσμου
κι ὅλους τοὺς καιρούς.

Σάρκα ἡ μουσική μου γίνεται
μὲ τὴν πλάστρα μας φωτιὰ
καὶ γεννιοῦνται ἀπ᾿ τὰ φιλιά μας
τ᾿ ἀψεγάδιαστα παιδιά.

Holy altars of the Gods,
Castles of the Fatherlands,
Groves of Love and Aphrodite!
Raise, awake all the Immortals,
O world-creating Music!

And awake, you too, enchantress
Partridge-breasted! You who stand
Speaking with the stars of midnight
In a language of command.

You have left within the coffin
All the body's mortal state;
Opening wide for you, the tombstone
Was redemption's gate.

When you face the night, you tower,
Giantess, beyond the sky,
Diademed with the constellations
In faery majesty.

By your side, I read the fortunes
Of the Nations and of Man,
All the secrets of the Cycles
And the Heavens' mighty span;

And I bring to you, resurgent,
In a magic mirror's gleam,
All the beauties of the ages,
All the vistas of Time's stream.

Flesh of ours becomes my music
Quickened by our fire and pace;
From our kisses springs the lineage
Of a new unblemished race.

Κι ὁ Ἀρχοντάνθρωπος μὲ κεῖνα,
στερνοπαίδι, ὁ λυτρωτής,
πλάσμα ἀκόμα πιὸ γιομάτο,
πλάστης πιὸ βαθύς.

Κι ὁ ἄνθρωπος ὁ βαριομοίρης
νά! ὑψωμένος νικητής
σὲ μιὰ γῆ πλατιά, προφήτης
μιᾶς πλατύτερης ψυχῆς.

Τὸ χρυσάφι, τὸ πετράδι,
καὶ τὸ θησαυρό,
λείψαν᾽ ἅγια, τίμια ξύλα,
κάθε πρόσφορο ἱερό,

κι ὅσα φέρνει ἡ Δύση, ὁ Νότος,
ἡ Ἀνατολή, ὁ Βοριάς,
μπρὸς στὰ πόδια σου τὰ ρίχνω
γιὰ νὰ τὰ πατᾶς.

Γιὰ ἕνα χάϊδιο σου πεθαίνω
χίλιους πεθαμούς,
τὸ φιλί σου ἀξίζει, Ἀγάπη,
χίλιους λυτρωμούς!

And the Superman, the last-born,
The redeemer of mankind,
Consciousness of nobler insight,
Creator of vaster mind.

And Man, wretched, cowed, ill-fated,
Has been raised, triumphant goal!
To a wider land, the prophet
Of a free, untrammelled Soul.

All the treasures, silks and jewels,
Vestments costly and ornate,
Fragments of the True Cross, relics,
Censers, gold and silver plate,

From both North and South the treasures,
East and West, the world around,
All these I have strewn before you,
Trample them into the ground.

For just one of your caresses
I would pay with life the price;
And your kiss, Love, is more precious
Than the joys of Paradise!

*ΛΟΓΟΣ ΙΑ΄*

## ΤΟ ΠΑΡΑΜΥΘΙ ΤΟΥ ΑΔΑΚΡΥΤΟΥ

Άνοιξε στὴ Φαντασία κάποιο λαμπερόχρωμο
ὄνειρο.

Renan (Feuilles Détachées).

Μιὰ φορὰ κ' ἕναν καιρὸ εἶταν ἕνας παραλής.
κ' εἶχ' ἕνα ἀγόρι· καὶ ἡ μάννα του κι ὁ πατέρας
πολὺ τ' ἀγαποῦσαν· πῆγε στὸ σκολιό· ὅ,τι στὸν
κόσμο ὑπάρχει, ὅλα τἄμαθε.

(Ἀρχὴ ἑνὸς Ἀτσιγγάνικου Παραμυθιοῦ).

Ἕνα παραμύθι τὴ γιομίζει
τῆς ψυχῆς μου τὴ σπηλιά,
καὶ σκληρὸ 'ἶναι σὰ λιθάρι
καὶ τὰ λόγια του βαριὰ
σὰ μολύβι·
ἕνα παραμύθι μὲ συντρίβει.

Πιὰ δὲν ξέρω, δὲ θυμᾶμαι·
τὸ εἶχα κάπου ἐγὼ ἀκουστό,
ἢ μὴν εἶμ' ἐγὼ ποὺ τὄζησα,
μιὰ φορὰ κ' ἕναν καιρό;
Μὰ λιθάρι ἐσὺ κι ἂν εἶσαι,
βροντοκύλησε, λιθάρι,
στῆς ψυχῆς μου τὴ σπηλιά·
καὶ μολύβι ἐσὺ κι ἂν εἶσαι,
λυῶμα γίνε μέσ' στοῦ γύφτου
τὴ φωτιά.

\*

—Εἶχ' ἕναν πατέρα, καὶ εἶχε
μιὰ μητέρα, ἀκριβογιός·

236

# THE TALE OF THE TEARLESS MAN

> He opened to the imagination a brilliant dream.
> RENAN, *Feuilles détachées*

> Once upon a time there was a very rich man and he
> had a son, and his father and mother loved him
> dearly. He went to school and he learned every-
> thing in the world.
> *Beginning of a Gypsy tale*

An ancient legend fills
The cavern of my soul,
A legend grim and hard as stone;
Its words are heavy
And they fall
And crush me like a leaden pall.

I know not, nor can I recall:
That legend—did I hear it in some distant clime?
Or did I live it
Once upon a time?
But tale, if stone you be, then roll,
Roll like a boulder thundering
In the cavern of my soul;
If lead you be, then melt and flow
In the Gypsy's
Furnace glow.

*

Once a father and a mother
Had an only son; his sight

καὶ εἶταν ὅπως εἶναι τ᾽ ἄστρο
στὴ φουρτούνα μιᾶς νυχτός.

Καὶ τοῦ πήρανε δασκάλους
καὶ τὸν πήγανε παντοῦ
καὶ τοῦ φώτισε μιὰ γνώση
πρωταγρίκητη τὸ νοῦ.

Κ᾽ ἔνιωσε ὅπου νιώθουν οἱ ἄλλοι
μιὰ καρδούλα νὰ χτυπᾶ,
τοῦ θεοῦ τὴν καταφρόνια,
τοῦ θηριοῦ τὴν ἀπονιά.

Τοῦ πατέρα καὶ τῆς μάννας
ἔκραξε—ὢ φωνὴ στριγγιά!
—«Εἴμ᾽ ὁ Ἀδάκρυτος, καὶ θέλω!»
—«Νά, παιδάκι μας, φλωριά!»

Καὶ τὴν ἄλλη ἀμέσως μέρα,
μὲ τὰ χέρια του ἀδειανά:
—«Εἴμ᾽ ὁ Ἀδάκρυτος, καὶ θέλω!»
—«Νά, παιδάκι μας, φλωριά!»

Κ᾽ ὕστερ᾽ ἀπὸ λίγο, πάλε
γυρευτὴς ἀκριβογιός:
—«Εἴμ᾽ ὁ Ἀδάκρυτος, καὶ δόστε!»
Καὶ τοῦ δῶσαν ἕνα βιός.

—«Εἴμ᾽ ὁ Ἀδάκρυτος, καὶ φέρτε!»
—«Πᾶνε, γιέ μας, τὰ φλωριά!»
—«Μέσα μου μιὰν ἄβυσσο ἔχω!
Θέλω!». «—Νά, παιδί μας, νά!

Πάρε σύνεργα, στρωσίδια,
ὅ,τι ἀγνάντια σου βρεθῇ,
τὸ ψωμί μας ἀπ᾽ τὸ ράφι

Was to them more bright and precious
Than a star in a black night.

They entrusted him to sages
And to schools of every kind,
Till a vast and varied knowledge
Glittered in his mind.

But he felt, where other mortals
Feel a loving heart pulsate,
Nothing but a god's cold proudness
And a tiger's hate.

Cried he loudly to his parents:
"I want all. (Harsh was his voice).
Hurry, for my name is Tearless!"
—"Of these coins, son, take your choice!"

And the next day, empty-handed,
He demanded as before:
"I still want, for I am Tearless!"
Said his parents: "Here is more!"

But the day that followed after,
He returned with hungry clutch:
"I am Tearless; I want . . . give me!"
And they gave him twice as much.

"I am Tearless . . . share out . . . give me!"
—"We are beggared for your sake!"
—"Give . . . A chasm gapes wide within me!
I want more . . . still more!"—"Then take,

"Take the furniture, the bedding,
Take the carpet on the floor,
Take the last loaf in the bread-bin

κι ἀπ' τὴν πόρτα τὸ καρφί».

Καὶ ξανάτρεξε. «—Εἶμ' ὁ γιός σας,
κι ὅλο θέλω, δὲν μπορῶ».
— «Νά, παιδάκι μας, τὸ σπίτι».
Καὶ τὸ ρούφηξε κι αὐτό.

Κι ὅταν ξαναπῆγε, τοῦ εἶπαν
κλαίγοντας οἱ δυὸ ψυχές:
— «Δυὸ κορμιὰ ξερὰ μᾶς μεῖναν,
κάμε τα κι αὐτὰ ὅ,τι θές».

Καὶ τὰ πῆρε τράβα τράβα
στὸ παζάρι τὰ κορμιὰ
καὶ στὰ πούλησε γιὰ σκλάβους,
βασιλιά!

Ἀπ' τὰ γρόσα τῆς μητέρας
φορεσιὰ ἀποχτᾶ χρυσή,
καὶ ἀπ' τ' ἀσήμι τοῦ πατέρα
ἕν' ἀράπικο φαρί.

Καὶ σὰ φεύγανε πιὰ οἱ μέρες,
καὶ δὲν εἶδαν νὰ φανῇ
κύρης καὶ μητέρα οἱ σκλάβοι
τὸ μονόκλωνο παιδί,

τὸ παράπονο τοὺς πῆρε
καὶ ξανάδωσε ὁ καημὸς
κ' ἔγινε τοῦ τέκνου ὁ πόθος
δακρυοποταμός.

Περνάει ὁ ρήγας καὶ ρωτάει:
— «Γιατί κλαῖτε, σκλάβοι, ἐσεῖς;»
—«Κλαῖμε γιὰ τὸν ἀκριβό μας,
γιὰ τὸν ἥλιο τῆς αὐγῆς,

And the nails from the front door."

Back he came: "You two begot me;
Give . . . I must have . . . I despair!"
—"Son of ours, oh take the cottage!"
And he took it then and there.

Till at last they told him, weeping,
"Paupers, in a ditch we dwell.
We have only our old bodies . . .
Take them, if you wish, as well."

To the market-place he dragged them,
For their grief he gave no thought,
And he sold them there as bondsmen
To the royal court.

For the sale price of his mother
He appeared in golden garb,
From the profit on his father
He acquired an Arab barb.

Weeks to months were slowly added
As the days passed one by one;
But the parents, in their bondage,
Saw no more their darling son.

Till the father and the mother,
Harrowed by their grief and fears,
Longing for their absent loved one,
Wept a sea of tears.

As the king passed by, he asked them:
"Slaves, why do you weep and mourn?"
—"For our only son we sorrow,
He who was our light of dawn.

κλαῖμε γιὰ τὸν ἀκριβό μας
ποὺ μᾶς πῆγε γιὰ φλωριὰ
καὶ μᾶς πούλησε γιὰ σκλάβους
καὶ μᾶς πῆρες, βασιλιά,

καὶ δὲ φάνηκε ἀπὸ τότες,
ὢ ἡ χαρὰ καὶ ἡ παντοχή!»
Πιάνει ὁ ρήγας καὶ προστάζει:
— «Φέρτ᾽ ἐμπρός μου τὸ παιδί!»

— «Εἶσ᾽ ἐσὺ τοῦ ὀλέθρου ἡ φύτρα,
τοῦ γονιοῦ σου ὁ χαλαστής,
καὶ μοῦ στέκεις καβαλλάρης
μὲ φορέματα γιορτῆς,

καὶ τὰ δάκρυα πάντα σπέρνεις,
καὶ ποτὲ δὲν τἄχεις;»
              — «Ναί!»
Πιάνει ὁ ρήγας, γραφὴ γράφει
καὶ τοῦ λέει: «Ἀρχοντονιέ,

πάρε τὴ γραφὴ καὶ σύρε,
φτερὸ γίνε καὶ ἀστραπή,
δέκα μέρες, δέκα νύχτες,
δίχως γνώμη καὶ πνοή,

καὶ σταμάτησε στὴ χώρα
τοῦ ἀδερφοῦ μου τοῦ τρανοῦ
ποὺ μαυρολογάει στὰ πλάγια
τοῦ αἱματόχρωμου βουνοῦ,

δῶσε τὴ γραφὴ στὰ χέρια
τ᾽ ἀδερφοῦ μου τοῦ ρηγός,
καὶ καρτέρα».
            —«Ἡ προσταγή σου!»
Κ᾽ ἔφυγε γοργός.

"We are weeping for our darling,
For the love to which we cling,
Though he sold us into bondage
And you bought us both, O king.

"He has never come to see us,
He, our only son, our dear!"
Then the king at once gave order:
"Fetch that young man here!

"There you are, you spawn of Satan,
Of your parents scourge and blight!
And you dare appear on horseback
Dressed in gold all shining bright!

"You, the cause of so much weeping,
Are you tearless?"—"Aye, O King!"
Then the king wrote out a message
And he sealed it with his ring.

"Take," he said, "good Sir, this letter,
Speed like lightning, stop for naught;
Ten whole days and ten nights, hurry
Without pause for breath or thought,

"Till you reach the royal city
Of my brother's kingly pride,
Stretching like a murky shadow
On a blood-red mountain-side,

"Then seek out my royal brother,
To his hands convey this screed
And then wait."—"King, at your service!"
And he galloped at full speed.

Ὄχι θέλημα ρηγάδων,
ὄχι σκλάβου ὑποταγή
μὲ τ᾽ ἀνεμοπόδαρο ἄτι
σέρνει τον, ταξιδευτή.

Μέσα του μιὰ μοῖρα κάπου,
αἰστάνεται, τὸν ὁδηγεῖ
πρὸς ἀπάντεχο ἕνα τέλος,
πρὸς μιὰν ἄγνωρη πηγή.

Κάτι μέσα, ὄχι προστάζει,
τὸν τινάζει καὶ τραβᾶ
γιὰ σὲ ἀνέβασμα σὰ θάμα,
γιὰ σὲ ὁλόβαθα γκρεμά.

Κάμπους διάβηκε, φαράγγια,
καὶ ποτάμια καὶ δρυμούς,
καὶ προσπέρασε ἀπὸ τόπους
ἄγγιχτα κι ἀπὸ λαούς,

κ᾽ εἴτανε τὸ πέρασμά του
σὰν τὸ πέρασμα τοῦ νοῦ
ποὺ σὲ τίποτε δὲ στέκει
καὶ περνάει ἀπὸ παντοῦ,

μόλις ψάχνει κάθε εἰκόνα,
κάθε ἰδέα ἀλαφρὰ ἀλαφρά,
κι ὅλα εὐτὺς τὰ παρατάει,
καὶ γλιστρᾶνε, περιττά,

γιατὶ πάει ὅπου μιὰν ἔγνοια
ὠκεάνια τὸν τραβᾶ
νὰ βυθίσῃ μιὰ γιὰ πάντα
τ᾽ ἀβυσσόθρεφτα φτερά.

It was not a slave's submission
Nor a haughty king's behest
That, astride his fleet-foot stallion,
Urged him on his quest,

But he felt deep down within him
That a force, a fate unkenned
Had impelled him on this venture
For some unknown end.

And that fate not only urged him—
He was hustled, he was hurled
Onward to a steep ascension
Or a gaping underworld.

Thus he rode through plains and gorges,
Streams and forests saw him race,
And he passed through many countries,
Halting not in any place.

And the manner of his passing
Was the manner of the mind
That is never stopped from wandering
In the ways it feels inclined.

Like the mind which probes each fancy
With a tender touch and light
Till it wearies and forgets them
And, unwanted, they take flight,

For it hastes to where an ocean
Of concerns and cares ahead
Lures it on to plunge forever
With its sea-born wings outspread.

*

Κι ὅταν ἦρθε ἀπὸ τῆς ἔρημος τ᾽ ἀπέραντα
καβαλλάρης νὰ περάσῃ,
στὸ μαυριδερό του ἀπάνου τὸ ἄτι
μὲ στολὴ ξεχώριζε χιονάτη,
καὶ τοῦ ρήγα ἡ προσταγὴ
μὲ τὴν κόκκινη χρυσόβουλλη γραφὴ
χάραζε ἀπὸ μέσα ἀπὸ τὸν κόρφο του,
καὶ τὴ νόμιζες πὼς εἴτανε
σμαλτωμένο τάσι.

Κι ὅταν ἦρθε ἀπὸ τῆς ἔρημος τ᾽ ἀπέραντα
νὰ περάσῃ,
φεύγανε στὰ ὁλόβαθα ἀπὸ σύγνεφα
πυρωμένα δάση,
τὰ κοράκια κάτι κράζανε τ᾽ ἀνήσυχα
στὰ κυκλογυρίσματά τους,
καὶ ψηλάθε ξαγναντεῦαν γυπαϊτοί·
καὶ ταράχτη ἕνας μαΐστρος καὶ μουρμούρισε
πρὸς τὰ βοῦρλα, πρὸς τοὺς βάτους,
κι ἀποκάτου ἀπ᾽ τὶς σταχτιὲς τὶς ἀψηφιὲς
παραμόνευαν οἱ ὀχιές,
καὶ στὸν ἥλιο ἀναγαλλιάζοντας
ἀκαμάτρα ἡ σαύρα σείστηκε
κ᾽ ἔκραξε κι αὐτή: «Γιὰ δές!»

Κ᾽ εἴταν οἱ χλωρότοποι μακριὰ
μὲ τὰ ὁλόλευχ᾽ ἀνθοζύμωτα χωριά.

.  .  .  .  .  .  .  .  .

Κι ὅταν ὅλα βουβαθῆκαν,
ὅλα, στὴν ἐρμιὰ τῶν ὅλων,
ἀπ᾽ τὸ βόγγο τῆς γκαμήλας

\*

When at last he came to cross
The desert's vast immensity,
Riding on his dark-hued stallion,
His mantle shone like snow reflecting
Back a winter sky.
And conspicuous to the eye,
From his doublet half projecting,
The king's command, in crimson sealed with gold,
Gleamed like a goblet made
Of jewel-work or jade.

When at last he came to cross
The desert's vast immensity,
Clouds like smoke from forest fires were fleeing
Towards the far horizon-line.
Crows were croaking dismally
As they circled round and round,
Vultures gazed from their high zenith rambles,
And a chill wind stirred and whispered
To the rushes and the brambles.
Beneath the grey-green absinth bushes
Skulking vipers lay in wait,
And a drowsy lizard, basking
In the sun, rose from the grass
And said, it too, "Look at him pass!"

At last the emerald fields were left behind
Together with the flower-decked villages.

.        .        .        .        .        .        .

Finally all things were silent
In the desert air.
From the grunting of the camel

ὡς τῆ δέηση τοῦ μουεζίνη·
κι ὅταν τοῦ ἀπολεῖφαν ὅλα,
κι ἀπ᾿ τὸν ἀνεμόσαρκο ἀσκητή,
καὶ ἴσα μὲ τὸ πέρασμα τ᾿ ἀργὸ
τοῦ καραβανιοῦ ποὺ ἀφήνει
μιὰ γλυκειὰ ἁρμονία μακροσυρτὴ
καὶ ἤχων καὶ χρωμάτων καὶ ἴσκιων
ἀπὸ ταξιδεῦτρες κυματόστηθες
μισοσκεπασμένες μαυρομάτες
κι ἀπὸ πιστικοὺς ποὺ ἀκολουθοῦν
στὰ μακριὰ ραβδιά τους ἀκουμπώντας
ἀκαμάτες,
κι ἀπὸ τῆ ζωὴ τὴν πατριάρχισσα
ποὺ τὴν κάνουν πρὸς τὰ βράδια
πιὸ ἱερὴ καὶ πιὸ μακαρισμένη,
σὲ φλογέρες ψέλνοντάς τη
λαλητάδες πεζολάτες·
κι ὅταν πιὰ δὲν εἶχε συντροφιὰ
μήτε τὰ περάσματα τ᾿ ἀστραφτερὰ
τῶν ἀγρίων ἀλόγων ποὺ περνοῦν
σὰν κυνήγι νὰ τοὺς ἔστησε ὁ σιμούν,—
ἔνιωσε στὰ σπλάχνα του ὁ Ἀδάκρυτος
κάποια δείλια, κάποιο νύστασμα,
καὶ τὸ ξύπνημα μιᾶς Λάμιας·
κι αὐτὴ ἡ Λάμια εἶταν ἡ δίψα.

Κ᾿ ἔβγαινε ἀπὸ τὰ ποτάμια,
κι ὡς τὰ πόδια του ἔφερνε νεροσυρμές,
καὶ εἶταν ὅλα ὁράματα·
κ᾿ ἔβλεπε πηγὲς ποὺ εἶταν ἀχνὸς
καὶ φαντάσματ᾿ ἄπιαστα ἀπὸ νερομάννες·
καὶ στὰ σπλάχνα του γιγάντεψε
τοῦ νεροῦ τὸ καρδιοχτύπι,
τοῦ νεροῦ ποὺ ὅλο τὸ νείρεται,
καὶ ποὺ πάντα τοῦ ἀπολείπει.

To the muezzin's call to prayer.
And all things were left behind,
From the fasting anchorite
To the slow, unhurried pageant
Of the caravan's parade
That trails a wake of music,
Of color and of shade;
A glimpse of half-veiled women,
Black-eyed and curving-breasted,
And of weary shepherds leaning
Upon their long-staved crooks.
A patriarchal life made happier,
More peaceful and serene,
When evening stars are seen,
By melodies of wandering minstrels
Upon their flutes and reeds.
But, when he saw no more around him
Even the stampedes
Of desert colts and steeds
Fleeing the hot simoom,
The Tearless One began to feel at last
A weariness, a lethargy, a gloom,
And soon there stirred in him a witch accursed,
A witch whose name was Thirst.

And this witch would rise from rivers,
Guide their torrents to his feet —
But they were but mirages.
He saw founts which were illusions,
Springs which were receding phantoms,
Till deep in his throat a flame
Ever grew and raved for water,
For the water which deluded,
Derided, and eluded!

*

Καὶ τ' ἀράπικο τ' ἄλογο τότε
κατ' αὐτὸν τὸ κεφάλι γυρίζει,
καὶ τοῦ λέει: «Πανηγύρι
μοῦ εἶν' ὁ δρόμος, φαγί μου εἶν' ὁ λίβας,
καὶ πιοτό μου κι ὁ ἀχνὸς ποὺ ἀνυψώνει τον
τὸ τρανὸ τὸ λιοπύρι.

Ἐμπιστέψου καὶ γύρε σ' ἐμένα,
καὶ νοητάκ' εἶμ' ἐγώ, καὶ τὸ μάτι
τὸ δικό σου δὲ βλέπει
κάτι πέρα ποὺ ἐγὼ τ' ἀγναντεύω·
στὸ ξεδίφασμα πᾶμε, κι ἀκόμα ὀμπρός·
ἐκεῖ πᾶμε ποὺ πρέπει!»

Στὸ νοητάκι ἐμπιστεύεται· γέρνει,
καὶ τραβάει, κι ἀντρειεύεται. Νά το
τὸ δροσάτο λιβάδι,
τὰ χρυσὰ φοινικόδεντρα πέρα,
καὶ στὸ δρόμο τ' ἀλόγου του ὁλόμπροστα
τὸ βαθὺ τὸ πηγάδι.

Καὶ στὰ σπλάχνα του μέσα εἶν' ἡ δίψα
πιὸ βαθιά. Μαῦρο μάτι, καὶ φτάνει
ἀπ' τὸν κόσμο τὸν κάτου
καὶ γυαλίζει καὶ βλέπει τον, μάτι
μιᾶς ζωῆς ποὺ εἶν' ὁλόμακρα ἀνέγγιχτη
τὸ νερὸ νά! μπροστά του.

Καὶ σκοινὶ καὶ σταμνὶ τὰ γυρεύει
γιὰ μιὰ στάλα νερό, καὶ δὲ βρίσκει
τὸ νερὸ πῶς νὰ πιάσῃ·
καὶ τοῦ λέει τ' ἄλογό του: «Θυμήσου
τὸ χρυσόβουλλο ἀπάνου στὸν κόρφο σου
ποὺ φαντάζει σὰν τάσι».

*

Then the Arab stallion boasted,
Looking back towards his master,
"Running is for me a treat;
I can browse on desert whirlwinds,
I can quench my thirst on vapors
Rising from the noonday heat.

"Bear with me and trust my judgment,
For I am a fairy stallion.
With your eyes you cannot know
Something that I can distinguish;
First we slake our thirst, then onwards
We shall go where we must go!"

In the fairy horse he trusted
And advanced with greater sureness.
Soon they reached a dell
Planted round with golden palm-trees,
And, before the stallion's forelegs,
Gaped a deep-sunk well.

At its sight, within him fiercer
Raged his thirst. A darkly gleaming
Eye seemed from those depths to glare
Like that of some living creature,
Out of reach and tantalizing—
Water, water deep down there!

When he searched for rope and pitcher
To dip out a drink of water,
Neither could be found.
Then the stallion said: "Remember
That sealed scroll inside your doublet;
Like a goblet fold it round."

Τὸ χρυσόβουλλο ἀδράχνει, κ᾿ ἐκεῖνο
ξετυλίγεται, ἀνοίγει, καὶ λόγια
τοῦ χτυπᾶνε γραμμένα:
«Σκότωσέ τον τὸ νιὸ ποὺ σοῦ φέρνει
τὸ πιττάκι· τὸν ξέρασε ἡ κόλαση
καὶ τὸν ἔστειλ᾿ ἐμένα.

Καταπάνου του θέλω νὰ γγίξω,
κ᾿ εἶμ᾿ ἀνήμπορος. Πές μου! ποιὸς εἶναι,
καὶ νὰ τρέμω μὲ κάνει;
Δὲ λυγάει τὸ δικό σου τὸ χέρι
καμιὰ δύναμη· τρέξε· ἀπ᾿ τὸ χέρι σου,
ἀδερφέ μου, ἂς πεθάνῃ!»

Τὸ πιττάκι ξανὰ τὸ τυλίγει
καὶ ποτήρι τὸ κάνει, καὶ σκύβει
στὸ πηγάδι, καὶ παίρνει
τὸ νερό, καὶ τὴ δίψα του σβήνει,
καὶ πηδάει στ᾿ ἄλογό του, καὶ τ᾿ ἄλογο
τὸν ἀφέντη του σέρνει.

Τὸν ἀφέντη ἀλλοῦ φέρνει, ἐκεῖ ὅπου
σὲ ποτάμια γυρτὴ καὶ σὲ λίμνες
καστροπύργωτη χώρα
σιδερόντυτη ἀστράφτει στὸν ἥλιο,
τὰ πλατιὰ τ᾿ οὐρανοῦ φοβερίζοντας·
καὶ τοῦ λέει: «Στάσου τώρα!»

*

Καὶ τῆς χώρας κυβερνήτης
εἶταν ἕνας βασιλιὰς
κ᾿ εἶχε κόρη τὴν Ἀγέλαστη,
καὶ τὴν εἶχε ἀπ᾿ τὴν ἀγάπη
κάποιας ξωτικιᾶς.

He snatched up the gold-sealed letter,
It unrolled, it tore and opened
And its words were plain to see:
"Kill the bearer of this message;
Satan spewed him up from Sheol
And sent him to harass me.

"I would like to crush and rend him,
Yet I fear! Who is this monster,
Why does he so terrify?
But no force can bend your courage;
Help me in this matter, brother,
By your hand, oh let him die!"

Once again he rolled that parchment,
Made of it a cup and, reaching
Down full length, scooped in its slack
A long drink of cooling water.
And away the stallion cantered
With his master on his back.


Far away he bore his master
To where, built on lake and river,
Stood a fortress-town
Girt with walls of glittering iron
Threatening the very heavens.
Then the stallion said: "Get down!"

*

Ruler of that town and kingdom
Was a prince of noble mien;
Laughterless was named his daughter,
Born of an outworldly dalliance
With a fairy queen.

Κ᾽ εἶταν ὄμορφη ὡς ὁ τίγρης
κι ὄμορφη ὡς ἡ ἀστραπή,
κ᾽ εἶταν ὄμορφη ὡς ἡ θάλασσα
καὶ σὰν ὅλα ποὺ πνοή τους
ἡ καταστροφή.

Κ᾽ εἶταν ἥσυχη σὰν ὅλα
τὰ βαθιὰ καὶ τὰ σκληρά,
σὰν τὸ μπλάβο τ᾽ ἄδειο ἀπάνου μας,
σὰν τὸ μάρμαρο στὸν ἥλιο
ποὺ λαμποκοπᾶ.

Κι ἀπ᾽ τὴ μάννα της νοῦ πῆρε,
νοῦ καὶ κείνη ξωτικό,
καὶ ξηγοῦσε καὶ τ᾽ ἀξήγητα,
σὰ νὰ μὴν τῆς εἶχε ἡ πλάση
τίποτε κρυφό.

Κι ὅποιος ἔβλεπε τὴν ὄψη
τῆς ᾽Αγέλαστης κυρᾶς,
λαβωμένος ἀπ᾽ τὸν ῎Ερωτα
κι ἀπ᾽ τὸ Χάρο λαβωμένος
ἔπεφτε μὲ μιᾶς.

Κι ὁ πατέρας της προστάζει
Βασιλιὰς καὶ διαλαλεῖ:
«῞Οποιος θέλει τὴν ᾽Αγέλαστη,
καλῶς νἄρθῃ, ὅποιος κι ἂν εἶναι,
κι ἀπὸ κάθε γῆ.

Φτάνει μόνο νὰ γνωρίζῃ,
φτάνει·νὰ τῆς πῇ
κάποιο ξένο παραμάντεμα
ποὺ δὲν μπόρεσε ὡς τὴν ὥρα
νἄβρῃ ξηγητή.

Like a tigress she was lovely,
She was lovely as the sea,
She was beautiful as lightning
And all things whose very essence
Breathes catastrophe.

She was calm like all things cosmic
Which are ever deep and hard;
Like the deep-blue vault above us,
Or, when glowing in the sunlight,
A white marble shard.

From her mother she was gifted
With a mind of fairy mould;
And she read all signs and secrets
As though Nature from her insight
Nothing could withhold.

And all those who saw the visage
Of Princess Laughterless,
By the scythe of Death were smitten
And were wounded by Love's arrow
With twofold suddenness

One fine day the father ordered
In an edict through the land:
"He who would espouse my daughter
Shall be welcome, knave or noble,
Of whatever realm or strand.

"But some wonder he must tell her,
Some strange portent to astound,
Some deep secret, some enigma
To which neither key nor answer
Has until this day been found.

Κι ἂν ἡ κόρη τὸ ξηγήσῃ,
πάει, ξεγράφτηκε ὁ γαμπρός·
κι ἂν ἐκείνη δὲ μαντέψῃ το,
τότε αὐτὸς δικός της ἄντρας
καὶ δικός μου γιός».

Τρέξανε τὰ παλληκάρια,
καὶ τὰ νιάτα ἀπὸ παντοῦ
καὶ πεζοὶ καὶ καβαλλάρηδες,
καὶ τοῦ θρόνου τὰ καμάρια
καὶ τοῦ χρυσαφιοῦ.

Κ' ἦρθαν Μάγοι ἀπ' τοὺς Χαλδαίους
κι ἀπ' τὸ Νεῖλο λειτουργοί,
καὶ διδάχοι τοῦ Ἑφταπόταμου,
καὶ σοφοὶ ἀπὸ τὴν Ἑλλάδα
τὴν ἁρμονική.

Μαντολόγοι καὶ προφῆτες
καὶ ἥρωοι καὶ ραψωδοὶ
καὶ οἱ ἀφροὶ καὶ τ' ἀνθοβλάσταρα,
χ' ἦρθαν ὡς κι ἀπὸ τὴ Θούλα
τὴν ὁλακρινή.

Καὶ τ' ἀξήγητα τῆς φέραν
καὶ τ' ἀμάντευτα οἱ γαμπροί,
κι ὅσα οἱ σφίγγες κι ὅσα οἱ σίβυλλες·
καὶ δὲν ἔμεινε κανένα
ποὺ νὰ μὴν τὸ βρῇ.

Καὶ τὰ στόματα ποὺ ἀνοῖγαν
σὲ χρησμοὺς καὶ σὲ ρητά,
τὰ σφαλοῦσε ὁ μπόγιας πίσω της·
χ' ἡ μαντεύτρα ἡ καταλύτρα
πάταε σὲ κορμιά.

"If the Princess reads the question,
Then the suitor's life ends there!
If she cannot solve the puzzle,
He shall be her wedded husband
And my royal son and heir."

Suitors hurried from all quarters,
Young gallants and champions bold;
Some on foot and some on horseback,
Pride of royal throne and scepter,
Pride of merchant-house and gold.

Magi came from wise Chaldea,
Priests came from the flowing Nile,
Brahmins from far distant India,
Sages from harmonious Hellas,
From mainland and from isle.

Soothsayers and necromancers,
Lyric bards and men of war;
Youthful flower of every nation,
Every land, even of Thule's
Ultimate and unknown shore.

Every suitor brought a riddle,
All the lore beneath the sun,
All the runes of sphinx and sibyl,
All the problems, all the mazes—
Laughterless knew every one.

Then the mouths which had been opened
Upon oracle and saw,
By the headsman's axe were silenced;
And the merciless enchantress
Spurned their corpses on the floor.

Καὶ ἡ μαντεύτρα ἡ καταλύτρα
σὰ μιὰ πλάση εἶταν χλωρή,
σὰ μιὰ πλάση ἡλιοφεγγόβολη
στοὺς βυθούς της ποὺ φωλιάζαν
λάβες καὶ σεισμοί.

Μὰ ξημέρωσε καὶ ἡ μέρα,
καὶ τῆς Μοίρας διαλεχτὸς
καβαλλάρης νά κι ὁ Ἀδάκρυτος,
τῆς Ἀγέλαστης κ᾽ ἐκεῖνος
γυρευτὴς γαμπρός.

Νά κι ὁ Ἀδάκρυτος μπροστά της,
νὰ γαμπρός, καὶ νὰ κριτής!
Κ᾽ ἐσύ, Ἀγέλαστη, προσμένεις
νὰ τὸν καταπιῇς.

Καὶ τὰ μάτια σου σὰν τρύπες
δείχνονται βαθιές,
μέσα τους τοῦ Ἅδη οἱ φλόγες,
κι ἀπὸ μέσα τους οἱ ζωές,

ὅλες οἱ ζωὲς τῶν ἄξιων
ποὺ τὶς ἔσβησες ἐσὺ
στὴν παρθένα σου ὄψη χύνουν
Μέδουσας πνοή.

Ἀλλ᾽ ὁ Ἀδάκρυτος δὲ βλέπει,
κι ἂν τὰ βλέπῃ τ᾽ ἀψηφᾶ·
καὶ τὸ στόμα του σαλεύει,
τὸ αἴνιγμα ξεσπᾶ:

«Στὸν πατέρα μου καβάλλα,
τὴ μητέρα μου φορῶ,
κ᾽ ἤπια, γιὰ νὰ ξεδιψάσω,
μὲ τὸ Χάρο μου νερό!»

For this merciless enchantress
Was a fair, rose-covered mound,
Was a green and sunlit landscape
Which concealed the lurking earthquake
And the lava underground.

But the day that Fate had chosen
Shone at last across the land,
And, upon his horse, came Tearless
To meet Laughterless, he also
As a suitor for her hand.

There stands Tearless now before her;
She the judge, defendant he!
Laughterless, I see you smiling,
Confident of victory.

And your eyes like smoky caverns
Show in their deep void
Glimpses of the flames of Hades;
And the lives which you destroyed,

Ali the youthful lives and gallant
Which you hurried down to death,
Spread across your vestal features
Medusa's chilly breath.

Tearless of all this sees nothing;
If he does, he shows no fear
And he shouts his riddle loudly
So that all may hear:

*"I come riding on my father,*
*With my mother for attire;*
*And I slaked in my death-warrant*
*My parched throat's hell-fire!"*

Κ᾽ ἐσύ, Ἀγέλαστη, κερώνεις,
καὶ ἀπορεῖς καὶ δὲν μπορεῖς,
καὶ εἶν᾽ ἀξήγητος ὁ λόγος,
καὶ ἦρθε ὁ νικητής.

Καὶ γιὰ πρώτη φορὰ κάτι,
σάμπως χέρι ἀφεντικό,
σοῦ τ᾽ ἀδράχνει τὸ κορμί σου
τὸ βασιλικό.

Τὸ αἴνιγμα ξαφνίζει ἐσένα,
τ᾽ ἄλυτο, καὶ γονατᾶς,
ἢ ὁ ἀμάντευτος λεβέντης
σ᾽ ἔγυρε, καὶ πᾶς;

Κι ὅπως πίσω σου τὸν μπόγια
τὸν κρατᾶς ξεσπαθωτό,
πίσω του κι αὐτὸς κρατώντας
πιὸ τρομαχτικὸ

κάποιον πόθο μακελλάρη,
κατὰ σένα τὸν τραβᾶ
νὰ σοῦ πάρῃ ὅση κι ἂν κρύβῃς
χάρη ξωτικιά.

Καὶ σπαράζεις καὶ φωνάζεις:
«Βασιλιὰ πατέρα, ὠΐμέ!
εἶμ᾽ ἡ Ἀγέλαστη γιὰ κεῖνον,
κ᾽ εἶν᾽ αὐτὸς γιὰ μέ!»

Τ᾽ ἀντρειωμένο τὸ ζευγάρι
σὲ κρεβάτι ἐρωτικὸ
κάτι ἀχόρταγο τὸ σμίγει
σὰν τ᾽ ἀγρίμια στὸ δρυμό.

Καὶ τὰ λόγια ἀντιλαλῆσαν

Laughterless, your cheeks grow waxen,
You sit mute with eyes downcast;
But you cannot find the answer,
You have met your match at last!

And, for once, dawns the awareness
That a master's hand
Has enlaced your regal person
With an iron band.

Was it that unsolved enigma
Which has caused you thus to reel,
Or the enigmatic lover
Who now bids you kneel?

As behind you stands your headsman
With his naked blade,
There behind him, headsman fiercer,
Armed and unafraid,

Stands Desire; and he advances
With unswerving stride
To snatch all your fairy treasures
Which, in vain, you hide.

And you thrill and cry: "O father,
It is fate's design:
Laughterless is his forever,
And he shall be mine!"

On their nuptial couch, the lovers
Lie, a lusty pair;
Like a lioness and lion
In their forest lair.

And the strange words of the riddle

τ' ἀξεδιάλυτα οἱ σπηλιὲς
καὶ τοῦ γάμου τους τραγούδι
τόψαλαν οἱ κοπελιές:

Στὸν πατέρα μου καβάλλα,
τῆ μητέρα μου φορῶ'
κ' ἤπια, γιὰ νὰ ξεδιψάσω,
μὲ τὸ Χάρο μου νερό.

*

— Μᾶς προσμένει ὁ πατέρας, καλέ μου,
καὶ στεφάνια ὁ λαός του σοῦ.πλέκει,
κι ἁγιοκέρια σ' ἀνάφτει.—
— Χλιμιντράει τ' ἄλογό μου, καλή μου,
καὶ τοῦ δρόμου τὰ μάκρη τὰ ὀρέγεται
κι ἀνυπόμονα σκάφτει.—

— Μᾶς προσμένει ἕνας θρόνος, καλέ μου,
τοῦ πολέμου τὰ κέρατα ἠχοῦνε,
τῆς εἰρήνης οἱ λύρες.—
— Μᾶς προσμένουν ταξίδια, καλή μου,
στὶς ἐρμιὲς ἀπὸ κόσμους ἀπάτητους
μὲ πρωτόγραφτες μοῖρες.—

— Τὴν ἀγέλαστη πλάση, καλέ μου,
στάσου ἐδῶ νὰ τὴ σπείρουμε οἱ δυό μας,
ποὺ μ' ἐμένα θὰ μοιάση.—
— Τῶν ἀδάκρυτων πᾶμε, καλή μου,
κάτου ἐκεῖ τὴ φυλὴ νὰ γεννήσουμε
ποὺ θ' ἀλλάξη τὴν πλάση.

Γιὰ νὰ φτάσω στὴν ἄφταστη γέννα
τὴν καρδιά μου τὴν ἔκαμα πέτρα,
τὴν ψυχὴ κοιμητήρι,
τὸ νοῦ σαΐτα, τὴ θέληση λάμια,
κι ὅλα τἄφαγα ἐγὼ πρωταρχίζοντας

Echo loud and long,
Sung in chorus by the bridesmaids
For a wedding song.

*"I come riding on my father,*
*With my mother for attire;*
*And I slaked in my death-warrant*
*My parched throat's hell-fire!"*

*

My father awaits us, belovèd,
My people are weaving you crowns,
And candles are lit all around.
—My stallion is neighing, belovèd,
He is yearning again for the road,
With his hooves he is raking the ground.

A scepter awaits us, belovèd,
You can call for the sweet harps of peace,
You can order the trumpets of war.
—Far-off travels await us, belovèd,
Among deserts and worlds still unknown,
And fates never challenged before.

—Let us stay in this city, belovèd,
And beget us a laughterless breed
Like the mother who first gave it birth.
—Let us seek the horizons, belovèd,
And engender a long tearless line
Which shall alter the face of the Earth!

To attain that unreached generation,
I have made of my heart-core a rock,
Of my spirit a funeral pyre.
My mind is a javelin, an ogre
Is my will; when all things I devoured,

ἀπὸ μάννα καὶ κύρη.

Στοὺς γονιούς μου τοὺς γέρους ποὺ σβῆσαν
εὐλογώντας τὸ γιό τους τὸν μπόγια
πᾶμε τάφο νὰ ὑψώσω.
Καὶ τοῦ ρήγα τοῦ ἀλλόφυλου πᾶμε,
τὸ δικό μου τὸ μνῆμα ποὺ γύρεψε,
μνῆμα ἐγὼ νὰ τοῦ δώσω!—

\*

—Ποιὸς μπροστά μου στηλώνεται;
                              —Ἐγώ εἶμαι·
τὸ δικό μου ὠνειρεύτης χαμό,
κι ὅμως νά με! δὲν ἔστρεξε τ᾿ ὄνειρο,
ἀπ᾿ τὸν Ἅδη δὲν ἔφυγα ἐγώ.

Βασιλιά, κατὰ σένα γυρίζω,
τῆς ἐκδίκησης ἦρθα σπαθί,
τὴν Ἀγέλαστη φέρνει ὁ Ἀδάκρυτος,
ταιριασμένοι τοῦ ὀλέθρου οἱ θεοί.

Στόμα, σώπαινε, μίλα, μαχαίρι!...—
Νά! μπροστά μου συρμένος, νεκρός...
Κι ὁ λαός του σκυφτὸς τὴν κορώνα του
μοῦ προσφέρει, κιοτήδων λαός.

Δέν τὴ θέλω. Δὲν ἦρθα νὰ γίνω
σὲ ραγιάδες ραγιὰς βασιλιάς.
Ὁ λαός μου εἶν᾿ ἀλλοῦ. Τώρα θρόνος μου
τὸ κοντρὶ στὰ πλατιὰ τῆς ἐρμιᾶς.

Στῆς καλῆς μου τὰ σπλάχνα σαλεύει
μιᾶς χιλιόζωης ὁ σπόρος ζωῆς.
Εἶμαι ἡ σάλπιγγα ἐγὼ μιᾶς ἀνάστασης
κ᾿ εἶμαι ἡ σκάλα ποὺ ἀρχίζει ἀπ᾿ τὴ γὶς

I began with my mother and sire.


For the parents who died with a blessing
On the son who had murdered them both,
We shall raise a memorial stone.
But first we shall visit that monarch
Who once thought he had dug me my grave,
And dig him another—his own!

*

—Who stands in my light?
                              —It is I, king!
You thought you had ordered my doom,
Yet here, all unscathed, you behold me
As though I had sprung from the tomb.

O king, I have come to confront you
With the sword of revenge at my side;
And Tearless has brought with him Laughterless—
Mated gods of destruction, we stride.

Be sealed now, O mouth; blade, speak sharply . . .
There he lies at my feet, smitten down . . .
And his people, a cowed herd of cravens,
Haste to proffer his kingdom and crown.

I refuse them. I did not come seeking
Slavish king of slave subjects to be.
My kingdom is elsewhere; my throne is
A rock in the desert's wide sea.

In the womb of my true love is stirring
The seed of a thousand-fold birth;
I am the loud trump of resurgence,
The stair which ascends from the Earth

καὶ ποὺ χάνεται πέρα ἀπὸ τ' ἄστρα·
μιᾶς σοφίας τὸ χέρι εἶμ' ἐγώ,
κι ἂν ὁ 'Αδάκρυτος εἶμαι, εἶμ' ὁ ἀθόλωτος,
ἡ ματιά μου τρυπάει τὸν Καιρό.

Κ' ἡ ἀπονιά κ' ἡ σκληρότη μου πόδια
γιὰ νὰ φτάνω σωστὰ καὶ γοργά·
καὶ πατέρα καὶ μάννα τοὺς πούλησα
ἀπὸ πεῖνα ἱερὴ μυστικιά.

Κι ἂν ἐμένα μὲ διώχνει ἡ κατάρα,
κι ἂν τὸ κρίμα μὲ δέρνει, καὶ τί;
Πατητάδες, πατᾶτε με ἀλύπητα,
γιὰ νὰ γίνῃ τ' ἁγνὸ τὸ κρασί!

Εἶμ' ἐγὼ πατριάρχης τοῦ Γένους
ποὺ ἄσμιχτο, ἀνέγγιχτο, πάντολμο, ξένο
πάει, περνάει καὶ δὲ μένει,
κι ἀπαράλλαχτο πάντα φαντάζει,
καὶ τοῦ κόσμου μεγάλο κάποιο ἄλλαμα,
σὲ νυχτέρι ὑφαντής, ἀργοϋφαίνει.

'Απ' τὸ εἶναι του κι ἀπ' τὴν ὁρμή του
θὰ τὰ σπείρῃ παντοῦ τὰ σημάδια
τοῦ δικοῦ του τοῦ διάβα·
λίγο λίγο ἡ χαρὰ θὰ φουντώσῃ
τοῦ σκληροῦ, τοῦ γεροῦ καὶ τ' ἀδάκρυτου,
ὅπου χαύνη ζωὴ κι ὅπου σκλάβα.

Μέσ' στοὺς γύρους τῶν κύκλων τὰ πάντα
φεύγουν, ἔρχοντ', ἀλλάζουν, εἶν' ἴδια·
καὶ μιὰ μέρα θὰ φτάσῃ
ραγισμοῦ καὶ σεισμοῦ γιὰ τὰ πάντα,
καί, ὦ παιδιά μου, ἐσεῖς μόνο θὰ μένετε
ὀρθοὶ στύλοι, κρατώντας τὴν πλάση!

To the heights of the bright starry heavens;
I am Wisdom's right hand and her wand;
I am Tearless and thus I am clear-eyed,
My glance pierces Time and beyond.

My merciless strength is the whirlwind
Which bears me along on its surge;
I bartered my parents, obeying
A sacred, mysterious urge.

And if a dire curse now pursues me,
And by sin I am scourged—be it so!
Without pity, oh trample me vintners
That the pure crimson vintage may flow!

I am of the Race the first father,
Which unmixed, all-attempting, alone,
Marches on as relentless as doom.
The Race which seems ever unchanging
And yet weaves, in the darkness of night,
Future aeons and worlds on its loom.

By its resolute essence, its vigor,
It shall scatter a harvest around
In the prints that its footfalls shall trace.
And slowly a new joy shall blossom
For all that is tearless and strong,
Where life is now servile and base.

In the scheme, in the course of the ages,
All things circle, evolve, stay the same;
But a day of destruction and fire
Shall bring terror and death. Then, my children,
You alone shall be left as the pillars
To shoulder Creation entire!

# ΛΟΓΟΣ ΙΒ'

# ΚΟΣΜΟΣ

...Τράβηξε κατά τὴν ψηλὴ Ροδόπη, κατά
τὸν Αἷμο ποὺ χτυπάει ὁ βοριάς.
Ovidius (Metamorph. L. X. II.)
...Ἀθανάτου καθορῶν φύσεως
κόσμον ἀγήρω πῆ τε συνέστη
καὶ ὅπη καὶ ὅπως...
Εὐριπίδης (Ἀποσπάσματα).

Μ' ἕνα τόσο μόνο σάλεμα
κι ὅσο φτάνει γιὰ τὴ σκέψη
μοναχὰ μὲ τόσον ἦχο
κι ὅσος φτάνει γιὰ νὰ κλέψη
καὶ νὰ φέρῃ ἀπ' τὴν κατάβαθη
κι ἀπ' τὴν πιὸ κρυφὴ καρδιὰ
σιγαλὰ παρθένα λόγια,—
μοῦ μιλῆσαν τὰ δεντρά.

Μοῦ μιλῆσαν γλυκοΐσκιωτα
τὰ πλατάνια, τὰ πρινάρια
τὰ πυκνάνθιστα, τὰ κέδρα,
τὰ ὁπλοπράσινα πυξάρια.
Κ' ἡ βαλανιδιὰ κι ὁ μέλεγος
κι ὁ νερόχαρος λωτὸς
καὶ οἱ μυρτοῦλες καὶ οἱ δαφνοῦλες
κι ὁ παντοῦ συρτὸς κισσός.

Τ' ἀχαμνὰ τὰ ρείκια, τὰ ἔλατα,
καὶ τὰ παρδαλὰ σφεντάμινια
κ' οἱ συκιές, κ' οἱ ἰτιὲς ποὺ γέρνουν
στὶς ὀχτιὲς πρὸς τὰ ποτάμια.

268

WORD XII

# THE WORLD

He retired to high Rhodope and Mount Haemus smit-
ten by the north wind.

OVID, *Metamorphoses* X. 77

. . . Observing by what means and manner the
permanent order of immortal Nature was established.

EURIPIDES, *Fragment*

With no more flutter, no more stir
Than needed by the mind to stray,
With no more rustle, no more sound
Than thought requires to make its way
To steal and bring from the heart's core,
The heart's deep-hidden sphere,
Its secret, unsaid words,
The trees spoke to my ear.

They spoke, the fragrant-shaded planes,
The flowering hollies spoke to me,
I heard the stately cedar's voice,
I heard the evergreen box-tree.
The lotus, lover of the stream,
The feathery larch, the sturdy oak,
The myrtle and the fabled bay,
The spreading ivy spoke.

The humble heather, the tall fir,
The dappled maples had their say,
The figs, the willow-trees which droop
Along the river way.

Κουμαριὲς αἱματοστάλαχτες,
τ᾽ ἀμπελόκλημα, ἡ φτελιά,
καὶ τὰ πεῦκα ποὺ ἀνασταίνουν
καὶ τῆς λεύκας ἡ ὀμορφιά.

Καὶ εἶταν ἄξιο στερνοδιάλεχτο
τῆς ψυχῆς μου κατατόπι,
κάπου ἐκεῖ πρὸς τὰ Μπαλκάνια,
κάπου ἐκεῖ πρὸς τὴ Ροδόπη.
Χτυπημένος ἀπ᾽ τὸν ἄνθρωπο,
σ᾽ ἐσᾶς ἦρθα, ἁγνοὶ δρυμοί,
κι ἀγκαλιάστε με κι ἀκοῦστε·
τὸ βιολί μου εἶναι ψυχή.

Καὶ τὰ δέντρα μοῦ εἶπαν:
                                    —Ξέρουμε,
καὶ ἡ ψυχή σου δὲν τὴ θέλει
τὴ γλυκειὰ κουβέντα ποὺ εἶναι
σὰ δροσούλα καὶ σὰ μέλι
καὶ ποὺ στάζει ἀπὸ τὰ φύλλα μας
καὶ μεθάει κι ὅλο μιλᾶ
στὸ βοσκό, στὸν ἀπελάτη,
στὰ ταιράκια, στὰ φιλιά.

Μὰ κλαδιά, λουλούδια καὶ καρποὶ
καὶ οἱ πνοὲς καὶ τὰ πουλιά μας
παίρνουν κάποτε τοὺς λόγους
ἀπ᾽ τ᾽ ἀνήλιαγα βαθιά μας,
κ᾽ εἶν᾽ ἐκεῖνοι λόγοι ἀγρίκητοι,
καὶ μονάχα τοὺς γρικᾶ
σφραγισμένος ὅποιος εἶναι
μὲ σφραγίδα μυστικιά.

Μέσ᾽ στῆς Γῆς τὰ σπλάχνα οἱ ρίζες μας
τὸν ἀδρὸ χυμὸ τὸν παίρνουν
ἴσα ὁλόϊσ᾽ ἀπ᾽ τὰ μαστάρια

The crimson-flecked arbutus-trees,
The vines, the elms all spoke aloud,
The poplars in their silvery dress,
The pine-trees reaching to the cloud.

It was a still, enchanted place
Which I had chosen with great care,
Among the distant Balkan hills
Where Rhodope climbs in the air.
Oppressed by Man, pure forest trees,
I come to you to make me whole,
O take me to your arms and hark —
My violin is a soul!

And all the trees declared: We know,
We understand your soul's disdain
For that sweet sound which babbles down
Like dew or honied rain;
That endless gossip of our leaves
Which drips to ravish and elate
The shepherd and the sheltering tramp,
The lover and his mate.

But our green boughs, our buds, our fruit,
Our whispers and our singing birds,
Take sometimes from our sunless depths
Their language and their words.
They speak, though in an unknown tongue
Which they alone reveal
To him who bears upon his brow
The symbol of a mystic seal.

Deep down in Earth's abysmal dark,
Our roots draw up their ample sap
From our Earth Mother's generous breasts,

τῆς μητέρας Γῆς, καὶ φέρνουν
ἴσα πρὸς ἐμᾶς τὰ λόγια της·
κι ὅσα θὰ σοῦ ποῦμε ἐμεῖς
εἶναι μοῖρα καὶ ἱστορία
καὶ παράδοση τῆς Γῆς.

Μέσ᾿ στὴ θύμησή μας ξύπνησες
τὸ δικό μας βασιλέα,
τῶν πιὸ θείων θεῶν τὸν πλάστη
καὶ τῶν ἤχων· τὸν Ὀρφέα.
Μὲ τὴν ὄψη, μὲ τ᾿ ἀνάστημα,
μὲ τὸ νοῦ, μὲ τὸ βιολί,
νά ἡ Θρακιώτισσα τῶν ὅλων
ζωντανεύτρα μουσική!

Καὶ δαρμένος ἀπ᾿ τῶν τάρταρων
τὴν εἰκόνα καὶ τὴ φρίκη,
κι ἀπ᾿ τὸν Πόθο, κι ἀπ᾿ τὴ Σφίγγα,
κι ἀπ᾿ τὴν ἄγγιχτη Εὐρυδίκη,
κι αὐτὸς ἦρθε· ἀποδιωγμένος
τῆς χαρᾶς καὶ τῆς ζωῆς.
«Ἀγκαλιάστε με, εἶπε, ἀκοῦστε,
δάση ἁγνὰ μεγάλα ἐσεῖς!»

Καὶ τὸν κλείσαμε στοὺς κόρφους μας,
καὶ τῆς κελαϊδίστρας Λύρας
ρούφηξε ἡ φωνὴ τὰ πάντα,
κ᾿ ἔγινε καταποτήρας
κ᾿ ἔγινε ὄνειρο καὶ μάγεμα·
κ᾿ ἐμεῖς γίναμε ναός,
κι αὐτὸς ψάλτης καὶ προφήτης
καὶ τῆς ἁρμονίας Θεός.

Καὶ τὰ πλάσματα τριγύρω του,
καὶ οἱ κορφὲς καὶ τὰ πιὸ κάτου,
μεγαλῶναν κι ἀνεβαῖναν

And, with their meed, they tap
And bring to us her every word.
All things which we shall now impart
Are Earth's long history and fate
And from her had their start.

You have aroused our memory
Of Orpheus, our long-dead king,
Creator of the holiest gods
And melodies our boughs still sing.
Your violin and your glancing mind,
Your face, your stature tall,
Bring back to us his Thracian strains
Which breathed a life in all!

Tormented by the visioned sight
Of Tartarus and its dark sea,
Stalked by Desire and by the Sphinx,
And mourning lost Eurydice,
He, too, came here a fugitive,
An exile from all life and ease.
He said: "Embrace me and give ear,
You taintless forest-trees!"

We took him to our verdant breast;
The music of his singing lyre
Drew all towards it and became
A vortex of chromatic fire,
A vibrant dream, a magic spell.
We were his temple, every tree,
He was our chorister and seer,
Our God of harmony.

And every living thing around,
And every hill and every plain,
Felt taller, higher when they heard

πιὸ ψηλὰ μὲ τ᾿ ἄκουσμά του·
καὶ οἱ γρανῖτες καὶ οἱ ξερόβραχοι
σάλευαν σὰν τὰ φυτά,
κι ἀνυφῶναν τὰ κορμιά μας
ταξιδιάρικα φτερά.

Κι ἀπ᾿ τὴ ρίζα ὡς τ᾿ ἀκροβλάσταρο
καὶ γλυκὰ στὴν ἀγκαλιά μας
ἦπιε καὶ ὅλο μας τὸ αἷμα
μέσ᾿ ἀπ᾿ τὴ βαθιὰ καρδιά μας.
Κ᾿ ἔμαθε τῆς γῆς τὸ μάθημα,
κ᾿ ἔσβησε ὁ παλιὸς καημός·
Ὄλυμπου δεύτερου πλάστης
ἔγινε καὶ λειτουργός.

Μιὰ εἶν᾿ ἡ Φύση, μὲ ὅσα ὀνόματα!
Πάει τοῦ πρώτου Ὄλυμπου ἡ νιότη·
μὲ τὸ δεύτερο πιὸ ἀπάνου,
πιὸ ἀξεχώριστη ἡ θεότη.
Καὶ μ᾿ ἐσένα, Ὀρφέα, σὰν πνέματα
κ᾿ ἐμεῖς καὶ ὅλα καὶ οἱ θεοί,
κ᾿ εἶταν ἡ λατρεία μυστήριο
καὶ ἡ θρησκεία μουσική.

Καὶ δὲν ξέρουμε ποιὲς Δύναμες
καὶ ποιᾶς ἄβυσσος δαιμόνοι,
στρίγλες ποιὲς ἀνταριαστῆκαν
καὶ ποιοῦ Χάρου ὀργὴ πλακώνει,
καὶ τὸν ψάλτη Ὀρφέα σκοτώσανε
καὶ τὴ Λύρα τὴν ἱερή·
σὰ νὰ πέθανε καὶ ἡ Πλάση,
κι ἀπὸ τότε ἡ Γῆ ὀρφανή.

...Καὶ τὸν ἴσκιο τίνος ὄνειρου
κυνηγᾶς κ᾿ ἐσὺ νὰ πιάσης,
ποιὰ νὰ στήσης πίστη ἀπάνου

His ardent lyre's refrain.
The granite boulders and the cliffs
Swayed like the quivering aspen swings,
And even our impassive trunks
Soared up on speeding wings.

From deepest root to endmost spray,
While gently in our arms caressed,
He drank our life-blood from the heart
Deep down within our breast.
And thus he learned the lore of Earth,
And from his grief he was released
To found a new Olympian shrine
And be its divine priest.

Nature is one—though many-named!
The first Olympus knew its wane;
And from the second, higher raised,
The gods rule from more distant plane.
With you, O Orpheus, we were one:
All life—divinity or tree;
Then worship was a mystic rite,
Religion was a harmony.

We know not what infernal powers,
What witches from a hellish pack,
What fiends of death were roused to spite,
Or why they ravened to attack.
They slew our singer, murdered him . . .
Thus perished Orpheus and his lyre;
And, with him, Nature seemed to die,
For Earth had lost her sire.

. . . The shadow of what dream do you
Pursue to prison in your hand?
What newer faith would you proclaim,

καὶ σὲ ποιὸ βωμὸ ποιᾶς πλάσης;
Πέρα, ἀπάνου ἀπὸ τὰ ὄνειρα
τὸ βιολί σου μᾶς τραβᾶ·
μὲ τὴ μάννα Γῆ μᾶς δένουν
βαθιὰ οἱ ρίζες μας, βαθιά.

Καὶ παράτησε τὰ ὀνείρατα,
γύρε, βάλε αὐτὶ στὴ Φύση,
παραμάντεμα τὸ ρόδο,
Σίβυλλα τὸ κυπαρίσσι!
Σκληρὰ χτύπα την τὴ Χίμαιρα,
τ᾽ ὄνειρο εἶναι ἡ ζωή·
στὸ βιολί σου ἃς ἁρμονίση
τὴν Ἀλήθεια ἡ μουσική.

Ποῦ εἶν᾽ ἡ Ἀλήθεια; Μὴν πλανᾶν ἐσὲ
βαθιονόητα λόγια τάχα·
τὴν πηγή της δὲν τὴ βρίσκεις
μέσα σου, Ἄνθρωπε, μονάχα.
Θὰ τὴ βρῇς παντοῦ στὸ ταίριασμα
—ὢ ἀρραβώνας λυτρωτής!—
τῆς καρδιᾶς σου καὶ τοῦ νοῦ σου
μὲ τὰ πάντα τῆς ζωῆς.

Ὕψωσε τὸν τρίτο ἐσὺ Ὄλυμπο,
βάλε ἐκεῖ τὴν Ἐπιστήμη,
μόνη ὑπάρχει, ἀγέλαστη εἶναι!
Ποιὸ χαμόγελο, ποιὸ ἀσήμι,
ποιὸ χρυσάφι σὰν τὴν ὄψη της;
Γιούχα, Ὄλυμποι ἀπ᾽ ἀχνούς!
Ἡ καρδιὰ τὸ θάμα ἂν εἶναι,
τῆς καρδιᾶς ρὸ μάτι ὁ νοῦς.

Ἄναρχος ὁ Κόσμος κι ἄσωστος.
Κι ὁ Ἥλιος μέσ᾽ στὴ λαμπεράδα
τοῦ τεράστιου Γαλαξία

And on what altar, in which land?
Beyond the utmost reach of dreams
Your violin lures us far away,
But to the soil of Mother Earth
We are deep rooted, here to stay.

Bow down; to Nature give an ear—
Forsake your visions; let them be;
The rose-bud is an oracle,
A Sibyl is the cypress-tree!
Fight each Chimera without rue;
From life alone the true dream springs,
Life is the dream; your violin tune
To Truth's harmonious strings.

Where then is Truth? Let not fine words
Deceive you with their empty sounds;
Within yourself alone, O Man,
Her primal source cannot be found.
But you shall find it everywhere
—O freeing Hymen!—in the blend
Of your whole heart and your whole mind
With life triumphant, without end.

Raise up a third Olympus peak
And Science there enthrone; for she
Alone exists, tight-lipped, austere!
And yet what smile, what silvery glee
Is more alluring than her face?
To dim Olympian summits . . . fie!
The heart may be a miracle,
But mind is the heart's eye.

No birth, no ending has the World.
Our Sun, amid the radiant flight
Of the stupendous Galaxy,

μιὰ λιγνὴ κι αὐτὸς λαμπάδα.
Κι ἀπ᾽ τὸν Ἥλιο ἀργὰ ξεχώρισε
φλόγα μέσ᾽ στὸ Χάος, καὶ νά!
Στοὺς αἰῶνες τῶν αἰώνων
φλόγα ἡ Γῆ κι ὁλογυρνᾶ.

Κάτω ἀπ᾽ τοὺς δυσκολοξήγγητους
κι ἐλοσιδερένιους Νόμους
ἡ Γῆ τρέχει μὲ τὶς ὧρες,
μέσ᾽ στοὺς κύκλους, μέσ᾽ στοὺς δρόμους,
καὶ χορεύει τὸν ἀστέρινο
τὸ χορὸ στοχαστική,
καὶ γνωρίζει αὐτὴ πῶς ἦρθε
καὶ ποῦ πάει τὸ ξέρει αὐτή.

Κ᾽ ἔγινε, καὶ τράνεψε, καὶ ζῆ,
καὶ μπορεῖ καὶ νὰ πεθάνῃ,
μὰ ποτὲ δὲ θὰ πιτύχῃ
μιᾶς ἀνάπαψης λιμάνι.
Γιατὶ πάντα ἀπὸ μιὰ Δύναμη
θ᾽ ἀνασταίνεται ἡ ζωή.
Στρατολάτισσα καὶ πάντα
στὸν αἰώνιο δρόμο ἡ Γῆ!

Ζοῦσε ἡ Γῆ πολὺ πρὶν ζήσουμε,
πρὶν τὰ πλάτια της μεστώσῃ
τούτη ἡ ζήση ἐδῶ ποὺ ζοῦμε,
τούτη ἡ φύση, τούτη ἡ γνώση.
Πολεμῆσαν ἄγριο πόλεμο,
στὸν πρωτόγονο καιρό,
στὸ ἄπλαστο ἁπαλὸ κορμί της
ἡ φωτιὰ καὶ τὸ νερό.

Καὶ χωρίσαν καὶ εἰρηνέψανε
τὰ πολέμια τὰ στοιχεῖα,
κ᾽ ἔλαμψε ἡ χαρὰ τοῦ Κόσμου

Gleams like a feeble candle-light.
And from the Sun a tiny spark
Was born into the Void's dark sea:
The Earth who rolls upon her way
Through Space and through Eternity.

Obedient to inscrutable,
To fixed, inflexible decrees,
Earth whirls with her attendant hours
Through cyclical intricacies;
And dances in the stellar dance,
A partner conscious of her rôle.
She knows whence in the past she came,
She sees her future goal.

She had her birth, she grew, she lives,
And she may also die,
But never can she hope to find
A port of rest across the sky;
Because forever by a Power
Life shall be raised again.
A pilgrim to the end of time,
Earth travels down an endless lane.

The Earth lived long before we lived;
Before her plains were overrun
By teeming life, by Nature's tides,
By all the wefts that Mind has spun.
In primal times, a savage war
Was fought, the victory to claim,
Across Earth's tender, unformed breast—
The clash of wave and flame.

The elements at last made peace,
Contending fire and sea;
Then, joy and goal of all the World,

καὶ ὁ σκοπός· ἐσύ, Ἀρμονία.
Καὶ στὴν ἄχανη τῆς θάλασσας
μήτρα πρωτοσπαρταρᾶς,
σπόρε τῆς ζωῆς· πατέρα,
ποὺ μᾶς ἔσπειρες κ᾽ ἐμᾶς!

Κι ὅταν πρωτοχάραξε δασὰ
τοῦ δρυμοῦ καὶ ἡ πρασινάδα,
πῆρε ὁ Κόσμος μιὰ πασίχαρη,
μιὰν ἀφάνταστη ὀμορφάδα.
Κι ὅταν ὁ ἄνθρωπος ἀνάτειλε,
καὶ σὰν ἔνιωσε καὶ ὁ νοῦς,
μέσ᾽ στὴ γῆ ἕνας ἄλλος ἥλιος
θάμπωσε τοὺς οὐρανούς.

Κι ὅπως ὕστερ᾽ ἀπ᾽ τὸ πάλεμα
τὰ στοιχεῖα κι ἀπὸ τὰ μίση,
σὰ ν᾽ ἀλλάξανε, καὶ γίναν
στεριές, πέλαα, λόγος, χτίση,
ἔτσι καὶ ὕστερα στ᾽ ἀνθρώπινα,
καὶ στ᾽ ἀνθρώπου τὴν ψυχὴ
θᾶρθῃ νὰ ριζώσῃ εἰρήνη
καὶ γαλήνη θ᾽ ἁπλωθῇ.

Καὶ θὰ ζήσῃ ὁ λόγος, τ᾽ ἄλογα,
κι ἄνθρωποι κι ἀγρίμια, ἡ πλάση,
σὰν τ᾽ ἀγνὰ καὶ σὰν τὰ ὡραῖα
δέντρα στὰ μεγάλα δάση.
Μ᾽ ἐμᾶς πρῶτος τῇ μελλόμενη
μοῖρα ὑπέρτατη στερνή,
Γύφτε, ζῆσε την ἀπάνου
στὸ προφητικὸ βιολί!

You rose, O radiant Harmony.
And in the ocean's mighty womb
There stirred a tiny seed,
The father who engendered us
And all life's varied breed.

And when the first green tufts appeared,
The forest in its verdant dress,
The World took on a goddess-like,
Supernal loveliness.
And when the dawn of Man arose
And his awakening mind grew wise,
On earth below another sun
Dazzled the wondering skies.

As, heedless of their former feuds,
The elements in early strife
Merged to become seas, continents,
Creation, balance, form and life;
So, too, in all pertaining Man
And in his restless soul,
Peace, in the end, shall strike her root,
Serenity shall find her goal.

And then all Nature, Man and beast,
The mindless and the thinking brain,
Shall live like the unsullied trees
Within the woodlands' green domain.
Be you the first to share with us
That last and lofty destiny —
That world, O Gypsy, live it in
Your violin's prophecy!

## ΣΤΕΡΝΟΣ ΛΟΓΟΣ

## ΣΕ ΜΙΑ ΓΥΝΑΙΚΑ

*Ήρθε ή στιγμή νά σωπάσω καί νά πονέσω...*
*Δὲ θάξερα ὁ ἴδιος νά σοῦ πῶ ἀπὸ ποῦ εἶμαι, ποιός*
*μ' ἔστειλ' ἐδῶ... Ὑψωμένος καί ταπεινωμένος,*
*ἀθῷος καί τιμωρημένος.*

Goethe (Ilmenau).

*Τέτοια πανώρια λιγερὴ νά σέρνῃ ὁ πεθαμένος!*
*(Τραγούδι τοῦ νεκροῦ ἀδερφοῦ).*

Τὰ δυνατά σου χέρια τ' ἄξια, τὰ κοσμικά,
χάρισμα πιὸ μεγάλο κι ἀπ' τὰ φτερά.

Τὰ δυνατά σου χέρια δὲ σέρνουν ἁπαλὰ
τὸν ἦχο ἀπὸ τῆς ἄρπας τὴ μουσικὴ καρδιά.

Τὰ δυνατά σου χέρια λουλούδια δὲν κρατᾶν
κι ὁλόλιγνα στὸ ἀτλάζι τὰ ξόμπλια δὲν κεντᾶν.

Τὰ δυνατά σου χέρια ἐκεῖ ποὺ θὰ 'σταθοῦν
σὰ φυλαχτὰ φυλᾶνε, σὰν ἄρματα βοηθοῦν.

Καὶ ξέρουνε καὶ ὑφαίνουν τὸ γνέμα τ' ἀργαλειοῦ
ποὺ θ' ἀλαφροσκεπάσῃ τὴ γύμνια τοῦ κορμιοῦ,

κ' ὕστερα τὸ λευκαίνουν στὴν ἄκρη ἑνὸς γιαλοῦ
μὲ τὴ χαρὰ τοῦ ἥλιου καὶ μὲ τοῦ τραγουδιοῦ.

Τὰ χέρια σου ζωσμένα γύρω σὲ μιὰ καρδιὰ
τῆς γίνονται σκουτάρια καὶ θώρακες αὐτά.

282

FINAL WORD

# TO A WOMAN

The moment has come for me to be silent and to suffer
. . . I could not tell you myself from where I have
come, who sent me here . . . Elated and humiliated,
innocent and punished.

GOETHE, *Ilmenau*

Can such a lovely maiden be riding with the dead!
*Song of the Dead Brother*

Your hands so strong and deft at homely things
Are gifts more precious than a pair of wings.

Your hands do not entice with gentle art
Sweet music from the harp's melodious heart.

Your hands so strong and deft do not hold flowers
Or sew fine lace to while away the hours.

Your hands so strong, wherever they are laid,
Guard like a charm or like a ready blade.

And they know how to spin the wool to dress
In soft warm cloth the body's nakedness;

And afterwards to bleach it by a stream
With happy song while summer sunbeams gleam.

Your hands, when round a heart their links they weld,
Become an armor and a shield upheld.

284       Ο ΔΩΔΕΚΑΛΟΓΟΣ ΤΟΥ ΓΥΦΤΟΥ

*Τὰ χέρια σου στὴν ὥρα τοῦ θαλασσοδαρμοῦ
γίνονται δυὸ δελφίνια χρυσὰ τοῦ λυτρωμοῦ.*

*Τὰ χέρια σου κανίσκια βαστᾶν παρηγοριᾶς,
μ' αὐτὰ στηρίζεις, δίνεις, ὑψώνεις, εὐλογᾶς.*

*Μ' αὐτὰ τὰ χέρια μοῦ ἦρθες μοιράζοντας ἐσὺ
τὸ διάφανο νεράκι καὶ τὸ ξανθὸ ψωμί.*

*Κι ἀπ' τὸν ἀφρὸ τῆς λίμνης τῆς ἁρμυρῆς
πήξατε τ' ἄσπρο ἁλάτι γιὰ μένα, ὦ χέρια ἐσεῖς.*

*Κ' ἐκόψατε γιὰ μένα τοὺς ὥριμους καρπούς,
καὶ φώτιζέ σας γέλιο ποὺ δὲν τὸ βάζει ὁ νοῦς!*

*

*Τὸ πῆρα τ' ἄσπρο ἁλάτι· μοῦ τἄδωκες ἐσὺ
τὸ διάφανο νεράκι καὶ τὸ ξανθὸ ψωμί·*

*καὶ στὸ τραπέζι ἀπάνου, στρωμένο εὐλογητό,
τ' ἀπίθωσα καὶ σοῦ εἶπα τὸ λόγο: «Στὰ χρωστῶ».*

*Κι εἶταν ὁ λόγος μου ἄσπρο πουλί, πουλὶ ἱερὸ
φερμένο ἀπὸ φωλίτσα χτισμένη σὲ ναό.*

*Κ' εἶταν ὁ νοῦς μου μαύρου πουλιοῦ τριγυρισμός,
τῆς νυχτερίδας ταίρι, τοῦ κόρακα ἀδερφός.*

*Κ' ἐκεῖ ποὺ μὲ τὸ λόγο σὲ χάιδευα, — τἀκοῦς; —
ὄρνιο καταραμένο πετοῦσε ἐμένα ὁ νοῦς*

*σὲ πείσματα στρημμένων, ξενύχτια ἁμαρτωλῶν,
καὶ σ' ὅλα τὰ τραπέζια τῶν πονηρῶν.*

Your hands, when shipwrecks loom and tempests rave,
Become two golden dolphins sent to save.

Your hands bring gifts and comfort in duress,
With them you give, you strengthen and you bless.

With your two hands you came to me and spread,
For us to share, pure water and fresh bread.

And from the brackish foam of the shore lake,
O hands, you won for me the white salt-flake.

And, autumn-ripe, you plucked sweet fruit for me,
Your eyes lit by a smile the gods would like to see!

*

I took the snow-white salt which you had spread,
The limpid water and the golden bread;

Then, at the table you had blessed and set,
I said: "For all this I am in your debt."

My speech was a white dove unknown to guilt,
Come from a temple where its nest was built.

But, night-dark bird, my thought wheeled to and fro,
Mate of the bat and brother of the crow.

And while my words caressed you—do you hear?
My thought, a vulture from the Pit, would veer

Towards perverted whims and ribald nights
And all the rake's carousals and delights.

Κι ἂς μὲ ρωτοῦσε κι ὅποιος γιὰ σένα ποιὰ εἶσαι, ἐγὼ
κι ἂς ὑψονόμουν ὕμνος τὶς χάρες σου νὰ πῶ!

*

Τὸ σκεβρωμένο σπίτι καὶ τὸ κακοχτιστὸ
ποὺ εἶν᾿ ἕτοιμο νὰ πέσῃ κι ἀκόμα στέκει ὀρθό!

Τὰ θέμελα τοῦ σκάφτει, τὸ ὑγραίνει ἀπὸ παντοῦ
τὸ ἀκράταγο τὸ ρέμα κρυμμένου ποταμοῦ.

Λάβωμα τοῦ εἶν᾿ ὁ ἥλιος καὶ φάγοσσα ἡ βροχή,
καὶ γύφτοι κι ἁγιογδύτες παραφυλᾶν ἐκεῖ.

Καὶ μέσ᾿ στὰ μολυντήρια καὶ μέσ᾿ στὶς ἀραχνιὲς
συντρίμματ᾿ ἀπὸ γάστρες κι ἀπὸ κορμιὰ πληγές.

Κ᾿ ἕνα παιδὶ ποὺ ἀρρώστια τὸ πλάκωσε κακιὰ
πλανιέται πὼς ὑπάρχει, καὶ παίζει καὶ γελᾶ.

Κ᾿ ἕνα τυφλὸ ἀηδονάκι σὲ ἀκάθαρτο κλουβὶ
τῇ νύχτα του, καὶ μέρα καὶ νύχτα, κελαϊδεῖ.

— Στὸ σπίτι ἐδῶ τί θέλεις; καὶ ποιὸν ἀποζητᾷς;
ποῦ πᾶς μὲ τ᾿ ἀνθισμένο κλαδὶ τῆς λεϊμονιᾶς;

Πάντα τυφλὸ τ᾿ ἀηδόνι, δὲ θὰ τοῦ γίνῃς φῶς·
γιὰ τ᾿ ἄρρωστο παιδάκι δὲ βρίσκεται γιατρός.

Κ᾿ οἱ γύφτοι κ᾿ οἱ ἁγιογδύτες ποὺ θὰ σὲ βροῦν ἐδῶ,
ὅ,τι ἔχεις θὰ σοῦ πάρουν πιὸ τίμιο κι ἀκριβό.

*

᾿Εγώ εἶμ᾿ ἀπ᾿ τὴ μεγάλη φυλὴ τοῦ γύφτου, ἐγώ,
μακριὰ ἀπ᾿ τῆς χώρας τ᾿ ἄξια, στὸν ἄγριο ξεπεσμό.

And yet had someone asked me who you were,
My praises of your grace would rise, a hymn in air!

*

An ill-built house, half ruined by neglect,
Sagging towards its fall, yet still erect.

Its floor is undermined and every beam
Is soaked and rotted by a hidden stream.

The blistering sun its scourge, the rain its grief,
It is the den of Gypsy and of thief.

Among the lizards and the cobweb mesh,
Are broken vases and the wounds of flesh.

And there a child, of foul disease the prey,
Imagines that it lives, and laughs in play.

And a blind nightingale, lost to the light,
In the drab cage, its world, sings day and night.

—What do you want? Whom do you seek this way?
Where do you bear that flowering lemon spray?

You cannot help the bird, it will stay blind;
For the sick child no doctor can you find.

And should the thieves and Gypsies catch you here,
You shall lose all you hold most precious and most dear.

*

I am the heir of a great Gypsy line,
Avoiding cities in its grim decline.

Ἐγώ εἶμ' ἀπ' τὴ μεγάλη φυλὴ τοῦ νάνου, ἐγώ·
δὲν πιάνω οὔτ' ὅσο τόπο τὸ ψίχαλο ριχτό.

Ἐγώ εἶμ' ἀπ' τὴ μεγάλη γενιὰ τοῦ ἀστενικοῦ,
ποὺ μὲ πατάει τὸ πόδι καὶ τοῦ περιστεριοῦ.

Ἐγώ εἶμ' ἀπ' τὴ μεγάλη τοῦ σκοτεινοῦ φυλή·
μακριὰ ἀπ' τοὺς ἥλιους τρέχουν ἀφάνταστοι καιροί !

Κ' εἶμαι στὴν πλάση μέσα τῶν ἔντομων ἐγὼ
τὸ πλάσμα ποὺ ταιριάζω παράταιρο λαό.

Καὶ μὲ κρυφὴ τὴν ἴδια σιγὴ κι ἀφροντισιὰ
μαῦρος ἐγώ εἶμ' ὁ σβῶλος ποὺ ἀσάλευτα βαστᾶ

χρόνια καὶ χρόνια, σάμπως σὲ μητρικὴ ἀγκαλιά,
στ' ἀνήλιαγα, στὰ κρύα, στ' ἀκάθαρτα, στὰ ὑγρά.

Κ' ἐγώ εἶμαι καὶ ἡ νυφούλα τοῦ ἥλιου ἡ φτερωτή,
καὶ τ' ἀσπρολούλουδο, ἅμα μὲ δῇ, θὰ λιγωθῇ.

Κ' εἶμαι τοῦ κήπου ἡ χάρη, τῆς αὔρας ἡ χαρά,
νεράϊδα ἀπὸ δροσούλα κι ἀπὸ φτερά,

καὶ μέσα στὴν αἰώνια τῶν ὅλων ἀλλαγὴ
μαζὶ καὶ ἡ κάμπια ἐγώ εἶμαι κ' ἐγώ εἶμαι καὶ ἡ Ψυχή !

*

Χωρὶς κανένα ἀγώνα, κανένα σκοῦσμα, ὠϊμέ !
πλέκεται κάποιο δρᾶμα μέσ' στὴν ψυχή μου ἐμέ.

Τὰ δυνατά σου χέρια γιὰ ζώνη μοῦ περνᾶς·
τ' ἄζωστο ξάπλωμα εἶμαι μιὰ νοτερῆς νυχτιᾶς.

Τοῦ δέντρου ἐγώ δὲν εἶμαι τοῦ πράσινου ὁ κορμός,
εἶμαι τοῦ δόλου ἡ γλίστρα, τοῦ πονηροῦ ὁ ἀχνός.

I am the son of a great pigmy race;
Compared to me, a bread-crumb fills more space.

I am of weaklings foremost in my pride,
Even a dove can spurn me in its stride.

I am of a great clan of endless night;
Whole aeons pass me, far from sun and light.

And I am in the world of insects, I,
He who brings peace to warring fly with fly.

And with the selfsame silent unconcern,
I am the black clod that no plough can turn,

And which for ages stays in earth's embrace,
Enduring, in the same cold, darkened place.

I am the airy bride of sun and sky,
The lily swoons with joy as I flit by;

I am the garden's grace, the wind's delight,
A Nereid in swift and dewy flight.

And in a world where change is ever spun,
I am the crawling larva and the Soul in one!

*

With no lament and with no battle waged,
A drama in my soul, alas! is staged.

Your strong firm hands are round about me wound;
I am a long, dark night naught can surround.

I am not root and trunk of a green tree,
I am the stealth of sin and treachery.

Τὰ δυνατά σου χέρια χέρια δὲν εἶχα ἐγὼ
ν' ἁπλώσω, νὰ τὰ σφίξω, καὶ νὰ τ' ἀρματωθῶ,

καὶ μήτε ,ὶ τὰ σπρώξω χέρια εἶχα, καὶ νὰ πῶ :
«Μακριά! τὸν τόπο ποὺ ἦρθες τὸν τρώει θανατικό».

Καὶ βολετὸ δὲν εἶταν ἁγνὰ νὰ πῇ σ' ἐσὲ
μηδὲ τὸ στόμα τὸ Ὄ χ ι, μηδὲ ἡ καρδιὰ τὸ Ν α ί.

Τὸ στόμα μου τ' ἀνοίγει τοῦ τραγουδιοῦ ἡ πνοὴ
πρὸς τὴν ὡραίαν ἀλήθεια, πρὸς τὴν ὡραία ζωή,

κι ὄντας μοῦ λείψῃ ἡ θεία τοῦ τραγουδιοῦ πνοή,
τῆς σιωπῆς ἡ κρύα ταφόπετρα μὲ κλεῖ.

Κι ὄντας δειλὰ στὸν κόσμο κι ἀνήμπορος βρεθῶ
τολμῶ μ' ἐσένα, 'Απάτη· Ψέμα, μ' ἐσὲ μπορῶ !

— Κ' ἐσὺ ποὺ δὲ φοβᾶσαι στὸ πέλαο τῆς ζωῆς
τὴ λύσσα τοῦ κυμάτου καὶ τῆς ἀνεμικῆς,

καλοκυβερνημένο, γερὸ καράβι ἐσύ,
προδότρες μπόρες εἶναι κι ἀπάντεχοι πνιμοί !

Κ' ἐσὺ μεστὴ ἀπὸ πίστη καὶ ὑγεία καὶ χαρά,
κι ἀνίδεη καὶ ὡραία καὶ ἁπλὴ σὰν τὰ παιδιά,

τὰ χρόνια μου τὰ πῆρες γιὰ νιάτα, ὦ συφορά !
καὶ τὸ σπαρτάρισμά μου τὸ πῆρες γιὰ καρδιά.

'Ωϊμέ, φωτολουσμένο τοῦ γάμου δειλινό...
Παντρεύεται ἡ παρθένα καὶ παίρνει ἕνα στοιχιό.

*

Σοῦ χάλασε τὴ νύχτα τὸν ὕπνο τὸ γλυκὸ
στὴν ἀγκαλιὰ τοῦ ὀνείρου σάλεμα ξαφνικό.

To reach your hands, my hands had not the length;
They could not clasp them and absorb their strength.

Nor had I hands to hold back yours and say:
"Depart! This is a plague-spot where you stray."

My tongue could not a *no* to you express,
Nor could my heart, with honesty, say *yes*.

The breath of song can from my lips take flight
To hymn the grace of truth and life's delight;

But should I be forsaken by that breath,
Then am I numbed as by the chill of death.

And when, weak and afraid, the world I meet,
I seek your comfort, Falsehood and Deceit!

And you who brave, upon the seas of life,
The angry tempest and the waves' wild strife,

O strong and well-conned barque, be not misled—
Deceptive squalls and shipwrecks lie ahead!

And you, by faith and health and joy beguiled,
Lovely, naive and simple as a child,

You took my years for youth and—ah defeat!—
You took my faltering for a heart's quick beat.

Alas! our wedding's luminescent night . . .
The virgin marries and she weds a ghostly sprite.

*

At midnight, lulled upon a dream's sweet breast,
A sudden stir aroused you from your rest;

Καὶ ξύπνησες καὶ βλέπεις κάτι ποὺ ἀργὰ γλιστρᾶ
στὸ πλάϊ σου, στὸ λευκό σου προσκέφαλο, ἐκεῖ δά !

Τὸ γλιστερό, τὸ κρύο, τὸ μαῦρο πράμα, ὦ νά !
καὶ μιὰν ἀνατριχίλα σὲ σφάζει στὴν καρδιά.

Τὸ γλιστερό, τὸ κρύο, τὸ μαῦρο σερπετὸ
στὸν ὕπνο σου εἶχε γίνει χρυσόνειρο θεϊκό.

Σαλεύει· ξυπνᾶς, βλέπεις, πετιέσαι... Ποιὸς θὰ πῇ
ποιὰ βύθη ἀπὸ ποιὰ ὕψη σὲ πῆραν, ὦ Ψυχή ;

1902

You turn and see a flexuous shadow glide
Across your pillow—there, close by your side!

A cold, black, gliding thing; you shrink and start,
While a deep shudder smites you to the heart.

That cold, black serpent—watch it hiss and creep!—
Had been a golden vision in your sleep.

It darts . . . you thresh and wake . . . Ah, who can tell
From what bright heights, O Soul, to what dark depths you fell?

1902

# TRANSLATORS' NOTES

ACRITE. The Acrites were the Frontier Guardsmen of the Byzantine Empire, mostly along the eastern marches.

ALEMANS. Germans.

ATHOS. A mountain of Greece (2033 m.) on the eastern prong of the Chalcidice peninsula, Macedonia.

AUXENTIUS, SAINT. A hill on the Asiatic coast of the Bosphorus, almost opposite Constantinople.

BITHYNIA. An ancient province of northwestern Asia Minor.

BLUES AND GREENS. The two rival racing factions of the Constantinople Hippodrome. So called from the racing colors of their respective charioteers.

BULGAR-SLAYER. An epithet of the Emperor Basil II (976–1025 A.D.) who routed the Bulgarians and broke their power.

CAPPADOCIA. An ancient province of central Asia Minor, west of the Euphrates river.

CHALCIS GATE. The gate to the building which housed the Imperial Guard.

CHARON. The ancient ferryman of the Styx who, in modern Greek folklore, personifies Death himself.

CHRYSOPOLIS. A town on the Asiatic side of the Bosphorus, opposite Constantinople. Now Scutari.

CITY, THE. In the Greek world, the City (with a capital "C") has always meant Constantinople, the peerless queen of cities. The modern Turkish name, Istanbul, is derived from the Greek *Eis tin Polin*—in (or to) the City.

CYDNUS. A river of Cilicia, an ancient province of southern Asia Minor, which flows into the Mediterranean near the town of Tarsus. Now Seihun.

DIGENES ACRITAS. A legendary leader of the Acrites, whose exploits are still sung in many folk ballads.

EUROTAS. The river which flowed through Sparta. EUROTAS' SWAN was the god Zeus who wooed Leto, the mother of Helen, in the form of a swan.

GOLDEN GATE. The southernmost gate of Constantinople's land fortifications.

GREEK-FIRE. An incendiary mixture invented by Callinicus of Heliopolis about 670 A.D. Its composition is uncertain, but it seems to have contained pitch, naphtha, sulphur and saltpeter; perhaps also quicklime, charcoal and petroleum. It could not be extinguished with water, and it was used with great effect by the Byzantines. Greek-fire saved Constantinople in 673 A.D. by destroying the besieging Arab fleet.

HANUMAN. The Indian monkey god (publishers' note).

IACCHUS. A choric dance in honor of the god Dionysus.

KLEPHT. The Klephts were members of armed guerrilla bands who continued fighting in the mountains of Greece during the four centuries of Turkish dominion. They played a paramount role in the Greek War of Independence of 1821–1830.

LAURIER-ROSE. Oleander (publishers' note).

LOGOTHETE. A Byzantine minister of State.

MAGNAVRA. One of the Imperial palaces in Constantinople.

MALEVO. A mountain (1935 m.) in Laconia, Greece. The ancient Parnon.

MISTRA. A medieval town on the slopes of Mt. Taygetos, about ten kilometers west of the ruins of Sparta. It was a center of Byzantine literature and art in the century before the fall of Constantinople.

MOREA. The ancient Peloponnese.

MYSIAN OLYMPUS. A mountain in Mysia, an ancient province of north west Asia Minor. Five mountains at least have received the name of Olympus: the Classical Olympus; the Mysian Olympus; the Olympus of Arcadia, Greece; the Olympus of Elis, Greece; and the Olympus of the island of Cyprus.

OLYMPUS. The Classical dwelling-place of the gods; a mountain on the border of Thessaly and Macedonia. Highest peak 2911 m.

ORPHEUS. A mythical king, musician and poet of the pre-Homeric age of Greece. He married the Nymph Eurydice and, after her death from the bite of a serpent, he retired to the Rhodope mountain. He was finally torn to pieces by the Bacchantes, women crazed by the orgiastic rites of Bacchus. The Muses gathered the fragments of Orpheus' body and buried them at Libethra near Olympus; his lyre was placed among the constellations.

PENTADACTYLON. The ancient Taygetos, a mountain range west of Sparta. Highest peak 2404 m.

PHOCAS, NICEPHORUS. A great Byzantine Emperor, 963–969 A.D. He gained many victories against the Arabs and liberated Crete.

PLETHON, GEORGE GEMISTUS. A writer and philosopher; born in Constantinople about 1350 A.D., died in Mistra, 1450 A.D. He was accused of wanting to substitute a kind of Neoplatonism for Christianity, and his principal work, *The Laws,* was burned by order of the Patriarch Gennadius. His existing books include the *Summary of the Doctrines of Zoroaster and Plato* and *The Difference between the Philosophies of Plato and Aristotle.*

PLOTINUS. A Neoplatonist philosopher, 205–270 A.D.

PROPONTIS. The Sea of Marmara.

RHODOPE. A mountain in Thrace connected with the Orphic myths. Now partly in Greece and partly in Bulgaria; highest peak (in Bulgaria) 2920 m.

ROMANOS GATE. The principal gate in the center of the land wall of Constantinople. It was here that the last Emperor, Constantine XI Palaeologus, fell fighting the Turks on 29 May 1453.

SCARAMANG. The royal robe of the Byzantine Emperors.

SEVEN-RIVERED LAND. India.

SEVEN TOWERS. A castle defending the Golden Gate.

SONG OF THE DEAD BROTHER. A Greek (and Serbian) folk-song in which a brother returns from the grave to escort his living sister to their dying mother's bedside. An old English broadside ballad, "The Suffolk Miracle," tells a somewhat similar story. (Leslie Shepard. *The Broadside Ballad*. London: Herbert Jenkins, 1962.)

TAUROSCYTHIA. The country between the Danube and the Don.

TAURUS AND ANTITAURUS. Two mountain ranges in eastern Asia Minor.

THULE. A legendary name given to various islands of northern Europe. *Ultima Thule* was, perhaps, Iceland.

TSIMISKES, JOHN. One of the great Byzantine Emperors, 969–976 A.D. He fought victoriously against the Arabs and recovered Syria and Mesopotamia.

VARANGIANS. Scandinavian mercenaries employed in the Imperial Guard.

VLACHERNA. A palace in the north west district of Constantinople.

WHITE SEA. The Aegean Sea.

ZOROASTER. Also Zoroastres and Zarathustras. A legendary prophet who founded the ancient Persian religion. His actual date is uncertain; there may have been several men bearing the same name or he may have been mythical. The dates usually given range between 589 and 519 B.C.

# GLOSSARY

Principles upon which the Greek glossary, reprinted from *Kostes Palamas Apanta* III, was compiled by G. P. Sabbidis:

1. The indexing was based on the text of the first edition without considering the Dedication, Prologue, or titles.

2. No distinction was made between proper names and other words.

3. Compound words, especially those coined by Palamas, were excluded except for those which might mislead the reader.

4. The meanings which the vocabulary has outside of *The Twelve Words* were disregarded.

5. Only the unusual meanings of the words used in the poem are given.

6. Lexicographic symbols were held at a minimum and in the simplest form possible: the number following the definition refers to a page of this edition [*Apanta* III]; a dash between two words separates two different meanings of the word in different places; a question mark enclosed in parentheses signifies a possible but not recorded meaning.

# ΓΛΩΣΣΑΡΙ

ἄγγιχτος : ἀνέγγιχτος, ἄθικτος.
ἁγιογδύτης : ἱερόσυλος.
ἀγνάντια : ἀντίκρυ.
ἀγνὸ (διαμάντι) : γνήσιο.
ἄγνωρος : ἀμάθητος - ἄγνωστος.
ἀγύριστος : ἀνεπίστροφος.
Ἀδρίας : ἡ Ἀδριατικὴ θάλασσα.
ἀθόλωτος : νηφάλιος.
ἀϊπιτάφιος : ἐκκλησιαστικὸς ἐπιτάφιος.
ἀκαματιά : ραθυμία.
ἀκοίταχτος (ἥλιος) : ποὺ δὲν μπορεῖς νὰ τὸν κοιτάξεις.
ἀκριβὸς : πολύτιμος.
Ἀκρίτες : βυζαντινοὶ φρουροὶ τῶν παραμεθορίων περιοχῶν.
ἀκροούρανο : ὁρίζοντας.
ἀκροφίγουρο : ἀκρόπρωρο, γλυπτὴ φιγούρα τῆς πλώρης.
Ἀλαμάνοι : γερμανικὴ φυλὴ ἐπιδρομέων.
ἄλλαμα : καινούργιο ἢ καθαρὸ ροῦχο, ἡ ἀλλαξιά.
ἀλλόφυλος : ἀλλοεθνής.
ἄλογα : τὰ στερημένα ἀπὸ λόγο 443.
Ἄλπεια (βουνά) : οἱ Ἄλπεις.
ἀμάλαγος : ἁγνός, ἀνόθευτος.
ἀμάχη : ἔχθρα.
ἀμηράς : ἄραβας στρατηγός.
ἄμοιαστος : ἀταίριαστος.
ἀνάρια (ἐπίρ.) : ἀραιά.
ἄναρχος : χωρὶς ἀρχὴ 441.
ἀνάστα, τό : σχόλη, πανηγυρισμός.
ἀνέγνοιαστος : ξέγνοιαστος.

ἀνεμική : ἀνεμοθύελλα.
ἀνεμοτάραμα : ἀνεμοθύελλα.
ἀνιστόρητος : ἀνείπωτος, ποὺ δὲν ἔχει ἱστορηθεῖ.
ἀνιστόριστος : ποὺ δὲν ἔχει ἀπεικονιστεῖ 340.
ἀνταμωμένος : συντροφιασμένος.
ἀνταριάζομαι : ἀναταράζομαι.
Ἀντίταυροι : ὁ Ἀντίταυρος, ὀροσειρὰ τῆς Μικρασίας.
ἀντρειεύομαι : ἀνακτῶ δυνάμεις.
ἀξεδιάλυτο (ὄνειρο) : ἀπραγματοποίητο.
ἀξήγητος : ἀνεξήγητος.
ἀπάντεχος : ἀναπάντεχος, ἀπροσδόκητος.
ἀπαρακάλεστος : ἀπαράκλητος.
ἄπαρτος : ἀκυρίευτος.
ἀπελατήκι : σιδερένιο ρόπαλο, ὅπλο τοῦ ἀπελάτη.
ἀπελάτης : βυζαντινὸς φρουρὸς τῶν συνόρων — ζωοκλέφτης 364.
ἀπιθώνω : ἀποθέτω.
ἄπλερος : ἀνολοκλήρωτος.
ἁπλωσιά : ἔκταση.
ἀποκκουμπῶ : ἀναπαύω.
ἀπόκοτος : ὑπερβολικὰ τολμηρός.
Ἀποκρισάρης : βυζαντινὸς ἐπίσημος ἀπεσταλμένος.
ἀπόσκεπος : ἀφανέρωτος.
ἀποσώνω : περατώνω.
ἀραξοβόλι : ὅρμος.
ἀραχνιά : ἱστὸς ἀράχνης.
ἀριὰ (ἐπίρ.) : ἀραιά.
ἀρμάδα : σ΄όλος.
ἄρμενα : ξάρτια (πανιά, κλπ.) ἱστιοφόρου.
ἀρνάδα : προβατίνα.
ἁρπάγια : νύχια ἁρπακτικοῦ πουλιοῦ.
ἀσικρίτης : βυζαντινὸς «ἐξ ἀπορρήτων» γραμματέας τοῦ αὐτοκράτορα.
ἄσμιχτος : ἀμιγὴς καὶ μοναχικὸς 436.
Ἄσπρη θάλασσα : τὸ Αἰγαῖο.
ἀσπρογαλλιάζω : γίνομαι ὑπόλευκος, γαλατερός.
ἀστρομέτωπο (ἄλογο) : μὲ λευκὴ κηλίδα στὸ μέτωπο.

άσωστος : χωρίς τέλος, άτέρμων 441.
άτι : άλογο.
άτλάζι : σκληρό καί γυαλιστερό μεταξωτό, τό σατέν.
Άτλας : όροσειρά τῆς Βόρειας Ἀφρικῆς.
άφιόνι : ὄπιο.
άφιονίζω : ναρκώνω.
άχαμνός : άδύνατος, άσθενικός.
άχανος : άχανής.
άχάτης : ἡμιπολύτιμη ποικιλόχρωμη πέτρα, τό ἰχάδι.
άχός : άντίλαλος 319.
άψεγάδιαστος : ἄμεμπτος, χωρίς έλαττώματα.
άψηφιά : φυτό, ἡ άψινθιά.
άψήφιστα (ἐπίρ.) : άλόγιστα.

Βάραγγοι : ξένοι μισθοφόροι τῶν Βυζαντινῶν, κυρίως Σκανδι-
      ναβοί, ἐνταγμένοι στὴν αὐτοκρατορικὴ φρουρά.
βασιλικὴ (οὐσ.) : τύπος ἐκκλησίας, χωρισμένης κατὰ μῆκος ἀπὸ
      κιονοστοιχίες 335.
βατουριά : συστάδα βάτων.
Βεναρές : τὸ σημερινὸ Μπανάρας, ἱερὴ πόλη τῆς Ἰνδίας, πάνω
      στὸν Γάγγη.
βένετο (κοντάρι) : γαλαζοπράσινο.
Βένετοι : βυζαντινοὶ άρματοδρόμοι μὲ βένετη (γαλάζια) στολή,
      καὶ οἱ ὀπαδοί τους.
βέργα (βασιλιά) : σκῆπτρο.
βιγλάτορας : σκοπός, παρατηρητής.
βιός, τό : περιουσία σὲ μετρητά.
Βλαχέρνες : τὸ άνακτορικὸ συγκρότημα τῶν Βλαχερνῶν.
βογιάρος : ρῶσος τιτλοῦχος.
βούκινο : κεράτινη σάλπιγγα.
βουλή : βούληση.
βούλλα : σφραγίδα.
Βουργαροφάγοι : Βουλγαροκτόνοι.
βραγιά : άνθόκηπος 367.
Βράμα : ὁ Βράχμα, δημιουργὸς θεὸς τῶν Ἰνδουιστῶν.
βραχνᾶς : έφιάλτης.

βρόχι : θηλιά, παγίδα.

γαβριασμένος : σὲ διέγερση.
γαλέρα : τρικάταρτο κωπήλατο πολεμικὸ πλοῖο, τὸ «κάτεργο».
γάστρα : γλάστρα.
γαῦρος (ἐπιθ.) : ἐπιβλητικός, ἀρειμάνιος.
Γεμιστός, (Γεώργιος) : βυζαντινὸς νεοπλατωνιστὴς φιλόσοφος καὶ πολιτικός, ἐπιλεγόμενος Πλήθων.
γεράνιος : βαθυγάλαζος.
γερανός : εἶδος ἀποδημητικοῦ πουλιοῦ.
γητευτής : μάγος ποὺ κάνει γητειές, ξόρκια.
γιορντάνι : περιδέραιο, κολλιέ.
γιορτάσι : ἑορτασμός.
γιούχα : ἐπιφώνημα ἀποδοκιμασίας.
γκόλφι : φυλαχτό, ἐγκόλπιο.
γνέμα : νῆμα.
γνώμη : βούληση.
γοργόνι : βότανο, τὸ λιθόσπερμον (;).
Γότθος : οἱ Γότθοι, γερμανικὴ φυλή.
γραμμένος : πεπρωμένος 339—σχεδιασμένος, ἰχνογραφημένος 413.
γραφή : ἐπιστολὴ 424 κ.ἑ.
γράφομαι : εἶμαι πεπρωμένος 340.
γρικῶ : ἀκούω.
γρύπας : μυθολογικὸ τέρας, μὲ κεφάλι καὶ φτερὰ ἀετοῦ, καὶ μὲ σῶμα λεονταριοῦ.
γυαλί : γυάλα, γυάλινο δοχεῖο.
γυρευτής : ἀπαιτητικός.
γύρος : κύκλος.

δεφτέρι : χειρόγραφο βιβλίο ἀπὸ περγαμηνή.
διαλαλητής : κήρυκας.
διαφεντευτής : ὑπερασπιστής.
διδάχος : διδάσκαλος.
δοξάζω : τιμῶ 365.
δουλεύω : ὑπηρετῶ 377.
δρακοντόφαντος : ποὺ μοιάζει μὲ δράκοντα.

δράμω : ὑποτακτικὴ τοῦ τρέχω.
δρολάπι : δυνατὸ ἀνεμόβροχο.
δροσό : δροσιά.
δρόσος, τό : δροσερὸς ἀέρας.
δρυμός : δάσος ὀρεινό.
δυναμάρι : φρούριο.

ἔβγα, τό : τέλος.
ἐθνικός : εἰδωλολάτρης.
ἔθνος : πλῆθος 359.
εἰδή : ὄψη, μορφή.
εἰδύλλιο : ποίημα μὲ συμβατικὴ ποιμενικὴ ὑπόθεση.
ἐλέφαντας : ἐλεφαντόδοντο 386.
Ἑφταπόταμος : ὁ Γάγγης (;).
Ἑφταπύργια : τὸ Ἑπταπύργιο τῆς Πόλης.

ζουρνᾶς : λαϊκὸ κλαρίνο.
ζουρναχείλης : μὲ χείλια παραμορφωμένα ἀπὸ τὸ παίξιμο τοῦ
    ζουρνᾶ (;).
ζυγός : κορυφογραμμή.
Ζωροάστρες : ὁ Ζωροάστρης ἢ Ζαρατούστρας, ἱδρυτὴς τῆς ἀρχαίας
    ἰρανικῆς θρησκείας.
ζωστή : βυζαντινὴ ἀρχόντισσα ποὺ ντύνει καὶ στολίζει τὴν βασί-
    λισσα.

θανατικό : θανατηφόρα ἐπιδημία.
θησαυρίζω : ἀποθησαυρίζω, ἀποταμιεύω.
θησαυρός : θησαυροφυλάκιο 318.
Θούλα : ἡ Θούλη, μυθικὸ νησὶ θεωρούμενο ὡς τὸ δυτικὸ ὅριο τοῦ
    κόσμου.

ἴακχος : ᾠδὴ καὶ χορὸς πρὸς τιμὴν τοῦ Διονύσου.
ἱστοριστός : ζωγραφισμένος.

καβαλλιέρος : φράγκος ἱππότης.
καδένα : ἀλυσίδα.

Κάης : ὁ Κάιν.

Κακάβα : ἡ γιορτὴ τῶν Γύφτων, τὸ «πανηγύρι τῆς Χύτρας».

κακόσορτος : κακομοιριασμένος.

χαλάγι : καλάι, ὁ κασσίτερος.

καλλιγώνω : πεταλώνω.

καμίσι : πουκάμισο.

κανίσκι : δῶρο.

καντούνι : σοκάκι.

Καραμανίτης : ὁ Τοῦρκος.

καρούχα : ἅρμα 391 — ἴσως πόρνη (ὅπως: καριόλα) 387.

καστέλι : κάστρο.

Καταλάνοι : ἱσπανοὶ μισθοφόροι τῶν Βυζαντινῶν καὶ στασιαστές.

καταλῶ : λειώνω, διαλύω.

κατάνακρα (ἐπίρ.) : ἀκρότατα.

καταποτήρας : ρουφήχτρα.

Κατάστενα : ὁ Βόσπορος.

κατατόπι : χρησφύγετο 438.

κατεβαστὸς (ποταμός) : φουσκωμένος, ὁρμητικός.

κατέχω : γνωρίζω.

καφτάνι : ἀνατολίτικος μανδύας, μακρὺς καὶ ζωστός.

κάψαλο : ἡ καψάλα, καμμένη περιοχή.

Κελτός : οἱ Κέλτοι, ἰνδογερμανικὸς λαὸς τῆς κεντρικῆς καὶ δυτικῆς Εὐρώπης.

κεντρί : αἰχμηρὸ ὄργανο.

κεντῶ : κεντρίζω, σπηρουνιάζω.

χέρατα (πολέμου) : κεράτινες σάλπιγγες.

κερώνω : γίνομαι χλομὸς σὰν τὸ κερί.

κιβούρι : φέρετρο.

κιβωτός : μεγάλη θήκη κειμηλίων.

κιοτής : δειλός.

κλεισούρα : στενὴ διάβαση ἀνάμεσα σὲ βουνά.

κλινάρι : κρεβάτι.

κλιτός : σκυφτός.

κονάκι : κατάλυμα.

κοντόφωτος : μυωπικός.

κοντρί : μεγάλη πέτρα.

κοντύλι : πινέλο ζωγραφικῆς.
κορωνάτος : ἐστεμμένος.
κοσμικός : ἐγκόσμιος.
κουβικουλάριος : βυζαντινὸς αὐλικὸς μὲ τὴν εὐθύνη τοῦ αὐτοκρα-
    τορικοῦ κοιτῶνα.
κοῦρσος, τὸ (πληθ. τὰ κοῦρσα) : λεία πολέμου.
κουφάρι : κορμὶ 328.
κράζω : ἀποκαλῶ.
κράλης : σέρβος ἡγεμόνας.
κρατῶ : σταματῶ 368.
κράχτης : κήρυκας.
κρῖμα, τό : ἁμάρτημα.
Κύδνος : ποταμὸς τῆς Κιλικίας.
κύκλος : οὐράνια σφαίρα, πλανήτης.

λάγγεμα : λίγωμα, ἡδονικὴ ζάλη.
λαγκάδι : δασωμένο φαράγγι.
λαγόκαρδος : δειλός.
λαλητής : ὀργανοπαίκτης, μουσικός.
λαλούμενα : λαϊκὰ πνευστὰ ὄργανα.
λάμια : μυθικὸ γυναικόμορφο καὶ ἀνδροφάγο τέρας.
λαός : πλῆθος.
λαύρα : μοναστήρι «ἰδιόρρυθμο» 335.
λεγεῶνες : πλῆθος.
λειτουργός : ἱερέας.
λευίτης : ἱερωμένος.
λίγωμα : ἡδονικὴ ζάλη.
λιγώνομαι : ζαλίζομαι ἀπὸ τὸν πόθο.
λιόκαλος : ὄμορφος σὰν τὸν ἥλιο.
λογάρι : πλῆθος.
λογγάρι : λόγγος, πυκνὸ δάσος.
Λογγοβάρδοι : ἀρχαία γερμανικὴ φυλὴ ἐπιδρομέων.
λογγωμένος: δασύτριχος 365.
λογοθέτης : βυζαντινὸς τιτλοῦχος — Λογοθέτης τοῦ πολέμου : ὑ-
    πουργὸς στρατιωτικῶν.
λουρίκι : μετάλλινος θώρακας.

λουφάζω : μαζεύομαι σιωπηλός.

λυχνιτάρι : πολύτιμη πέτρα κόκκινη καὶ λαμπερή, ὁ λυχνίτης.

μαγγλαβίτης : βυζαντινὸς ροπαλοφόρος σωματοφύλακας τοῦ αὐτοκράτορα.

Μάγια : κατὰ τοὺς Ἰνδουϊστές, ἡ ἀπατηλὴ πολλαπλότητα τοῦ ὑλικοῦ κόσμου.

μάγιστρος : βυζαντινὸς τιτλοῦχος.

Μαγναῦρες : τὸ παλάτι τῆς Μαγναύρας.

μαΐστρος : βορειοδυτικὸς ἄνεμος.

μακελλάρης : σφαγέας.

μακραίνω : ἀπομακρύνω 320.

Μαλεβός : τὸ βουνὸ Πάρνων.

μάνα, τό : θεόπεμπτη τροφή.

Μανιχαῖοι : ὀπαδοὶ περσικῆς θρησκείας ποὺ συνδύαζε τὸν Χριστιανισμὸ μὲ τὸν Ζωροαστρισμό.

μαντάτορας : ἀγγελιαφόρος.

μαυρολογῶ : σκοτεινιάζω 305 — διαγράφομαι μαῦρος.

μαχαλᾶς : συνοικία.

Μέδουσα : μυθολογικὸ τέρας, τοῦ ὁποίου ἡ ὄψη ἀπολίθωνε ὅποιον τὴν ἀντίκρυζε.

μέλεγος : δέντρο, μελία ἢ φράξος.

μελιχρός : γλυκὸς σὰν μέλι.

μεστός : γεμάτος.

μετερίζι : ὀχύρωμα.

μηνῶ : δηλώνω, φανερώνω.

μῖμος : ἠθοποιός.

Μισίρι : ἡ Αἴγυπτος.

μισόζωος : ποὺ μισεῖ τὴν ζωή.

μισοκοπιές : μεσόκοποι ἄντρες.

Μολδοβλαχιά : ἡ σημερινὴ Ρουμανία.

μόλεμα : μόλυσμα.

μολεύω : μολύνω.

μολογάω : διηγοῦμαι.

μολυντήρι : σαύρα ἡ ἡμιδάκτυλος, τὸ σαμιαμίθι.

μονιά : φωλιά, ἄντρο.

μονθκλωνο (παιδί) : μονάκριβο, μονογενής.
μουράγιο : θαλάσσιο τεῖχος.
μπαίγνιο : περίγελως.
μπαϊράκι : σημαία.
μπασιά : εἰσροή.
μπόγιας (πληθ. μπόιδες) : δήμιος.
μυρογιάλι : μπουκάλι γιὰ μύρο.
μύρομαι : θρηνῶ.

νείρομαι : ὀνειρεύομαι.
νερομάνα : μεγάλη πηγή.
νεροσυρμή : φυσικὸ αὐλάκι μὲ νερό.
νερόχαρος : ὑδροχαρής.
νιῶτα : νιάτα.
νοητάκι : μαγικὸ ἄλογο, προικισμένο μὲ ὑπερφυσικὲς διανοητικὲς
    ἱκανότητες, ποὺ μιλάει καὶ βοηθάει τὸν ἥρωα τοῦ παραμυθιοῦ.
Νορμαννοί : σκανδιναβοὶ πειρατές.
νοτερός : ὑγρός.
ντέλφι : ντέφι (;) .
ντερβένι : ὀρεινὴ στενὴ διάβαση.
ντροπιάζομαι : βιάζομαι, ὑποκύπτω σὲ ἐρωτικὸ βιασμό
νυχτέρι : ξενύχτι.
νυχτοφέρνω : μοιάζω μὲ νύχτα.

ξαγναντευτής : παρατηρητής 323.
ξαναδίνω : ξεδίνω 423.
ξανοίγω : διακρίνω.
ξάφρισμα : ἀπόβρασμα.
ξενοχάραγος : παράξενος.
ξετύλιμα : ἀνάπτυξη, ἐξέλιξη 364.
ξεφεύγω : φεύγω 321.
ξεφτέρι : μικρὸ ἁρπακτικὸ πουλί, τὸ κερκινέζι.
ξεφυλλίζω : μαδῶ τὰ φύλλα, κάνω νὰ φυλλορροήσουν.
ξεχωρίζω : ἀποσπῶμαι 312.
ξόδι : κηδεία.
ξόμπλι : διακόσμηση.

ξωμάχος : γεωργός.

ολοτρόγυρα (ἐπίρ.) : ὁλόγυρα.
ὁμάδι : μαζί.
ὄντας : ὅταν.
ὀρθρινός : τῆς αὐγῆς.
Ὀσμανοί : Ὀθωμανοί.
οὐρανόβροχο (μάνα) : πεσμένο ἀπὸ τὸν οὐρανό.
ὄχτος : ὄχθη.

πάγκαλος : πανέμορφος.
παγόδα : κινέζικος ναός.
παντοχή : ἐλπίδα 424.
παραδαρμένος : ταλαιπωρημένος.
παράλλαμα : ἔκτρωμα.
παραμάντεμα : αἴνιγμα.
παρμένος : σχεδὸν παράλυτος.
πατάρι : ἐξέδρα.
πατῶ : λεηλατῶ 390.
πεζοδρόμος : ὁδοιπόρος.
πεζολάτης : ὁδοιπόρος.
πεζούρα : πεζικό.
Πενταδάχτυλο : ὁ Ταΰγετος.
περατάρης : ποὺ περνάει ἀπὸ τὴν μιὰ ὄχθη στὴν ἄλλη.
περίσσιος : ἄφθονος.
πεταχτή : πεταμένη.
πετεινά : πουλιά.
πιστικός : μισθωτὸς βοσκός.
πιττάκι : γραπτὸ μήνυμα.
πλάγια, τά : πλαγιές.
πλάνεμα : περιπλάνηση.
πλάνος : περιπλανώμενος — παραπλανητικὸς 358.
πλαντάζω : σκάω.
πλαστικὸ (βιολί) : δημιουργικό.
πλάτια : τὰ πλάτη.
πλευρώνω : πλευρίζω.

πλήρωμα : συμπλήρωση.
Πλωτίνοι : ὁ Πλωτίνος, νεοπλατωνικὸς φιλόσοφος.
πνιμός : πνιγμός.
ποδίζω : δεσμεύω, δένω τὰ πόδια κάποιου.
πολέμιος : ἐχθρικός.
πολύθεος : εἰδωλολάτρης.
πολυσπόρι : πανσπερμία.
ποντίφηκας : πάπας.
πορνοβοσκός : μαστροπός, ρουφιάνος.
πορόλογγο : στενὸ πέρασμα μέσα ἀπὸ δάσος.
Πράσινοι : βυζαντινοὶ ἁρματόδρομοι μὲ πράσινη στολή, καὶ οἱ ὀπαδοί τους.
προσπέφτω : πέφτω στὰ πόδια κάποιου ὡς ἱκέτης.
πρωταγρίκητος : πρωτάκουστος.
πρωτάρης : πρωτόπειρος.
πρωτινός : ἀλλοτινός.
πυξάρι : θάμνος, πύξος ἢ ἀειθαλής.
πύρη : πύρωμα, θερμικὴ ἀκτινοβολία.

ρεπεθέμελο : κτίσμα ἐρειπωμένο ὡς τὰ θεμέλια.
ρεύω : καταρρέω, καταπέφτω.
ρηγάρχης : ὁ ἀνώτατος ἄρχοντας, ὁ αὐτοκράτορας.
ρόγα : δωρεά.
ροδαρός : ρόδινος, τριανταφυλλής.
ρούγα : πλατὺς δρόμος σὲ κατοικημένη περιοχή.
ρουμάνι : ἄγριο δάσος.
ρουχολόγος : πιθανῶς ξορκιστὴς ἢ γητευτὴς ποὺ κάνει μαγικὲς ἐνέργειες ἐπάνω σὲ ροῦχο ἢ κομμάτι ἀπὸ ροῦχο τοῦ ἀτόμου πρὸς τὸ ὁποῖο ἀπευθύνονται τὰ μάγια (;).
Ρωμανοῦ (πύλη) : μία ἀπὸ τὶς μεγαλύτερες πύλες τῶν χερσαίων τειχῶν τῆς Πόλης.

σαγί : βυζαντινὸς μανδύας.
σαΐτα : βέλος.
σάλαγος : βοή.
σαράγι : μέγαρο.

Σαρακηνός : Ἄραβας.
σβῶ : σβήνω.
σερπετό : ἑρπετό.
σεφέρι : πόλεμος.
σημεῖο : οἰωνός.
Σίβυλλα : προφήτισσα, μάντισσα.
σιδεροπουκάμισο : μετάλλινος θώρακας.
σιμούν : ζεστὸς καὶ βίαιος ἄνεμος τῆς ἐρήμου.
σκάλωμα : σκαλωσιά.
σκαραμάγκι : χιτώνας τῶν βυζαντινῶν ἀρχόντων.
σκεβρώνω : στρεβλώνω, καμπουριάζω.
σκέλεθρο : σκελετός.
σκηνίτης : ποὺ ζεῖ σὲ σκηνή.
σκήτη : μικρὸ μοναστήρι.
σκοῦσμα : σκούξιμο.
σκουτάρι : ἀσπίδα.
σκύβαλο : ἀπόρριμμα.
Σολομωνική : βιβλίο μὲ μαγικὲς συνταγές.
σολομώντεια (βούλλα) : μαγική, τῆς Σολομωνικῆς.
σομαχί : πολύχρωμο μάρμαρο.
σπαθάρης : βυζαντινὸς σωματοφύλακας.
σπαρτός : σπαρμένος.
σταυραδέρφι : ἀδελφοποιητός, ἰσάδελφος.
στενορρύμι : στενὸ πέρασμα, σοκάκι.
στέρφος : στεῖρος, ἄγονος.
στουρνάρι : σκληρὴ καὶ αἰχμηρὴ πέτρα.
στραγγουλιστής : στραγγαλιστής.
στρατοκόπος : ὁδοιπόρος.
στρατολάτης : ὁδοιπόρος.
στρατός : πλῆθος 304.
στρέγω : ἀληθεύω, πραγματοποιοῦμαι.
στριγγλόχορτο : χηνοπόδιον τὸ τοιχόβιον.
στρίγλα : θηλυκὸ γεροντόμορφο δαιμόνιο.
στρούγγα : μαντρί, ποιμνιοστάσιο.
στρωσίδι : κλινοσκέπασμα — ἐπένδυση 326.
συλλογή : σκέψη.

σύμμετρα (ἐπίρ.) : μὲ ἀναλογία.
συνεβγαλμένος : ξεπροβοδισμένος.
σφεντόνη : τὸ κυρτὸ τμῆμα τοῦ Ἱππόδρομου.
σφιχτοχέρης : φιλάργυρος.

ταιράκι : ζευγαράκι.
ταιριάζω : συναρμόζω, συναρμονίζω.
ταμπούρι : ἀμυντικὸ προπέτασμα.
ταπιφράγκο : καταγώγιο χαρτοπαιξίας.
Ταρσοί : ἡ Ταρσός.
τάσι : πλατύστομο κύπελλο.
Ταυρίδα : ἡ Κριμαία.
Ταῦρος : ὀροσειρὰ τῆς Μικρασίας.
ταυροσκυθικὸς (βοριάς) : ἀπὸ τὴν Κριμαία.
τελώνιο : δαιμονικό, ὄχι πάντα ἐχθρικό, ποὺ ἔχει τὴν ἱκανότητα
    νὰ μεταμορφώνεται.
τετράπλατος : πολὺ πλατύς.
τίμιος : πολύτιμος—ὅσιος 364.
τοπάζι : ἡμιπολύτιμη πέτρα, συνήθως κιτρινωπή.
τράφος, ὁ : τάφρος.
τραχώνι : τραχύ, ἀνώμαλο ἔδαφος.
τριγυρνῶ : περιβάλλω 323.
Τριμπουνάλι : ἡ κόγχη τῆς Μεγάλης Αἴθουσας τοῦ Παλατιοῦ.
τρισαλιά : τρισαλίμονο.
τρόπαιο : μνημεῖο νίκης.
Τσίρκος : ὁ Ἱππόδρομος.
τυλιγάδι : χειρόγραφο τυλιγμένο, εἰλητάριο.
Τυμπαλκάης : ὁ Τομπὲλ - Κάιν ἢ Θοβέλ, ἀπόγονος τοῦ Κάιν καὶ
    μυθικὸς πρόγονος τῶν μεταλλουργῶν.
τυπώνω : ἀποτυπώνω.

φάγοσσα (βροχή) : διαβρωτική.
φαιδρὰ (ἐπίρ.) : χαρούμενα.
φαμελίτης : οἰκογενειάρχης.
φαράγγι : βαθειὰ χαράδρα.
φαρί : πολεμικὸ ἄλογο.

φέγγος : φῶς.
φέρμελη : κεντητὸ γιλέκο.
φλάμπουρο : πολεμικὴ σημαία.
φλοκάτα, ἡ : χωριάτικο χνουδωτὸ πανωφόρι.
φλωροκαπνισμένη (φέρμελη) : χρυσοκέντητη.
φουσκωτός : φουσκωμένος.
φρῦνος : νυκτόβιος βάτραχος τῆς ξηρᾶς.
φυλακάτορας : φύλακας.
φυσημένος : ἐμπνευσμένος.
φυσῶ : ἐμπνέω.
φωσφόρος (πύργος) : ποὺ ἔχει φῶς στὴν κορυφή του.
φωτερὰ (οὖσ.) : μάτια.

χαλαστής : ἐξολοθρευτὴς 455.
Χαλκῆς (πόρτα τῆς) : φημισμένη πόρτα λαμπρῆς οἰκοδομῆς ὅπου
    στρατωνιζόταν ἡ βυζαντινὴ αὐτοκρατορικὴ φρουρά.
χαλκιᾶς : χαλκουργός.
χαμψίνι : ἀμμοθύελλα.
χαράζω : διακρίνομαι, διαφαίνομαι 426.
χαροκόπος : γλεντζές.
χελάντιο : βυζαντινὸ πολεμικὸ πλοῖο, γοργό, δικάταρτο καὶ κω-
    πήλατο.
χιονιά : χιονιᾶς.
χλαλοή : τύρβη.
χλώρη : χλόη.
χλωρός : πράσινος ἀνοικτός.
χορός : ὅμιλος 321.
χουρμούζικο (μαργαριτάρι) : περσικό (;).
χρυσαϊτός : ἀετὸς ὁ αὐτοκρατορικός.
χρυσόβουλλο : ἔγγραφο σφραγισμένο μὲ τὴν χρυσὴ βούλλα τοῦ αὐ-
    τοκράτορα.
Χρυσόπολη : τὸ σημερινὸ Σκούταρι.
Χρυσόπορτες : ἡ Χρυσὴ Πύλη.
χτικιάζω : φθισιῶ.
χτίσμα : κτίσιμο 313.
χτυπητὰ (λόγια) : ἐριστικά.

χυτή φωτιά : τὸ ὑγρὸν πῦρ.
χωνεύω : συγχωνεύω, συγκεράζω 310.
χώρα : πρωτεύουσα.
χωσιά : ἐνέδρα.

ψάλτης : ποιητής.
ψῆλος, τό : ὕψος.
ψίχαλο : ψίχουλο.
Ψυχή : καὶ πεταλούδα 448.

ὠκιανός : ὠκεανός.

Γ. Π. ΣΑΒΒΙΔΗΣ